Lothar C. Rilinger

Auf der Suche nach dem Licht

Zeichen des Glaubens auf dem Weg von Aquileia nach Rom

Lepanto Verlag, Rückersdorf üb. Nürnberg

Bibliographische Information der Deutschen Nationalbibliothek:
Die Deutsche Nationalbibliothek verzeichnet diese Publikation in der Deutschen Nationalbibliographie; detaillierte bibliographische Angaben sind im Internet über ww.d-nb.de abrufbar.

Lektorat: Dominik J. Leugering
Gestaltung und Satz: werksatz-dresden.de
Gesetzt aus der Arno Pro

Druck: Mazowieckie Centrum Poligrafii, 05-260 Marki, Polen

ISBN 978-3-942605-33-5

Vorwort

Der Weg zu Gott ist mit Gedächtnisorten gesäumt, die uns helfen, das zu finden, was den Sinn des Lebens verkörpert. Diesen Weg wollen wir ein paar Meilen gehen, um eine Begegnung mit der Nähe des Herrn zu wagen. Es sind irdische Orte, Stätten, in denen der Mensch mit seinen begrenzten Mitteln versucht hat, seinen Gedanken Ausdruck zu verleihen, damit Dritte in ihnen die Sehnsucht wiederfinden, die der Künstler der Nachwelt offenbaren wollte. Und es sind Kunstwerke, die verschlüsselt die Suche aufzeigen, die die Künstler bewegt hat – in der sie ihr Inneres der Außenwelt offenbaren, um dieser so die Möglichkeit zu eröffnen, in das Geheimnis, das jeden Menschen umgibt, eindringen zu können. Auf dem Weg zu Gott, auf dem der Mensch »in einer lebendigen Beziehung mit dem in Christus offenbaren Gott stehen«[1] muß, begegnen wir Bildern, Skulpturen, Büchern – alles Artefakte, die dem Geist eines Menschen zum Lobpreis Gottes entsprungen sind. Der Weg führt uns von der alten Bischofsstadt und Grenzfeste des Römischen Reiches Aquileia über Venedig in die Toskana und nach Umbrien, um dann in der Ewigen Stadt, in Rom, der Hauptstadt der römisch-katholischen Kirche sein Ende und seine Erfüllung zu finden. Er ist einer von vielen möglichen, schließlich führen alle Wege nach Rom, doch es ist einer, den mir Freunde vorgegeben haben. In einem Land, dessen Sprache ich nicht gut beherrsche, kann ich mich nicht so leicht zurechtfinden. Daher war ich auf fremde Hilfe angewiesen. Aber durch diese Hilfe wurde es mir dann ermöglicht, Einblicke zu erhalten, die mir sonst verschlossen geblieben wären.

Dieser Gang soll deshalb aus der Provinz Udine bis nach Rom führen. Er umfaßt Orte, die mir die Möglichkeit geschenkt haben, mich jenseits der Touristenströme der religiösen Vergangenheit und damit der untergegangenen Gegenwart anzunähern. Die Kunstwerke möchte ich nicht mit den Augen eines Kunsthistorikers, der ich schließlich auch nicht bin, ansehen, sondern mit dem Blick eines Interessierten, der in der Suche nach Gott das zu erfahren trachtet, was hinter dem Kunstwerk steht – mit einem Wort: was der Künstler uns sagen wollte, was für ein theologischer oder philosophischer Impetus den Künstler bewegt haben mag, das Kunstwerk zu schaffen. Die Geschichte hinter der Geschichte aufzuspüren, das Werk zu interpretieren und seine eigentliche Geschichte zu erzählen – diesem Zweck zu dienen soll Inhalt dieses Buches sein.

Wir wollen nicht von einem Gedächtnisort zum nächsten eilen, wir wollen uns Zeit lassen, um uns mit den Fragen zu beschäftigen, die uns in den einzelnen Orten aufgegeben werden, ja, wir wollen versuchen, uns den Geheimnissen zu nähern, die hinter jedem Kunstwerk verborgen sind und die sich hinter der Fassade des Schönen verstecken, um nicht allzuschnell aufgedeckt werden zu können. Nur wenn das Kunstwerk um ein Geheimnis herum geschaffen worden ist, ist es wert, gleichsam entschlüsselt zu werden, um in das Innere des Werkes zu gelangen. Es ist oft ein mühseliges Unterfangen, doch ein ungemein reizvolles. Gewollt oder ungewollt – jeder Künstler will uns etwas mit seinem Werk sagen. Er möchte uns seine Gedanken aufgeben und dazu anregen, diese weiterzuführen, sie in den gesellschaftlichen Diskurs einfließen zu lassen, damit dieser im Sinne des Künstlers beeinflußt werden kann.

Da wir uns christlichen und religiösen Orten und Kunstwerken zuwenden wollen, soll der christliche Gedanke, der jedem Werk innewohnt, hervorgehoben werden, um ihn gegenwärtig werden zu lassen – immer in der Hoffnung, daß dadurch etwas der schleichenden Entchristlichung unserer Gesellschaften entgegengesetzt werden kann. Durch diese Entchristlichung geht nicht nur der Bezug der Menschen zu Gott, zur Religion und zur Kirche verloren, sie hat auch zur Folge, daß sich die Einstellungen der Menschen zu dem tradierten Wertegerüst ändern. Was noch vor einigen Jahrzehnten als sakrosankt angesehen wurde, wurde und wird aus dem gesellschaftlichen Leben immer weiter verdrängt, um einer Libertinage Platz zu schaffen, in der alles erlaubt ist und keine Schranken mehr dem Handeln und dem Denken Einhalt gebieten.

Einige Orte wollen wir aufsuchen, um den Spuren der christlichen Frömmigkeit nachzugehen, die in den vergangenen Jahrhunderten hinterlassen worden sind. In den Begegnungen mit den Zeugnissen der Vergangenheit wollen wir uns Zeit nehmen, innehalten, forschend in uns hineinhören, uns unseres Glaubens vergewissern. Wir wollen uns vor Augen führen, was uns diese Zeugnisse bedeuten und welchen Einfluß sie auf unseren Glauben auszuüben vermögen. So wollen wir uns auf die Suche nach dem Licht begeben – dem Licht, das aus der Transzendenz in die Immanenz leuchtet und uns die Erfüllung des Lebens zu schenken vermag.

In der Begegnung mit dem christlichen Gedankengut könnte die Schönheit des Glaubens wiedererkannt werden. Möge sich deshalb dem Leser an Hand der in diesem Buch beschriebenen Kunst der Zugang zu Gott erschließen. Dann hätte sich die Mühe des Autors gelohnt, und es wäre der schönste Lohn, den er sich erhoffen und wünschen könnte.

St. Bazile-Moulin Neuf, 30. März 2024
Lothar C. Rilinger

Friaul – Schnittpunkt verschiedener Kulturen

Aquileia

Von der zweitwichtigsten Stadt im Römischen Reich in die Bedeutungslosigkeit

Der Anfang

Eine Einladung ins Friaul steht am Anfang unseres Weges nach Rom, auf dem wir uns mit den theologischen, philosophischen und historischen Fragen beschäftigen wollen, die uns begegnen werden. Freunde hatten meine Frau und mich nach ihrem Umzug von Frankreich ins Friaul eingeladen, um uns in die Geheimnisse dieses Landes zwischen den Kulturen einzuführen und uns die Schönheit des Landstriches zu präsentieren. Oft sprachen wir zuvor in Frankreich über das Friaul, aus dem unser Freund stammt, über die Kultur und die wechselvolle Geschichte, auch über die Schönheit des Landes, über das südliche Licht, das wie ein zauberhafter Schleier die Landschaft überhaucht und sie weicher erscheinen läßt. Dadurch erwachte in mir das Interesse an diesem Landstrich, der mir vollkommen unbekannt war, der aber versprach, uns neue geistige Horizonte aufzuzeigen. Als wir uns später in Udine trafen und wir mit einer faszinierenden Geschichte und einer Kunst, die uns zuweilen den Atem verschlug, konfrontiert wurden, verfestigte sich in mir der Gedanke, die Geschichte hinter der Kunst zu ergründen und mich mit ihr auseinanderzusetzen. Unsere Freunde erschlossen mir so manches Geheimnis der Kunst in diesem Gebiet, führten uns zu den dortigen Gedächtnisorten des Christentums und zu einer unverhofften Begegnung mit einer Lagunenlandschaft, über die ich zwar schon einiges gelesen, die ich jedoch zuvor noch nie gesehen hatte. Fragen über Fragen ergaben sich in den Kirchen – Fragen, die aus der Tiefe unserer Geistesgeschichte emporgestiegen sind, die unser Sein berühren und das Damals mit dem Heute verbinden. Dadurch wurde es uns ermöglicht, der Rätselhaftigkeit und Verborgenheit der religiösen Geschichte – unserer gemeinsamen Vergangenheit – einen Schritt näher zu treten.

Im Norden Italiens, im Friaul, wollen wir also unseren Weg nach Rom beginnen – einen Weg, der uns an Orte der Erinnerung an Gott führt und der uns eine Annäherung an den Herrn ermöglichen möge. Wir wollen unsere Suche in der Provinz ihren Anfang nehmen lassen, die die Einflüsse verschiedener Herrschaften in sich vereinigt und die sich uns als Schmelztiegel der Kulturen zeigt. Das Friaul ist gekennzeichnet durch deutsch-österreichische und italienische Einflüsse. Das Herbe des Nordens ist eine Ehe mit der Sanftheit des Südens eingegangen, und das, was aus dieser Verbindung hervorgegangen ist, diese Symbiose der Kulturen und Stile, zeugt von einer Anmut, die zeitlos ist. In ihr läßt sich der Funke Gottes erspüren, der notwendig ist, damit das rein Handwerkliche hin zu einer Größe überstiegen werden kann, die die Zeiten überdauert und die nicht dem Wandel des Geschmacks unterworfen ist. Es ist ein Stil, der sich vom Empfinden einer Epoche losgelöst hat, der nicht sklavisch am Zeitgeist klebt, um nicht das Schicksal zu erleiden, lediglich Dokument einer Laune der Zeit zu sein. In diesem Stil offenbart sich ein Gedanke, der seinen Grund nicht von dieser Welt herzuleiten, sondern aus der Welt des Ewigen zu kommen scheint. In diesem Anhauch des Göttlichen, nur in diesem, kann sich die Größe entwickeln, die noch nach vielen Jahrhunderten die Welt in Staunen versetzt.

Neben diesen beiden Kulturen tritt noch eine dritte hinzu, diejenige, die aus dem slawischen Raum ins Friaul getragen worden ist. Die Vermengung dieser Kulturen, die kulturelle Symbiose, ist dadurch möglich geworden, daß das Friaul im Schnittpunkt jener Strömungen liegt, die fremde Völker in diesen Landstrich trieben.

Damals sind die Völker aus den Weiten des Ostens gekommen, über die Alpen aus dem Norden und aus den verschiedenen süditalienischen Staaten. Die Ströme der fremden Völker kreuzten sich hier, und jedes Volk, jede Gruppe ließ etwas im Friaul zurück, jede drückte diesem Land auch ihren Stempel auf. Als ein Teil des Ganzen wurde diese Gemengelage dann auf die nächsten Generationen übertragen.

Die historische Bedeutung des Friauls

Metropole dieser Grenzregion war lange Zeit Aquileia – ein Ort, der auf eine großartige Geschichte zurückblicken kann, jetzt aber in die Bedeutungslosigkeit eines Provinzortes herabgesunken ist. Der Dom zeugt von dieser verwehten Größe – ein Gebäude, das jetzt wie aus der Zeit gefallen wirkt. Diesem so geschichtsträchtigen Ort wollen wir uns nun zuwenden. »Sic gloria mundi transit« – dieses Diktum drängt sich beim Betrachten der Geschichte Aquileias nachgerade auf. Die schiere Größe des Doms zeugt von einer Bedeutung, die längst dahin ist. Sie läßt uns aber die vormalige Größe und Macht dieser Stadt und dieses Bistums erahnen und führt uns vor Augen, daß dieser Ort eine großartige Vergangenheit aufweist. Aquileia wurde lange Zeit als zweitwichtigste Stadt im Imperium Romanum angesehen.

Die Frühgeschichte der Militärkolonie

Schon im Jahre 181 v. Chr. wurde Aquileia von den Römern als Bollwerk gegen die Bedrohung ihrer Macht durch Aggressoren aus dem Norden gegründet. Zeitweilig waren über 4500 Soldaten in der Garnison stationiert, um diesem Auftrag zu genügen. Von hier aus wurde aber andererseits auch die Eroberungspolitik in Richtung Pannonien und Dalmatien vorangetrieben. Die Stadt war von Menschen bevölkert, denen die Aufgabe übertragen war, das Gebiet um die neugegründete Stadt zu kolonisieren, um es dann zum Teil des Römischen Reiches werden zu lassen. Je größer die wirtschaftliche Bedeutung des Ortes wurde, desto stärker wuchs auch die Bevölkerung. Viele eingewanderte Kaufleute und Sklaven stammten aus dem Orient, darunter auch viele Christen. Dadurch wurde spätestens im 3. Jahrhundert n. Chr. das Christentum in der Provinz eingeführt.[2] Die Kirche von Aquileia wird erstmalig auf dem Konzil von Arles im Jahre 314 genannt, so daß angenommen werden kann, daß die Kirche dort in der Mitte des 3. Jahrhunderts Fuß gefaßt hat.

Ursprünglich war Aquileia als militärische Basis konzipiert, doch die Ansiedlung entwickelte sich dann mehr und mehr zur bedeutenden Handels- und Hafenstadt. Nicht direkt am Meer gelegen, sondern ungefähr zehn Kilometer von der Adria entfernt an der Einmündung des Torres in den Natisone, verfügte Aquileia über einen Flußhafen. Dem Ort wuchs politisch eine große Bedeutung zu, als Kaiser Augustus ihn zur Hauptstadt der Region »Venetia et Histria« erhob. Allerdings veränderte der Fluß im 4. Jahrhundert n. Chr. seinen Lauf und mündet jetzt in den Isonzo. Dadurch wurde Aquileia der schiffbare Zugang zum Meer abgeschnitten. Die verbliebene Verbindung führte zuwenig Wasser, und dadurch konnten keine größeren Schiffe mehr den Hafen erreichen. Als Folge verlor der Ort seine Bedeutung als Handelsstadt.[3] Jetzt leben dort nur noch 3300 Einwohner, so daß es beinahe surreal anmutet, hier auf eine so große Kirche zu stoßen, auf einen Dom, der von einer jetzt nur noch zu erahnenden glorreichen Vergangenheit kündet.

Die Christianisierung Aquileias

Die Bedeutung der Stadt Aquileia für die stetig wachsende christliche Gemeinde wird auch dadurch symbolisiert, daß dort im Jahr 381 ein Konzil einberufen wurde, auf dem über die Orthodoxie beraten und der Arianismus als Irrlehre verurteilt wurde. Allerdings waren der Einfluß und die Stellung des Bischofs als Metropoliten auch an die Stärke der römischen Staatsgewalt gekoppelt. Als das Römische Reich verfiel, wurde Aquileia von den Invasoren aus dem Norden und Osten angegriffen. Im Jahr 452 stand Atilla mit seinen Hunnen vor der Stadt und zerstörte sie. Der Bischof flüchtete mit den Reliquien der Heiligen zu der einige Kilometer weiter südlich liegenden Insel Grado, die auf Grund ihrer Lage in der Lagune Schutz gewährte. Diese Flucht wiederholte sich mehrmals, auch als die Goten unter Theoderich in das Land einfielen. Jedesmal konnte der Bischof wieder nach Aquileia zurückkehren, da die fremden Heere weitergezogen waren. Doch als die Langobarden das Land eroberten und dort auch seßhaft wurden, kehrte der Bischof nicht mehr in seine angestammte Hauptstadt zurück, sondern blieb in Grado. Inzwischen ließ er sich als Patriarch anreden, zumal er jetzt unter dem Schutz von Byzanz stand.

Im Friaul treffen wir auf eine erzwungene kirchenrechtliche Besonderheit, die uns zu verschiedenen Orten führen wird, die jeweils Bischofssitze waren. Diese Besonderheit leitet sich aus den Eroberungen ab, unter denen das Friaul gelitten hat. Ausgangsort ist Aquileia und ihr Bischofssitz. Der dort residierende Erzbischof, dessen Bistum und Kirchenprovinz die Grenzen des Friauls überstiegen, war der Bischof von Aquileia. Als er sich wegen der Langobarden endgültig nach Grado zurückgezogen hatte, nannte er sich aber nach wie vor Bischof von Aquileia. Er residierte dort für einige Zeit, um dann seine Residenz nach Venedig zu verlegen, ohne aber den Titel »Bischof von Aquileia« abzulegen. Als jedoch der Bischof seinen Sitz endgültig nach Grado verlagert hatte, wählte der in Aquileia verbliebene Klerus einen Gegenbischof, der ebenfalls den Titel Bischof von Aquileia trug. Er mußte vor den Langobarden in das nahe Cormons fliehen, um in der dortigen Festung zu residieren. Das Bistum Aquileia wurde deshalb zwischen den beiden Bischöfen aufgeteilt, beide behielten jedoch den Titel bei.

Die Langobarden erhoben aber nicht Aquileia, die Hauptstadt von Venetien und Istrien, zur Kapitale ihres Reiches, sondern Cividale. Aquileia war zum Niedergang verurteilt. Zwar versuchte Karl der Große, die Stadt noch einmal zur Blüte zu bringen, doch wurde sie wiederum Opfer ihrer exponierten Lage. Ungarische Reiterheere verwüsteten sie und den Dom zwischen den Jahren 899 und 924. Doch Patriarch Poppo, der zwischen 1019 und 1042 regierte, ließ den Dom wieder aufbauen und einen Bischofspalast errichten, gleichzeitig versuchte auch er, Aquileia neues Leben einzuhauchen. Seine Nachfolger zogen es allerdings vor, zuerst in Cividale und Cormons zu residieren, um dann im 13. Jahrhundert endgültig nach Udine zu wechseln.

Der Dom von Aquileia

Als wir uns der Kirche näherten, betraten wir einen Komplex, der selbst noch nach so vielen Jahrhunderten die Bedeutung widerspiegelt, die Aquileia einst auszeichnete. Der Dom und das Baptisterium sind von weiten Rasenflächen umgeben, so daß sich die Kirche dem sich nähernden Betrachter in ihrer ganzen, unverstellten Größe darbieten kann. Der hohe Campanile wirkt wie ein erhobener Finger, der dem Gläubigen von alters her anzeigen soll, wo der Ort des Herrn zu finden ist. Diese Großartigkeit setzt sich im Inneren der Kirche fort. In ihr werden wir nicht nur mit dem jetzigen Bau konfrontiert, sondern auch mit den Resten der beiden Vorgängerkirchen und sogar mit denen des römischen Hauses, das möglicherweise schon als sakraler Raum gedient hatte. Werfen wir einen kurzen Blick in die Baugeschichte. Der ursprüngliche Kirchenkomplex bestand aus mehreren Sälen. Der Südsaal fand seine Entsprechung im Nordsaal. Beide Säle waren von der Ausdehnung her nahezu identisch und wurden durch einen weiteren Saal verbunden, so daß die Architektur U-förmig war. Die aus dem frühen 4. Jahrhundert stammende Kirche wurde mehrmals erweitert, allerdings im 5. Jahrhundert durch den Eroberungskrieg der Hunnen zerstört. Lediglich der Südsaal wurde wiederaufgebaut und mit einem Querschiff versehen und bildet jetzt die eigentliche Kirche. Der Besucher betritt die Kirche im Westen, aus dem Durchgang zwischen dem Kirchengebäude und dem Baptisterium. In dem Moment, in dem er durch das Eingangstor schreitet, wird er mit einer Kirche konfrontiert, die nur noch zu einem kleinen Teil dem eigentlichen kirchlichen und religiösen Ritus dient. Der Boden des Kirchenschiffes ist nahezu komplett mit Mosaiken bedeckt, und durch sie treten uns Erinnerungen an die Frühzeit des Christentums entgegen. Die Kirche gestattet uns sogar einen Blick in die vorkonstantinische Zeit, in der das Christentum noch nicht als legitim angesehen wurde. Die Mosaike in der Südkirche, über die dann im 11. und 14. Jahrhundert der jetzige Dom gebaut wurde, stammen aus der Zeit vor dem Erlaß des Toleranzediktes durch Kaiser Konstantin im Jahr 313. Das Mosaikfeld, das nicht betreten werden kann, weist eine Größe von 750 Quadratmetern auf und gilt als das bedeutendste Zeugnis frühchristlicher Mosaikkunst. Brücken in den Seitenschiffen führen über die Mosaike: Ornamente, Tiere, Ranken. Die großflächigen Mosaike vermitteln den Eindruck, als seien sie erst vor kurzem ausgebracht worden. Sie strahlen eine Frische aus, die beinahe unwirklich anmutet. Beeindruckend ist die Vielzahl der Motive, ein Bild schöner als das andere. Sie lassen die hohe Kunst der damaligen Mosaizisten aufscheinen, denen es gelungen ist, noch fast zwei Jahrtausende später die Betrachter in Begeisterung zu versetzen und in ihren Bann zu ziehen.

Im Osten erhebt sich der Altarraum, dessen Ausmaße wiederum mit denjenigen des Kirchenschiffes korrespondieren. In dieser Kirche ist alles großrahmig gestaltet, alles scheint die irdischen Dimensionen zu sprengen, um auf die Bedeutung der Diözese hinzuweisen. Das Presbyterium ist nur über eine Reihe von Stufen zu erreichen, so daß es erhöht über den Gläubigen angesiedelt ist. Zum einen hatte dadurch die Gemeinde die Möglichkeit, besser der Messe zu folgen, schließlich trennte das Missale die Gläubigen strikt von den die Messe zelebrierenden Priestern; zum anderen konnte hierdurch aber auch die Unterscheidung des Geistlichen vom Profanen im liturgischen Prozeß vorgeführt werden.

Fast die gesamte Breite des Hauptschiffes wurde genutzt, um den Chor zu gestalten. Dadurch entsteht der Eindruck, daß er zwar vom Mittelschiff geschieden ist, aber gleichwohl dessen Fortsetzung verkörpert. Die Konzeption dieses ungewöhnlich großrahmig ausgestalteten Raumes stammt schon aus dem 9. Jahrhundert und wird dem Patriarchen Maxentius zugeschrieben. Die das Presbyterium abschließende Apsis wird ausgefüllt von einem Fresko aus dem Jahr 1131, wie eine Inschrift ausweist. Sie wurde vom Patriarchen Poppo in Auftrag gegeben und zeigt uns die Muttergottes, die von einer Mandorla umhüllt ist. Links und rechts von ihr erkennen wir die vier Evangelisten und eine Reihe von Heiligen, die gerade im Friaul große Anerkennung genossen haben. Hervorgehoben werden soll nur der hl. Hermagoras, der noch dem Apostel Markus begegnet sein soll. Auch die Stifter haben sich auf dem Fresko verewigen lassen. Wir erkennen links die Figur des Herzogs Markus Heinrich von Kärnten sowie die des Patriarchen Poppo, der der Gottesmutter das Modell der Kirche präsentiert. Auf der rechten Seite hingegen erblicken wir Kaiser Konrad II. mit seiner Frau Gisela sowie deren Kind, den späteren Kaiser Heinrich III.

Der Kaiser und sein leiblicher Nachfolger bilden zusammen ein Bindeglied zwischen Kirche und Staat, aber auch zwischen Friaul und dem Heiligen Römischen Reich. Die kirchliche und die weltliche Macht waren noch nicht geschieden. Auch wenn im Evangelium idealerweise die Trennung festgelegt ist, indem es darauf hinweist, daß dem Kaiser zu geben sei, was diesem gebühre, und Gott, was ihm zustehe, so war doch damals eine Verflechtung staatskonstituierend, zumal die Lehre der Kirche, die christliche Ethik, die weltlichen Herrscher leitete.

In der nordöstlichen Ecke des Kirchenschiffes trifft der Gläubige auf Kirchenbänke und einen Seitenaltar, der noch der Heiligen Messe dient und das Zeugnis einer zwar stark verkleinerten, aber immer noch lebendigen Gemeinde erkennen läßt. Als wir diesen Rest des ursprünglichen liturgischen Zweckes sahen, konfrontiert mit der religiösen Gegenwart, wurde ein wenig der Eindruck des Musealen verwischt, die Anmutung des Zweckentfremdeten. Wenigstens in dieser Nische hat sich die religiöse Tradition erhalten – wenigstens dort ist die Seele der Kirche konserviert worden, um den Gläubigen die Begegnung mit Gott zu ermöglichen.

Die Nordkirche

Mit diesem Gedanken schritten wir durch das linke Seitenschiff wieder zurück zum westlichen Eingangsbereich, um dann in die Tiefe der Geschichte dieses Ortes hinabzusteigen. Es ist die ursprüngliche Nordkirche, in der uns umfangreiche Ausgrabungen einen Blick in die Vergangenheit des geweihten Ortes werfen lassen. Es sind wiederum die Mosaike, die eine beredte Sprache sprechen und es ermöglichen, uns in längst vergangene Zeiten zu versetzen. Indem wir die Treppen in die Geschichte hinabstiegen, betraten wir die Cripta degli Scavi, in der verschiedene Entwicklungsschichten konserviert wurden, festgehalten durch die dort ausgegrabenen Mosaike. Es ist der Bereich der zweiten ursprünglichen Kirche, der uns wie in einem offenen Buch in der Geschichte dieses Ortes lesen läßt. Der Nordsaal wurde nach der Zerstörung nicht wiederaufgebaut, so daß er allmählich in der Erde versank. Doch durch die Ausgrabungen in den Jahren 1917 bis 1920 lüftete sich auch sein Geheimnis, und es wurden insgesamt drei Mosaikschichten entdeckt. Die unterste Schicht bilden schwarzweiße geometrische Muster, die aus einem römischen Haus stammen. Dieses wurde aufgegeben, um etwas höher Lagerhallen zu errichten, die dann den eigentlichen Kirchenraum der ersten Kirche bildeten. Offensichtlich war diese Kirche aber zu klein, so daß wiederum 1,20 Meter höher der Nordsaal gebaut wurde. Auch dieser Kirchenbau stammt noch aus dem 4. Jahrhundert. Die einzelnen Mosaikschichten wurden im Rahmen der Ausgrabungen konserviert und auf Betonflächen, die beinahe freischwebend anmuten, aufgebracht, so daß wir die einzelnen Bauabschnitte nachvollziehen können. Die mittlere Schicht aus der Zeit der Errichtung der ersten Kirche über dem römischen Haus erlaubt uns eine Begegnung mit dem Erbauer der Kirche. Dort stoßen wir auf eine

Inschrift, die darauf verweist, daß hier Theodorus, der zweite Bischof von Aquileia, aufwuchs und glücklich war.

Der Kampf zwischen dem Hahn und der Schildkröte

Auf einer Brücke über den Mosaiken gingen wir weiter, vorbei an den Fundamenten des Campanile, fast bis an das Ende des Ganges zum Ostjoch der theodorianischen Aula, und dort trafen wir auf das Mosaik, das in seiner Einzigartigkeit untrennbar mit der Geschichte des wachsenden Christentums im Römischen Reich verbunden ist. Es wurde im Rahmen der Ausgrabungen 1893 gefunden und stellt eine Szene dar, die nur noch ein Pendant aufweist: ein Mosaik im Hauptschiff der Basilika. Wir können auf diesem Mosaikbild einen Hahn und eine Schildkröte entdecken, die sich gegenseitig mustern. Im Hintergrund ist eine Säule zu sehen, auf der eine Vase steht. Es ist eine Kampfszene zwischen diesen beiden Tieren, und dem Sieger winkt die Vase als Trophäe seines Sieges. Die Szene ist merkwürdig. Hahn und Schildkröte kämpfen nicht miteinander, da die Schildkröte durch den Panzer vor Angriffen geschützt ist und auch viel zu unbeweglich wäre, um einen echten Kampf austragen zu können. Die Szene ist also nicht nach der Wirklichkeit komponiert, sondern soll der Nachwelt eine religiöse Aussage überliefern. Und damit führt uns dieses Mosaik tief in die mythologische Geschichte des Christentums.

Die Schildkröte wurde auf Grund ihrer zahlreichen Nachkommenschaft als ein Fruchtbarkeitssymbol angesehen und wegen der langen Lebensdauer zugleich als Symbol für Gesundheit, Vitalität, ja Unsterblichkeit. Allerdings wurden diesem Tier auch dämonische Kräfte nachgesagt. Gerade dieses dämonische Element ließ ihr in der christlichen Mythologie eine negative Konnotation zukommen. Sie wird als Sinnbild der Dunkelheit angesehen und damit auch der Hölle und des Teufels. Hierfür spricht auch die Verwandtschaft der italienischen Wörter für Schildkröte und für Unterwelt: »tartaruga« und »tartarus«.[4] Schon im Mithraskult stand die Schildkröte für die

Finsternis und damit für das Reich der Verderbnis. Im Gegensatz hierzu wird der Hahn mit dem Licht in Verbindung gebracht. Bereits in vorchristlicher Zeit galt er als Symbol der Kampfeslust und wurde in der christlichen Mythologie als Künder Gottes angesehen. Er kräht unmittelbar vor Sonnenaufgang und zeigt damit aller Welt an, daß ein neuer Tag beginnt, ja, daß generell ein Neuanfang bevorsteht. Diese Ankündigung wird in der christlichen Mythologie umgedeutet als eine der Erlösung durch Gott und damit als Ankündigung jenes Zeitalters, das als Endpunkt der menschlichen Entwicklung anzusehen ist. In Jesus Christus ist derjenige in die Welt getreten, der alle Menschen zu Gott führen wird. Der Hahn verkörpert also metaphorisch das aufstrebende Christentum.

Auf dem Mosaik ist die Schildkröte links abgebildet. Sie ist im Verhältnis zum Hahn viel kleiner. Sie scheint sich zu ducken und zum Hahn aufzublicken. Der Betrachter meint zu erkennen, daß sie ein wenig verhalten zum Hahn hinaufschaut. Dieser hingegen blickt auf seinen Kontrahenten hinab, siegesgewiß und triumphierend. Seine beiden Beine sind so dargestellt, als habe er gerade einen Ausfallschritt vorgenommen, um dem Kopf der Schildkröte ganz nahe zu kommen und mit dem Schnabel auf das Haupt zu picken. Die aggressive Kampfeslust des Hahnes ist deutlich zu erkennen, allein auf Sieg ausgerichtet. Der Mosaizist hat den Hahn in seiner ganzen Pracht komponiert, während die Schildkröte eher unscheinbar, aber auch unterwürfig modelliert ist. Damit wollte der Mosaizist offenbar ausdrücken, daß das Christentum nicht nur das Licht in die Welt leuchten läßt, sondern auch, daß das, was es mit sich bringt, schlicht und ergreifend schön ist: Es ist die Schönheit des Glaubens. Ihm, dem Hahn, winkt die Siegestrophäe, er wird die Schildkröte besiegen und auf diese Weise über die Dunkelheit des Heidentums triumphieren. Er wird das Licht in die Welt tragen und den Sieg Jesu Christi über die Welt und ihre von Menschen geschaffenen alten Götter.

Dieses Mosaik kündet somit vom Sieg des Herrn des Kosmos. Es scheint in seiner Art und Anlage geradezu die Entwicklung, die die

Welt zur Ewigkeit führen will, besiegeln zu wollen, manifest zu machen. Als das Kunstwerk geschaffen wurde, war das Christentum noch nicht durch Kaiser Konstantin zur Staatsreligion im Römischen Reich erkoren worden, und doch hat der Mosaizist weitsichtig erkannt, daß nur das Christentum die Macht haben könne, über das Heidentum und über die Welt der von Menschen gemachten Götter zu siegen – daß nur Jesus Christus über die Kraft verfüge, der Welt das Heil zu bringen. Es war wie eine Prophetie, die dann auch Wirklichkeit werden sollte. Im Namen Jesu Christi erlebte die Entwicklung der Welt einen Aufschwung, der darin gipfelte, daß das christliche Moment das weltliche durchdrang und beide eine Symbiose eingingen, die es ermöglichte, nicht nur im Spirituellen zu wirken, sondern auch im Weltlichen. So konnte sich unser heutiges Wertesystem aus dem Dekalog entwickeln.

Abkehr vom Christentum

Obwohl das Christentum so viel Gutes über die Menschen gebracht hat, erfährt es – gerade im Westen – spürbar immer weniger Anerkennung. Die Kirchenaustritte belegen diese Entwicklung, die sich auch als Abkehr von dem im Christentum begründeten Wertesystem entpuppt. Nicht mehr dieses soll gelten, sondern ein System, das sich die Menschen selbst schaffen.

Dies führt uns zwangsläufig zu der Frage, ob der Hahn tatsächlich endgültig über die Schildkröte gesiegt hat oder ob es vielleicht doch nur ein Pyrrhussieg gewesen ist, kein endgültiger. Aus diesem Zweifel ergibt sich eine entscheidende Aufgabe, die jedem Christen übertragen ist: Die Aufgabe, für das Christentum zu kämpfen, für die christliche Ethik und ebenso für den christlichen Glauben. Der Christ sollte sich nicht in Sicherheit wiegen, daß andere es schon richten. Das ist eine viel zu bequeme Vorstellung. Jesus Christus hat vielmehr uns allen aufgegeben, für seine Ideen zu kämpfen, für sie einzutreten und sie zu verteidigen: »Geht hin in alle Welt und predigt das Evangelium aller Kreatur!« (Mk 16,15) Dies ist der Auftrag, der uns übertragen wurde. Er bedeutet nichts weniger als die Mission, die eben nicht nur den geistlichen Missionaren auferlegt ist, nein, der Gedanke der Mission soll jedem Menschen, jedem Gläubigen, zur Grundlage seiner religiösen Einstellung und seines Verhaltens dienen. Jeder soll missionieren und folglich für das Christentum kämpfen.

Grado – Zufluchtsort in der Lagune

Die Lagune von Grado

Eine kilometerlange Brücke durch die Lagune führt jetzt zur Insel Grado. Im abendlichen Licht erstreckte sich das Wasser bis zum Horizont. Die schon sehr niedrig stehende Sonne warf ihr gleißendes Licht auf die Lagune, die immer wieder durch kleinere und größere Inseln Unterbrechungen erfährt. Als sich sogar neben der Brücke Land aus dem Wasser erhob, war es ein Streifen mit Wasserpflanzen, der wenige Zentimeter die Wasseroberfläche hat durchstoßen können. Immer wieder wechselte sich Land mit dem Wasser ab. Im Gegenlicht waren auf einzelnen Inseln Bäume zu erkennen, in deren Schatten Fischer ihre strohgedeckten Hütten haben erbauen können. Eine unwirkliche Landschaft – eine, die aus den ersten Schöpfungstagen zu stammen schien. Wasser und Land waren noch nicht vollständig geschieden, noch herrschte eine Symbiose zwischen diesen Elementen, noch schien nicht geklärt zu sein, wer einmal obsiege. Würde die Erde dem Wasser entsteigen, oder das Land vom Wasser verschluckt werden? Diese Frage schien sich uns zu stellen, doch sie war schon seit zweitausend Jahren entschieden. Die Erde versank allmählich und machte damit den Untergang zumindest einiger Inseln wahrscheinlich.

Zur Zeit Christi Geburt konnte Grado noch auf einer knapp unter der Wasseroberfläche liegenden Trasse mit Pferdefuhrwerken erreicht werden, doch seither ist der Untergrund um zwei Meter abgesunken. Dieses Phänomen wird Bradyseismos genannt und findet seine korrespondierende – allerdings gegenteilige – Entwicklung in den Alpen. Die Berge wachsen und werden höher. Die Erde ist nun einmal nicht statisch, sie unterliegt einem ständigen Wandel, was wir momentan in eklatanter Form gerade in bezug auf das Klima, aber auch auf den magnetischen Nordpol beobachten können.

Die Insel Grado war zu jener Zeit der Fluchtort der Bevölkerung und des Bischofs von Aquileia, um sich vor den Angriffen der fremden Heere aus dem Osten Europas zu schützen. Jedesmal diente die Insel als vorübergehendes Ausweichquartier, doch als die Langobarden im Jahr 568 das Friaul überrannten, suchte Bischof Paulinus von Aquileia mitsamt dem Kirchenschatz und den Reliquien Zuflucht auf der Insel, um dort zu verbleiben. Grado war immer der Gewalt des Meeres schutzlos ausgeliefert, da es nur auf einer kleinen Erhebung gegründet war. Sturmfluten nagten an der Insel und veränderten sie ständig. Infolge dessen sahen sich viele Bewohner gezwungen, die Insel zu verlassen, um in der Lagune von Venedig zu siedeln. Mit diesen Personen verließ im Jahr 1156 auch der Patriarch von Aquileia aus Grado die Insel, um von Venedig aus sein Bistum Aquileia zu führen. Nur noch einmal im Jahr suchte er die Insel auf, nur noch am 12. Juli, dem Festtag der Stadtheiligen Hermagoras und Fortunatus, um mit den anderen Bischöfen der Kirchenprovinz in der Kathedrale von Grado die Messe zu zelebrieren. 1451 wurde diesem Anachronismus ein Ende bereitet. Der Bischofssitz in Grado wurde aufgehoben und der Titel »Patriarch« ging auf den Bischof von Venedig, der sich bis auf den heutigen Tag Patriarch von Venedig nennt, über.

Mit diesen in die Geschichte reichenden Gedanken näherten wir uns der ehemaligen Bischofskirche, dem Dom *Santa Eufemia*. Durch den Namen dieser Heiligen, der der Dom geweiht wurde, werden wir in eine Zeit zurückgeführt, in der heftig über die Person Jesu Christi gestritten wurde. War Jesus als Gott geboren, oder war er erst Mensch, um dann nach der Geburt Gott zu werden, oder war er von Anfang an eine Person mit einer göttlichen und mit einer menschlichen Natur. Dies waren Fragen, die die Christenheit spalteten. Erst auf dem Konzil von Chalkedon im Jahre 451, dessen Patronin die hl. Eufemia war, wurde eine Entscheidung getroffen, die zwar anfänglich noch nicht von allen Gläubigen geteilt und akzeptiert wurde, doch im Laufe der Zeit zur konstituierenden Grundlage der römisch-katholischen Kirche geworden ist. Auf dem Konzil wurde verbindlich beschlossen, daß Jesus Christus eine Person sei und zwei Naturen aufweise, eine göttliche und eine menschliche – daß er als Mensch und als Gott zugleich in die Welt getreten sei. Der Streit innerhalb der Kirche hierüber ging als Dreikapitelstreit in die Kirchengeschichte ein. Es war eine Auseinandersetzung zwischen dem Bischof von Aquileia und dem Papst.

Der Dreikapitelstreit

Der Streit über die Natur Jesu Christi wurde heftig ausgefochten. Da er nicht nur die Einheit zwischen dem Bischof von Aquileia und dem Papst aufhob, sondern sogar die Christenheit über Jahrzehnte in zwei Lager spaltete und deshalb ein Schisma drohte, wollen wir in aller Kürze hierauf eingehen. Ausgangspunkt des Dreikapitelstreites war die christologische Entscheidung des Konzils von Chalkedon von 451, daß Jesus Christus eine Person mit zwei Naturen, einer göttlichen und einer menschlichen, gewesen sei, worauf Jesus Christus als wahrer Mensch und wahrer Gott angesehen wurde und bis heute wird. Diese Entscheidung richtete sich gegen die Vorstellungen des Miaphysitismus, der Jesus zwar auch als Mensch und als Gott ansah, aber von der Einung von Gottheit und Menschheit und deshalb von nur einer einzigen Natur ausging. Dabei wird der Begriff »Natur« nicht schlechthin als »Natur« im üblichen Sinn verstanden, »sondern eher eine einzige zusammengesetzte Natur, in der Gottheit und Menschheit ungetrennt und unvermischt vereinigt sind«, wie es in der Wiener christologischen Erklärung vom 29. August 1976 formuliert wurde.[5] Die Entscheidung des Konzils von Chalkedon wird als unfehlbar bezeichnet, so daß sie in der Tat zur Grundlage der christlichen Theologie geworden ist. Doch nicht alle katholischen Kirchen sind dieser Auffassung gefolgt. Die Kopten, die Jacobiten, Armenier und Äthiopier[6] haben diesen Begriff von Jesus Christus abgelehnt. Allerdings war diese Definition der Natur Jesu Christi ursprünglich auch unter den westlichen Kirchen umstritten und es hat einige Zeit gedauert, um diese Auffassung gleichsam als allgemeinverbindlich anzuerkennen. Und in dieser Auseinandersetzung ist der Dreikapitelstreit begründet.

Drei Gelehrte[7] – Theodor von Mopsuestia, Theodoret und Ibas – hatten Schriften, die *Drei Kapitel,* über das Ergebnis des Konzils von Chalkedon veröffentlicht, die von den Befürwortern und von den Gegnern der Konzilsentscheidung kontrovers beurteilt wurden. Die Befürworter jedenfalls sahen in den *Drei Kapiteln* eine Bestätigung ihrer Position. Durch die Schriften bestand wegen der unterschiedlichen Bewertung der Konzilsentscheidung die Gefahr, daß das Ergebnis des Konzils hätte in Frage gestellt werden können. Kaiser Justinian I. verurteilte deshalb im nachhinein 543/544 die *Drei Kapitel,* da sie nach seiner Auffassung nicht eindeutig die Entscheidung des Konzils bestätigt hätten. Die östlichen Patriarchen erklärten ihre Zustimmung für die Verurteilung, Papst Vigilius weigerte sich aber, ebendieser durch den Kaiser zuzustimmen. Infolgedessen wurde der Papst nach Konstantinopel zitiert. Dort erklärte er sein Einverständnis zur Verurteilung der *Drei Kapitel,* was einen Sturm der Entrüstung in der westlichen Kirche auslöste, wobei auch die Exkommunikation des Papstes in Erwägung gezogen wurde. Dieses Ansinnen sowie der gänzliche Vorgang mit all seinen Folgen bedingten beinahe die weitgehende Auflösung der Kirchengemeinschaft.

Der Bischof von Aquileia stand auf der Seite derjenigen Theologen, die sich für die Entscheidung des Konzils von Chalkedon eingesetzt hatten und die *Drei Kapitel* nicht als Verwässerung der Konzilsentscheidung ansahen. Papst Vigilius widerrief seine Verurteilung der *Drei Kapitel,* allerdings blieb er bei seiner Ansicht, ohne sie öffentlich zu verkünden. Vom Kaiser wurde ein weiteres Konzil einberufen, das seine Auffassung im Jahr 554 bestätigte – eine Entscheidung, die Vigilius akzeptierte. Er sowie sein Nachfolger hatten Mühe, den Bischöfen ihre jeweils unterschiedlichen Entscheidungen zu erläutern und eine neue Einheit der Kirche herbeizuführen. Die Kirchengemeinschaft zwischen Rom und den norditalienischen Kirchen von Mailand und Aquileia konnte erst am Ende des 6. Jahrhunderts wiederhergestellt werden.[8]

Der Dom Santa Eufemia

Lassen wir nunmehr diesen Streit auf sich beruhen und treten in die Kirche ein, die zwar ein Gedächtnisort dieses Streites ist, doch jetzt diese Auseinandersetzung nur noch dem Eingeweihten in Erinnerung ruft. 1949 wurde die Kirche einer gründlichen Renovierung unterzogen und dabei eine architektonische Idee umgesetzt, die seit Jahrhunderten umstritten ist. Es ging um die Frage, wie ein Gebäude der Nachwelt überliefert werden soll, ob alle Zeugnisse, also Einbauten und Veränderungen, die die lange Geschichte des Gebäudes repräsentieren, belassen werden oder ob der Bau in seiner ursprünglichen Ausgestaltung und damit als Zeugnis der Idee des damaligen Architekten dienen soll. Im Dom Santa Eufemia hatte man sich entschlossen, den barocken Zierat zu entfernen, so daß sich die Kirche in ihrer Ursprünglichkeit dem Betrachter präsentiert und er sich dadurch in die Zeit der Erbauung zurückversetzen kann.

Als wir den Dom betraten, überraschte uns die Schlichtheit des Kirchenschiffes. Zwar waren die beiden Seitenschiffe durch Säulen abgetrennt, wobei die verwendeten Kapitelle älteren Ursprungs sind, doch kein Fresko, kein Bild, keine Skulptur lockern die schlichte Strenge der Mauern auf. Das jetzige Kirchengebäude ist freilich nicht die erste Kirche, die an der Stelle errichtet worden ist. Sie wurde vielmehr auf den Grundmauern der Vorgängerkirche gebaut und verfügt damit über etwa die gleiche Größe. Dieser ältere Bau wurde wahrscheinlich nach dem Einfall der Hunnen im Jahre 451 errichtet, als der Bischof von Aquileia in Grado Zuflucht gesucht hatte. Ausgrabungen haben ergeben, daß sogar diese Kirche eine weitere Vorgängerin aufweisen kann. Diese war aber viel kleiner, nur einschiffig und mit dem neben dem Dom stehenden Baptisterium verbunden. Reste der ersten einschiffigen Kirche sind im mittleren und linken Schiff zu besichtigen – Bodenmosaike aus dem 4. oder 5. Jahrhundert.

Auch wenn die Kirche fast bar jeglichen Schmuckes ist – in der Apsis des Chores zeigt sich uns auf einem Fresko aus dem 12. oder 13. Jahrhundert Jesus Christus, umgeben von einer Mandorla sowie den Symbolen der Evangelisten und der Muttergottes. Das Fresko hat in den vergangenen Jahrhunderten stark gelitten, so daß das Bildprogramm nur noch schwer zu erkennen ist. Hinter dem Altar ist eine Silberpala aus dem 14. Jahrhundert angebracht, die von zwei Altartafeln, auf denen Heilige zu erkennen sind, umrahmt wird. Der Altar ist schlicht, ein einfacher Steinblock, in der modernen Anordnung ausgerichtet, so daß der Priester »versus populum« die Messe zelebrieren kann. Um sich selbst aber nicht zum Mittelpunkt der Meßfeier zu erheben, stand auf dem Altar ein Kreuz, so daß es dem Priester und der Gemeinde gleichzeitig möglich ist, auf dieses zu blicken. Damit wird sichtbar, daß der gekreuzigte Jesus Christus im Zentrum der Eucharistie steht und nicht der sich dem Volk zugewandte Priester. Allein dieses kleine und unscheinbare Kreuz kaschiert den Bruch im Ritus der hl. Messe, der durch die Änderung der Zelebrationsrichtung auf Grund eines Dekretes des letzten Konzils herbeigeführt worden ist. Das Kreuz zwischen dem Priester und der Gemeinde nimmt der neuen Zelebrationsrichtung die moderatorenhafte Attitüde des Priesters und lenkt den Blick von ihm mittig hin zum Kreuz.

Doch nicht Chor und Hauptaltar bannen den Betrachter, dieses Privileg wurde an die Kanzel abgetreten. Obwohl sie integraler Bestandteil der Kirche ist, empfindet der Betrachter sie gleichwohl als deplaziert, als etwas, was offensichtlich aus dem Orient den Weg in die Kirche gefunden haben muß. Durch diese Kanzel tritt die Kultur der orthodoxen Lehre in die Kirche, nicht grundlos oder auch nicht nur aus ästhetischen Gründen. Der Einfluß ist der Schutzmacht Byzanz geschuldet, der sich Grado unterworfen hatte, um nicht von den kriegerischen Scharen aus dem Osten überrannt und dann vernichtet zu werden. Die auf der linken Seite des Mittelschiffes errichtete

Kanzel sieht schön aus, doch findet sich in der gesamten Kirche nichts, was mit ihr harmonieren könnte. Sie bildet einen Fremdkörper, allerdings nur stilistisch, nicht ästhetisch und fügt sich in das Gesamtkunstwerk ein, das auf diese Weise um ein weiteres Stilelement ergänzt wurde. Im späten 13. oder frühen 14. Jahrhundert wurde sie sechspaßförmig errichtet, getragen von römischen Spolien aus dem 5. Jahrhundert. Diese Spolien haben durch den Einbau eine Wandlung durchgemacht. Sie stammen noch aus der heidnischen Zeit und müssen nun nicht nur die Weltkugel tragen, repräsentiert durch den Baldachin über der Kanzel, sondern auch noch das Kreuz, das der Spitze der als Halbkugel ausgebildeten Bedachung aufgesetzt ist. Die Säulen des Daches stehen auf der Grundfläche, von der aus gepredigt wird, und in dieser Konzeption läßt sich das Fundament erkennen, auf dem die Welt errichtet worden ist. Die Weltkugel steht gleichsam auf dem Evangelium, auf der Lehre Jesu Christi, die von der Kanzel aus gepredigt wird. Die Welt ruht damit auf der Heiligen Schrift – auf dem Alten und auf dem Neuen Testament.

In dieser Architektur finden wir einen Anklang an diejenige in der Kirche San Marco zu Venedig. Damit verweist sie auf die historische Kette, in der Grado nur ein Glied ist, nur ein Moment in einer kirchenpolitischen Entwicklung, die sich über anderthalb Jahrtausende hinzieht. Diese Entwicklung zeigt deutlich die vielleicht wichtigste und entscheidendste Erkenntnis: Die Kirche verändert sich, dennoch bleibt sie bestehen. Sie hat überlebt, ja, sie kann sich all dem widersetzen, was auf sie einstürzt – sie hat die Kraft, sich durchzusetzen, selbst wenn sie sich verändert.

Als wir uns beim Verlassen des Gotteshauses mit dem Weihwasser aus dem Becken, das in einem Kapitell aus augusteischer Zeit eingelassen ist, bekreuzigten und noch einmal einen Blick auf die so andersartige Kanzel warfen, wußten wir, daß uns der Weg auch nach Venedig führen würde – in die Stadt, in die die Bischöfe von Aquileia aus Grado ihren Sitz verlegt hatten.

Cividale – Zentrum der langobardischen Kultur

In der neuen Residenz

Wir sind schon darauf eingegangen, daß der Bischof von Aquileia nach dem Langobardeneinfall im Jahr 568 seine Residenz nicht nur vorübergehend, sondern ständig nach Grado verlegt hatte. Dadurch entstand in Aquileia selbst ein Machtvakuum. Dieses nahm der verbliebene Klerus nicht unwidersprochen hin und wählte daraufhin selbst einen Bischof, der sich ebenfalls Bischof von Aquileia nannte. Doch auch dieser war vor den eindringenden Völkern aus dem Osten nicht sicher, so daß auch er sich gezwungen sah, seine Residenz zu verlassen, um in Cividale Zuflucht zu suchen.

Wir Heutigen saßen in einem Kaffeehaus im Schatten des Domes, schauten auf seine Fassade und wurden in unseren Betrachtungen in eine Zeit versetzt, in der das fremde Volk der Langobarden Friaul erobert hatte, allerdings nicht weitergezogen war, sondern sich assimiliert und dem Land eine neue Kultur geschenkt hatte, die das Christentum und die christliche Kultur damit auch nachhaltig bereicherte. Zuerst suchten wir den Dom auf, den Ort, an dem die Bischöfe von Aquileia, bevor sie die Residenz nach Udine verlegt hatten, Messen zelebrieren konnten und wo sie eine Symbiose der christlichen Kunst mit der der Langobarden vorgefunden hatten. Der Dom ist auf Fundamenten einer Vorgängerkirche errichtet worden, und diese reichen bis in die Zeit der Langobarden zurück, ja, diese Kirche hat Patriarch Calixtus gleich nach seinem Umzug nach Cividale im Jahr 738 errichten lassen.

Der Dom Santa Maria Assunta

Bevor wir uns einem herausragenden Zeugnis langobardischer Kunst zuwenden, wollen wir noch einen Gang in den der Gottesmutter geweihten Dom unternehmen, um auch diesen Ort kennenzulernen. Die Kirche kann ihren düsteren Charakter nicht verleugnen. Das Hauptschiff und die beiden Seitenschiffe wiesen ursprünglich keine Fenster auf. Ein paar Rundfenster wurden erst im 18. Jahrhundert in die Mauern gebrochen, um auch symbolisch die Gebete gen Himmel steigen zu lassen, aber auch, um es Gott gleichsam zu erleichtern, in sein Haus zu gelangen.

Das überlebensgroße Kruzifix im linken Seitenschiff zog sofort unsere Aufmerksamkeit auf sich. Es stammt aus der ersten Hälfte des 13. Jahrhunderts und gibt den Moment wieder, in dem Jesus Christus sein Leben für die Menschen hingegeben hat und aus der Welt geschieden ist, um sich wieder mit dem Vater zu vereinigen. Sein mit einer Krone bedeckter Kopf ist gerade kraftlos auf die rechte Schulter gesunken, die Augen sind geschlossen, der Mund jedoch geöffnet, als wenn er einen letzten Schmerzensschrei ausgestoßen hätte. Die Krone verdeckt nur unzureichend das verkrustete Blut, das von den Verletzungen durch die Dornenkrone herrührt. Auch wenn dieses Blut noch einmal an die Demütigung durch das Aufsetzen der Dornenkrone erinnert, im Tode ist diese Krone der Schande und der Erniedrigung in eine goldene verwandelt worden – in eine wahre, die Jesus Christus als Herrn der Welt und des Himmels zu erkennen gibt. Sie ist damit zum Symbol der künftigen Herrschaft durch Gott geworden. Die allzu irdische Krone, die Dornenkrone, ist Vergangenheit, durch Jesu Tod wandelte sich das Signum der Welt in das des Himmels. Die goldene Krone wurde zum Sinnbild des Ewigen Lebens, des eigentlichen Lebens in der Nähe der Herrlichkeit Gottes. Das Haupt des Herrn war angestrahlt, und auf diese Weise wurde das Kruzifix fast in seiner Ganzheit aus der umgebenden Düsternis herausgehoben – auch, um auf diese Weise symbolisch auszudrücken, wie durch den Tod Jesu das Licht in die Welt geraten ist.

Durch seinen Tod erwuchs das neue Leben, erst durch seinen gewaltsamen Tod wird die Erlösung der Menschen möglich, erst dadurch, daß er aus Liebe zu den Menschen all die Qualen auf sich genommen hat, um durch diesen Beweis der Liebe die Schuld der Menschheit auf sich zu nehmen.

Als wir unseren Gang in der Kirche fortsetzten, fiel uns im Chor, direkt hinter dem neuen Volksaltar, eine Silberarbeit ins Auge, die hell erleuchtet war und das Licht in das Kirchenschiff zurückzuwerfen schien. Dieser Lichteffekt war uns schon aufgefallen, als wir eingetreten waren, schon in dieser ersten Begegnung mit der Kirche leuchtete uns die Altartafel aus dem Dunkel entgegen. Eine barocke Umrahmung aus Marmor faßt sie ein und die indirekte Beleuchtung wird vom feuervergoldeten Silber in das Kirchenschiff reflektiert, so daß das Altarbild allein durch diesen Lichteffekt ins Zentrum rückt. Es ist eine Arbeit aus dem 12. Jahrhundert und stellt die in den Himmel aufgenommene Gottesmutter mit dem Jesuskind dar. Sie bildet den Mittelpunkt der Komposition, um den sich weitere Figuren gruppieren. Maria ist recht statisch entworfen. Sie schaut den Betrachter direkt an, bewegungslos, frontal. Auf ihrem Schoß sitzt, in gleicher Weise wie seine Mutter, Jesus, zwar als Kind verkleinert, doch wie ein Erwachsener dargestellt, so daß eine Loslösung aus der menschlichen Natur angedeutet wird – eine Zeit- und Alterslosigkeit, die besagen soll, daß Jesus schon als Kleinkind Gott ist und diese Natur losgelöst von seinem menschlichen Alter existiert. Die göttliche Natur ist immer präsent – schon in den Momenten, in denen er als Mensch noch nicht über sich selbst nachdenken konnte. Diese Komposition ist wie eine Paraphrase über die wahren Naturen Jesu Christi, über den theologischen Streit, der uns schon im Dreikapitelstreit begegnet ist. In der Darstellung der Maria mit dem Gotteskind wird uns das Ergebnis der vormaligen Auseinandersetzung vor Augen geführt und Jesus Christus bildhaft als eine Person mit zwei Naturen gezeigt – als wahrer Mensch und wahrer Gott. Das göttliche Moment wird noch dadurch verstärkt, daß Jesus Christus seine rechte Hand segnend erhebt, obwohl er doch noch ein Kleinkind ist und als Mensch eigentlich noch kein Bewußtsein über sein Gottsein hätte haben können.

Links und rechts werden Maria und Jesus von zwei Figuren flankiert, die die gleiche Größe wie Maria aufweisen. Sie verkörpern die Erzengel Michael und Gabriel, und sie halten mit verdeckten Händen der Gottesmutter Gefäße entgegen. Es ist die Haltung, in der früher dem Herrscher Gaben entgegengebracht worden sind. Sie wurden nicht mit den bloßen Händen umfaßt, sondern diese waren mit einem Tuch bedeckt, damit das Geschenk nicht durch die Berührung hätte entweiht werden können. Diese Sitte, die aus Ehrfurcht und Verehrung dem Herrschenden gegenüber heraus geboren wurde und eine tiefe Demut symbolisiert, wurde auch früher den Gegenständen der Eucharistie gegenüber ausgeübt, denn in diesen ist Gott selbst inkorporiert. Den Kelch mit der konsekrierten Hostie umfaßte der Priester – lediglich er durfte sie berühren – in der Zeit vor dem Zweiten Vatikanischen Konzil nur mit Händen, die mit einer Stola ummantelt waren, wenn er ihn dem Tabernakel entnahm. In gleicher Weise umfaßte er auch die Monstranz, um sie den Gläubigen entgegenzuhalten. Doch das sind Erinnerungen aus der vorkonziliaren Zeit, die die Distanzlosigkeit zwischen den Menschen und Gott noch nicht kannte. Jetzt wird der Kelch mit bloßen Händen umfaßt und inzwischen ist es hierzu auch nicht mehr nötig, als Priester geweiht zu sein. Die letzte Demut ist gewichen, die Ehrerbietung dem ganz Anderen, dem Göttlichen gegenüber. Das Konzil hat den Verlust an Distanz in der Gesellschaft als solcher aufgegriffen und ihn auf die Begegnung mit Gott übertragen – auch eine Form des »Aggiornamento«, der Angleichung an die Zeit.

Tempietto Langobardo

Mit diesen Gedanken wandten wir uns dem Teil der Stadt Cividale zu, der am Steilufer des Flusses Natisone gelegen ist. Durch enge Gassen führte uns der Weg hin zu einem doch eher unscheinbaren

Tor, einem Renaissanceportal aus dem Jahr 1521, hinter dem sich eine Welt auftat, die uns ins Staunen geraten ließ. Es ist das Tor zum Monastero Maggiore, einem Kloster aus dem 8. Jahrhundert, das ursprünglich von Benediktinerinnen geführt wurde, jetzt aber den Ursulinen als Sitz dient. Zuerst durchschritten wir einen Kreuzgang, der um den Garten führte. Er kam trotz der späten Jahreszeit noch einem Blütenmeer gleich, dem nichts anhaftete, was auf eine strenge Askese hätte hindeuten können. Blumen brachten Lebensfreude in die Klostermauern, die das zuweilen nicht einfache Klosterleben aufzuheitern imstande waren. Der Weg führte uns zu einer kleinen Terrasse, von der aus wir, weit über dem grünlich dahinströmenden Gebirgsfluß Natisone, auf Cividale und auf die nahen Ausläufer der Berge blicken konnten. Eng drängt sich der Ort an den Fluß, und aus dem Meer der roten Dächer ragt der Campanile der Kirche San Biago heraus. Bergkuppe an Bergkuppe schließen sich dem Ort an, wie Wellen, die sich in weiter Ferne an mit Schnee und Eis bedeckten Bergspitzen zu brechen scheinen.

Nun näherten wir uns einer kleinen Pforte, neben der darauf hingewiesen wurde, daß der Besucher durch diese enge Öffnung in die Welt der Langobarden eintreten könne. Zunächst durchschritten wir einen Vorraum, der im 16. Jahrhundert errichtet wurde und als Sakristei diente, doch dann betraten wir das Oratorium Santa Maria in Valle, das als Tempietto Langobardo eine Einmaligkeit in der Welt der Kunst darstellt. Die Errichtung wird auf die Zeit der Herrschaft der Langobarden datiert, kurz bevor sie Karl der Große im Jahr 776 besiegte und das Friaul seinem Frankenreich einverleiben konnte. Die Wissenschaft ist sich noch nicht sicher, ob dieses Oratorium tatsächlich langobardischen oder doch karolingischen Ursprungs war, aber diese Frage braucht uns nicht zu berühren. Wir wollten uns nur der Betrachtung dieses sakralen Kunstwerkes hingeben, uns nur in eine Zeitepoche entführen lassen, die schon lange verweht, aber gleichwohl partiell noch präsent ist. Dabei bewahrheitete sich wiederum die Feststellung, daß große Kunst – ob sakral oder profan – zeitlos und über die Jahrhunderte keinem Wechsel des Geschmacks unterworfen ist.

Wir waren überrascht von der geringen Größe dieses Oratoriums. Doch die Tatsache, daß die Grundfläche so klein ist, spielte für uns in diesem Moment keine Rolle, da wir von dem eingefangen wurden, was uns dort als ein spirituelles Erlebnis erwartete. War die Grundfläche auch bescheiden, so war die Höhe des Raumes überproportional hoch ausgestaltet. Obwohl Licht durch die Fenster fiel, leuchteten Scheinwerfer den Raum zusätzlich aus, so daß wir die Kunstwerke gut betrachten konnten – jene Werke, derentwegen das Oratorium berühmt ist.

Das Tempietto weist nur zwei Raumbereiche auf. Wir standen im vormaligen Presbyterium, also im Chor, in dem Raum, in dem früher der Altar gestanden hatte und in dem die Messe zelebriert worden war. Drei Tonnengewölbe bilden die Decke dieses Raumes, so daß das Presbyterium in drei Bereiche unterteilt ist. Die Tonnengewölbe werden durch römische Säulen getragen, Spolien aus dem 2. Jahrhundert. Die mittlere Tonne ist etwas höher ausgelegt und mit Fresken ausgemalt. Von diesem mittleren Raum aus kann der Betrachter in die Aula schauen, in den quadratischen Raum, der das eigentliche Kirchenschiff bildet. Hier konnten die Nonnen beten. Rückwärtig der hinteren Front erstreckt sich der klösterliche Klausurbereich. Er ist durch eine inzwischen geschlossene Tür abgeschieden. Durch sie konnten die Nonnen die Kirche betreten, ohne die Klausur verlassen zu müssen. Nur wenige Kirchenbänke dürften darin Platz gefunden haben. Jetzt ist das Gestühl entfernt, so daß in dem Raum nichts von der Betrachtung der hoch oben angesetzten Figuren und Fresken ablenkt.

Auf dieser Wand hat sich die artifizielle Ausgestaltung aus der Zeit der Langobarden bewahrt, so daß wir durch die dort zu sehenden Figuren, durch das Rankenwerk und die Fresken in diese längst untergegangene Zeit zurückversetzt wurden. Auf der Nord- und Südwand hat die Ausschmückung dem Lauf der Zeit nicht standhalten können, sie ist abgebrochen und verschwunden. Oft sind die Ziegel zu sehen, mit denen das Gebäude errichtet worden ist. Durch die Schmucklosigkeit wird der Blick auf das gerichtet, was uns die Christen aus der Langobardenzeit zu sagen haben. Dem Betrachter werden die überlieferte langobardische Frömmigkeit und Kunst vor Augen geführt – eine Ursprünglichkeit, durch die die genuine Idee der Ausgestaltung nicht durch andere Stilelemente verstellt wird. Der Betrachter kann das erschauen, was Mitte des 8. Jahrhunderts gedacht, gefühlt und dann auch ausgeführt worden ist. Die Blicke werden zuerst wie magisch von sechs Frauengestalten auf der Westwand angezogen. Sie sind aus Terracotta gefertigt, wie auch die Simse, auf denen sie stehen. Nur diese sechs Figuren haben die Zeitläufte überstanden, die Figuren auf den anderen Wänden sind unwiederbringlich verloren. Aber in diesen verbliebenen sechs Figuren kumuliert sich eine Kultur, die als ein Konglomerat aus byzantinischer, christlich-abendländischer und auch langobardischer Tradition eine kulturelle Eigenständigkeit repräsentiert.

Die Komposition dieser Figurengruppe folgt strengen Regelungen, die auch die Standesunterschiede berücksichtigen. Sie gliedert sich in zwei Teile, die ursprünglich durch ein Fenster getrennt waren. Dieses ist jedoch geschlossen worden, so daß ein Teil der Aussage, die dieser Figurengruppe innewohnt, obsolet geworden ist. Die jeweils beiden äußeren weiblichen Figuren sind mit kostbaren Stoffen bekleidet. Sie tragen lange Gewänder, die am Hals und an den Füßen mit breiten Borten eingefaßt sind. Ihre Köpfe sind mit Kronen bedeckt, die die Frauen als aus der Aristokratie stammende ausweisen. In der rechten Hand haben sie ein Kreuz gefaßt, das sie sich vor die Brust halten, während sie mit der linken eine weitere Krone tragen, wahrscheinlich die Krone des Martyriums. Der Augenausdruck dieser vier Figuren ist leer, sie starren auf die gegenüberliegende Wand, ohne Regung, ohne Andeutung eines Gefühls. Der Gesichtsausdruck scheint ein Stereotyp zu sein und unterscheidet sich bei den Figuren nicht. Dadurch wird das Beispielhafte verdeutlicht. Sie verkörpern Mitglieder der Oberschicht, die für ihren Glauben ihr Leben haben hingeben müssen.

Die beiden Frauen, die der vormaligen Fensteröffnung am nächsten stehen, unterscheiden sich von den anderen vier Figuren nicht nur durch Kleidung, die viel schlichter, ohne Verzierungen angelegt ist, sondern auch durch den Gestus. Sie haben sich der Fensteröffnung zugewandt und halten ihre beiden Hände bittend zum vormaligen Fenster hin. Diese Geste ist nicht ohne das Symbolhafte zu verstehen. Durch das Fenster hatte Licht in den Raum leuchten können. Da Jesus Christus sich selbst als das Licht der Welt bezeichnet hat, soll die Geste bedeuten, daß der Herr eingeladen wird, in das Tempietto einzutreten – das Licht des Himmels, Jesus Christus selbst, mag in den Kirchenraum eintreten und ihn mit seiner Herrlichkeit ausfüllen. Die vier äußeren Frauen halten die weltliche und die religiöse Macht, repräsentiert durch die Krone und das Kreuz, demjenigen entgegen, der erwartet wird. In dem Moment, in dem Christus den Raum betritt, können ihm Kreuz und Krone dargebracht werden. Gleichzeitig deuten die vier Frauen an, daß sie sich dem Herrn unterordnen wollen. In der angedeuteten Übergabe der Kronen wollen sie aufzeigen, daß auch die weltliche Macht unter die Herrschaft Gottes gestellt wird. Mit der Darbietung des Kreuzes erklären sie, daß sie sich der kirchlichen und religiösen Macht Gottes unterwerfen und die Regeln des Christentums als konstituierend für ihr Leben ansehen.

Auch wenn die meisten Fresken die Zeitläufte nicht überstanden haben – rechts neben dem Torbereich können wir ein gut erhaltenes Fresko ausmachen, auf dem die Heimsuchung Mariens dargestellt wird. Auf diesem Bild ist der Moment festgehalten, in dem Elisabeth Maria eröffnet: »Und selig bist du, die geglaubt hat! Denn es wird vollendet werden, was dir gesagt ist von dem Herrn.« (Lk 1,45) Gesagt hatte ihr der Herr, vertreten durch den Erzengel Gabriel, daß sie den Sohn Gottes gebären werde, den König der Welt, dessen Reich kein Ende haben werde (Lk 1,33). In diesem Augenblick wurde

Maria vor Augen geführt, was für ein Schicksal ihrem Sohn bevorsteht. Auf dem Fresko kreuzt Maria ihre Arme vor ihrer Brust, und in diesem Kreuzen weist sie auf das Kreuz hin, an dem Jesus Christus als Mensch sterben wird, um die Heilsgeschichte zur Vollendung zu bringen, schließlich ist in ihr vorgesehen, daß die Menschheit nur durch das Opfer Jesu die Erlösung erfahren würde – nur durch den gewaltsamen, freiwillig hingenommenen Tod am Kreuz.

In der Heimsuchung steckt auch eine Prophetie, die durch das Symbol des Kreuzes – versteckt und nur angedeutet – dem Betrachter vor Augen geführt wird. Die Freude Marias über die Geburt Jesu wird überschattet von der Vorahnung des gewaltsamen, aber notwendigen Todes ihres Kindes. Doch sie ist bereit, Teil des die Welt bewegenden Ereignisses zu werden: »Mir geschehe, wie du gesagt hast.« (Lk 1,38) Sie hat ihr Schicksal, ihren Sohn zu verlieren, angenommen. Die diesem Bild eigene Prophetie ist recht ungewöhnlich und in dieser Schärfe nicht aus dem Lukasevangelium herauszulesen. Es ist eine Interpretation der Worte Mariens dem Engel gegenüber, allerdings eine, die nachvollziehbar ist.

Als wir wieder auf die kleine Terrasse traten und unter uns die vorbeiströmenden Gebirgswasser anschauten, da wurden sie zum Symbol der vergehenden Zeit. Das Wasser ist als Element gleichbleibend, doch es ist immer wieder frisch, es erneuert sich ständig – wie die Kirche sich auch ständig erneuert, aber sich immer gleichbleibt. Der Kern wird durch die von Jesus Christus eingesetzte unsichtbare Kirche gebildet. Sie ist ein unabänderbares Element. Wie dieses aber ausgebildet wird, ist Sache der Menschen. Das göttliche Moment bildet die Konstante, um die herum sich die sichtbare, von Menschen gemachte Kirche entwickelt. Der Kern der Kirche ist immer rein, doch – wie das Element Wasser – kann die von Menschen praktizierte Kirche auch unrein sein, voll von Schmutz und Schadstoffen. Es besteht aber die Möglichkeit, die Kirche zu reinigen. Wir müssen gleichsam nach einem Filter suchen, um Schmutz aussondern zu können. Und dieser Filter kann sich nur aus der von Jesus Christus selbst eingesetzten Kirche, dieser unsichtbaren Kirche, ergeben, nur aus den Lehren, die uns der Herr selbst aufgegeben hat und die in den Sakramenten vorgegeben sind. Jesus Christus hat uns nicht aufgegeben, die Erneuerung der Kirche in ihrer Verweltlichung zu probieren, um dem Mainstream zu genügen, er hat uns vielmehr aufgegeben, dem Evangelium gemäß zu leben und auch die Kirche zu reformieren. Die Heilige Schrift ist der Filter, der die menschliche Kirche, diese sichtbare Kirche, wieder rein werden lassen kann. So wie der Naturkreislauf des Wassers dieses immer wieder rein werden läßt, so vermag dies auch die Schrift, die Evangelisierung für die Kirche.

Als ich auf das dahinströmende Wasser schaute und daran dachte, wie es sich selbst reinigt und dadurch immer wieder zum ursprünglichen Zustand verwandelt wird, war es für mich tatsächlich nicht nachvollziehbar, warum sich die Kirche nicht ebenso durch das göttliche Moment reinigen können sollte, sondern offenbar durch eine Anpassung an den Zeitgeist. Aber der sich aus der Schrift ergebende Missionsauftrag umfaßt auch diesen Kampf. Den Christen obliegt es, durch die Evangelisation der Kirche eine weitere Zukunft zu eröffnen.

Udine, Hauptstadt des Friauls

Zur Geschichte von Udine

Wenn wir uns nunmehr Udine zuwenden, dann wollen wir eine Stadt betreten, die Teil der Entwicklung ist, die den Bischofssitz von Aquileia betrifft. Der römisch-deutsche Kaiser Friedrich II. übte einen entscheidenden Einfluß auf den Ort Udine aus. Er verlieh ihm im Jahre 1245 das Stadt- und Marktrecht sowie die Steuerfreiheit. Mit dieser Erhöhung erlangte der Ort eine immer größer werdende Bedeutung und löste Aquileia und später Cividale als kirchliches, politisches und wirtschaftliches Zentrum der gesamten Patria del Friuli ab.[9]

Das Parlament der Patria del Friuli tagte seit dem späten 13. Jahrhundert in Udine und bildete somit einen Gegenpol zur Herrschaft des jeweiligen Patriarchen. Allerdings zeigten sich die Feudalherren des Friauls mit dieser Machtverteilung nicht einverstanden – sie wollten selber die letzte Gewalt ausüben. Diese Auseinandersetzungen wurden aber in dem Moment beendet, in dem Venedig 1420 das Friaul annektierte. Obwohl Udine wirtschaftlich unter der Herrschaft Venedigs zu leiden hatte, erblühte es dennoch kulturell – eine Entwicklung, die noch heute unübersehbar ist. Gehen wir durch die Innenstadt Udines, treffen wir in den Gebäuden auf ein reiches venezianisches Erbe, das die Weltaufgeschlossenheit verkörpert und Anklänge an die byzantinische Architektur nicht verheimlichen kann. Nicht nur der omnipräsente Markus-Löwe bestimmt das Stadtbild, auch die Loggien und Rundbögen in den Häusern, die wie aus Venedig transferiert erscheinen. Die Adelsfamilien aus Udine wollten nicht im kulturellen Schatten von Venedig verharren und engagierten deshalb Künstler und Architekten von Bedeutung, um ihren kulturellen Anspruch auch in Udine aufzeigen zu können, zumal im Jahre 1751[10] Udine zum Erzbistum für den italienischen Teil des Friauls erhoben worden war, Görz Erzbistum wiederum für den österreichischen Teil. Diese Erhebung beschleunigte noch einmal die kulturelle Entwicklung. Wir wollen diesen Prozeß an einem sakralen Raum aufzeigen, der als pars pro toto für die im gesamten Stadtbereich errichteten Bauwerke und Kunstwerke anzusehen ist.

Das Oratorio della Purità

In unmittelbarer Nähe zum Dom war im 17. Jahrhundert von der Familie Mantica ein Theater erbaut worden. In ihm wurden vornehmlich Komödien von Carlo Goldoni unter großem Beifall aufgeführt. Allerdings empfand es der im 18. Jahrhundert regierende sittenstrenge Patriarch von Udine, Daniele Delfino, als unpassend, daß die komödiantische Lustbarkeit direkt neben dem Dom, dem sakralen Mittelpunkt des Bistums, angesiedelt war. Er verfügte deshalb, das Theater zu schließen und an seiner Stelle ein Oratorium zur Unterweisung junger Mädchen in das Christentum zu errichten. Im Jahre 1757 konnte der Umbau abgeschlossen werden. Dem zweigeschossigen, recht schmalen Bau ist eine schlichte Fassade vorgesetzt, deren einziger Schmuck das Portal und die stark ziselierten Fenstergitter sind. Das Tor wird von einem offenen Rundbogen überwölbt, in dessen Mitte der Patriarch Delfino das Wappen seiner Familie, die drei Delphine, aufgebracht hat, um die Nachwelt auf den Erbauer hinweisen zu können. Kurz nach der Vollendung des Umbaus starb Delfino, der durch Papst Benedikt IV. im Jahre 1747 zum Kardinal erhoben worden war, am 13. März 1762.

Auch wenn das Oratorium äußerlich ein wenig unscheinbar wirkt, im Inneren birgt es einen Schatz, der nahezu einzigartig ist. Der Patriarch Kardinal Delfino konnte den damals schon sehr bekannten Maler Giovanni Battista Tiepolo gewinnen, um die Innendekoration auszuführen. Während dessen Sohn Domenico die Fresken an den Wänden ausführte und sich dabei auf alt- und neutestamentliche

Themen, die erbaulich auf die Mädchen wirken sollten, bezog, malte der Vater die Decke aus.

Die Himmelfahrt Mariens

Tiepolo hat auf dem Deckenfresko den Moment festgehalten, in dem Maria die Erde verlassen, aber noch nicht den Himmel erreicht hat. Er hat den Aufstieg dokumentiert, den Prozeß des Hinübergleitens in das Ewige Leben – den Vorgang des Transitus. Im unteren Teil des Bildes erkennen wir zwei Männer, die wehklagend nach unten schauen, wohl auf die Stätte, auf der Maria entschlafen und nunmehr ihren Blicken entzogen ist. Der im Vordergrund kniende Mann – vielleicht ein Apostel – hebt seinen rechten Arm, der auf die Gottesmutter weist. Diese schwebt, umgeben von Engeln, auf einer Wolke gen Himmel. Teilweise stützen die Engel Maria, um ihr den Weg in das Himmelreich zu ermöglichen. Maria ist in ein weißes Kleid gehüllt, ihr Haupt ist von einem ebenfalls weißen Schleier verhüllt. Weit breitet Maria ihre Arme nach oben aus, in Richtung des Himmels. Das Zentrum dieser Bildkomposition bildet das Gesicht der Gottesmutter. Sehnsüchtig schaut sie in Richtung des Himmels, wie entrückt muten ihre Gesichtszüge an, vergeistigt, verklärt und nicht mehr der Welt zugehörig. Noch aber kann sie Gott nicht sehen, noch hat sie ihr endgültiges Ziel nicht erreicht. Über ihr schweben zwei weitere Engel, die aber schon eine Ahnung aufkommen lassen, daß die Himmelfahrt bald beendet sein müsse und daß Maria wieder mit ihrem Sohn in der Herrlichkeit Gottes vereint sein werde. Die beiden Engel sind bereit, die Gottesmutter zu empfangen, schauen erwartungsvoll auf die Hinaufschwebende, um sie dann zur göttlichen Dreifaltigkeit führen zu können.

Die unbefleckte Empfängnis

Ergänzt wird die künstlerische Komposition in dem Raum durch das Altarbild, auf dem Maria und ihre unbefleckte Empfängnis dargestellt ist. In diesem Grundsatz der unbefleckten Empfängnis findet der Gedanke seinen Ausdruck, daß Maria ohne den Makel der Erbsünde geboren wurde. In dem Dogma vom 8. Dezember 1854 hat Papst Pius IX. proklamiert, daß Maria im ersten Augenblick ihrer Empfängnis durch ein einzigartiges Gnadenwerk des allmächtigen Gottes im Blick auf die Verdienste Christi vor jedem Makel der Erbsünde bewahrt worden sei. Dadurch wiederum sei Maria auch von aller Begierlichkeit erlöst und somit Teil des Heilsplanes Gottes.[11]

Tiepolo hat diesen Glaubenssatz, der zu seinen Lebzeiten noch nicht zum Dogma erhoben war, in der Figur der Maria Gestalt annehmen lassen. Die Gottesmutter steht auf einem Sockel, die Arme vor der Brust verschränkt – so als ob sie keine Versuchung an sich herankommen lassen möchte, um ihre Unbeflecktheit zu schützen und zu bewahren. Sie trägt ein weißes Kleid, und ein blauer Umhang umschließt ihren Körper. Demütig schaut sie nach unten und hat dabei ihre Augen geschlossen. Sie scheint der Kontemplation ergeben zu sein, wie entrückt mutet ihr Gesichtsausdruck an, wie durchdrungen von dem göttlichen Auftrag. Die Aufgabe, die ihr im Heilsplan zugewiesen ist, scheint ihr bewußt zu sein und auf ihr zu lasten – so, als ob diese Bestimmung sie überfordere. Wie anders ist ihr Gesicht auf dem Fresko der Himmelfahrt dargestellt. Dort schaut sie sehnsüchtig nach oben zum Himmel, wohl wissend, daß sie diese ihre Aufgabe erfüllt hat.

Die Himmelfahrt in Religion und Theologie

Vom Tod Mariens wird in der Heiligen Schrift nicht berichtet. Die letzte Erwähnung erfährt die Gottesmutter, als sie nach der Auffahrt Jesu mit den Jüngern betet, der noch »jungen Kirche«.[12] Obwohl die Schrift nichts darüber aussagt, wie und wo Maria verstorben ist, haben sich gläubige Christen indes immer Gedanken darüber gemacht, wie wohl ihr irdisches Leben endete. Die apokryphen *Transitus-Mariae*-Akten aus dem 6. Jahrhundert erwähnen die leibliche Aufnahme Mariens in den Himmel.[13] Auch wenn dieser Urkunde eine historische Bedeutung nicht beigemessen werden kann, so zeigt sie uns aber, daß schon früh über den Tod Mariens diskutiert wurde. Maria ist konstitutiver Teil der Heilsgeschichte Gottes, ohne sie hätte es keinen wahren Gott und wahren Menschen Jesu gegeben. Deshalb wird sie auch als aus dem Menschsein herausgehoben gedacht und kann folglich nicht das Ende gefunden haben, das jedem Menschen im Verfall des Körpers bestimmt ist.

Es stellte sich also die Frage, wie sich ihre unbefleckte Empfängnis auf ihre leibliche, weltliche Existenz ausgewirkt haben könnte. Aus religiöser Tradition und Empfindung heraus galt es als unvorstellbar, daß ein Mensch, der ohne Erbsünde geboren wurde und spätestens seit dem Konzil von Ephesus im Jahre 431 als »Theotokos«, Gottesgebärerin, bezeichnet wurde, einfach einer Verwesung anheimfallen könne oder gar dürfe. Das Dogma von der unbefleckten Empfängnis Mariens wurde zwar erst 1854 durch Papst Pius IX. verkündet, doch basierte dieses Dogma auf einer langen religiösen Tradition, wonach die Gottesgebärerin kein normaler Mensch sei, da sie eben nicht allein den Menschen Jesus geboren habe, sondern auch den Sohn Gottes. Es ist ihr ein außergewöhnlicher Körper gegeben, dem menschlichen Prozeß des Werdens und Vergehens entrückt. Er habe den Logos zur Welt gebracht und sei dadurch zum Tempel des Geistes geworden. Deshalb könne er nach Thomas von Aquin auch nicht der allgemeinen, durch die Erbsünde bedingten Zerstörung nach dem Tod anheimfallen.[14]

»Munificentissimus Deus«

Diese in der theologischen Tradition herausgearbeitete Sonderstellung Mariens hat Papst Pius XII. aufgegriffen und in der Dogmatischen Konstitutions-Bulle *Munificentissimus Deus* vom 1. November 1950 festgelegt. Danach ist als Glaubenssatz der Kirche erklärt worden, daß die unbefleckte, immerwährende und jungfräuliche Gottesmutter Maria, nachdem sie ihren irdischen Lebenslauf vollendet hatte, mit Leib und Seele in die himmlische Herrlichkeit aufgenommen wurde.[15] Pius XII. legte in dem Dogma dar, daß seine

Entscheidung verbindlich sei, obwohl sie nicht expressis verbis ihre Grundlage in der Heiligen Schrift finden könne, aber gleichwohl durch die Auslegung der biblischen Aussagen über Maria ihre Begründung erfahre. Er geht davon aus, daß sich diese letzten Endes auf die Heilige Schrift stütze. Auf Grund der engsten Verbundenheit mit ihrem Sohn Jesus habe sie dessen Schicksal immer teilend vor Augen. Aus diesem Grund sei es denknotwendig, daß ihr Schicksal mit dem von Jesus in einer sehr engen Verbundenheit stehe. Folglich könne ihr Tod nicht losgelöst von dem ihres Sohnes gedacht werden. Es sei deshalb unmöglich, daß zwar ihre Seele nicht von Jesus Christus getrennt sei, aber ihr Körper. Da sie die leibliche Mutter des Gottessohnes sei, »musste er, der vollkommenste Beobachter des Gesetzes, in der Tat wie den Vater so auch seine liebe Mutter ehren. Da er ihr die große Ehre erweisen konnte, sie vor der Verwesung des Todes zu bewahren, muss man also glauben, daß er es wirklich getan hat«.[16] Pius XII. stellt in seiner Entscheidung darauf ab, daß die Kirche und die Theologie »im Laufe der Jahrhunderte in vielfacher Weise ihren Glauben zu erkennen gegeben« hat, zumal fast sämtliche Bischöfe der Weltkirche den Papst gebeten hätten, »die Wahrheit von der leiblichen Aufnahme der Allerseligsten Jungfrau Maria in den Himmel möge feierlich als Dogma des göttlichen und katholischen Glaubens definiert werden«. Zur Begründung führt Pius XII. noch einmal an, daß es sich um eine Wahrheit handele, »die sich auf die Heilige Schrift stützt, die tief im Herzen der Gläubigen wurzelt, die mit den übrigen Offenbarungswahrheiten im vollsten Einklang steht, die durch das Studium, die Wissenschaft und Weisheit der Theologen eine lichtvolle Erklärung und Darstellung gefunden hat«. Er geht folglich davon aus, daß der »durch den Ratschluss der göttlichen Vorsehung bestimmte Zeitpunkt nunmehr gekommen ist, um diesen einzigartigen Gnadenvorzug Marias feierlich zu verkünden«.

Durch das Dogma der leiblichen Aufnahme Mariens in den Himmel hat Pius XII. eine Wahrheit promulgiert, solcherart daß, wer diese »zu leugnen oder bewusst in Zweifel zu ziehen wagt«, wissen möge,

»dass er vollständig vom göttlichen und katholischen Glauben abgefallen ist«. Mit Verkündung dieses Dogmas hat Pius XII. nicht nur eine nicht mehr hinterfragbare Wahrheit festgelegt, er hat auch folgerichtig die Stellung Mariens im Heilsplan Gottes festgestellt. Da Maria als unbefleckt empfangen angesehen wird, findet diese Ausnahmestellung ihre Vollendung durch die leibliche Aufnahme in den Himmel. Durch ihre Empfängnis wurde Maria aus dem Plan der Perpetuierung einer Gesellschaft und damit der Menschheit herausgehoben. Ihr wurde eine einzigartige Sonderstellung eingeräumt, um sie würdig für die Geburt des Gottessohnes werden zu lassen. Dann aber ist es nur folgerichtig, daß diese Sonderstellung nicht mit der Geburt des Gottessohnes endete. Nein, Maria wurde durch diese als Person vollständig erfaßt.

Venedig – die Stadt in der Lagune

San Giorgio Maggiore

Introitus

Uns war es nicht vergönnt, Venedig auf die einzig wahre Weise zu betreten – so wie sich seit Jahrhunderten die Venezianer der Stadt in der Lagune genähert haben. Kein Schiff brachte uns zum Markusplatz, um uns wie die Dogen nach erfolgreichen Fahrten zwischen den Säulen mit den Figuren des Löwen und des Evangelisten Markus an Land zu begeben. Nicht der Prachtraum der Serenissima war für uns das Einfallstor, nicht die Schmuckseite dieser alten Stadt – wir mußten mit dem Profanen vorliebnehmen. Als das Flugzeug auf dem Flughafen außerhalb der Lagune landete, mußten wir die Lagunenstadt von der Landseite her betreten – wie einen Palast durch die Hintertür, um ein Diktum von Thomas Mann aufzugreifen.[17] Nicht die traditionsbeladene, großartige Freitreppe öffnete sich uns zu unserer Begrüßung, sondern der Dienstboteneingang, der allerdings der Moderne eher angemessen ist. Schon auf dem Flughafen wurden wir mit dem Phänomen konfrontiert, das der Lagunenstadt arg zu schaffen macht: Die Menge der Touristen, die Venedig wie eine ständige Sturmflut überschwemmt.

Diese Stadt ist wie ein Magnet, der die Schaulustigen aus aller Herren Länder der Erde anzieht. Es sind die Menschenmassen, die den Charakter Venedigs verändert haben – ein Menschengeschiebe durch die engen Gassen, wie es allerdings schon Thomas Mann vor vielen Jahrzehnten beobachtet hatte.[18] Doch noch kannten wir die Stadt der Dogen nur aus der Literatur, noch hatten wir nur eine vage Ahnung von den Schätzen, die sich dort im Laufe der langen Geschichte haben ansammeln können. Als wir die Insel betreten hatten und den Bahnhof, der wie ein Eingangstor fungiert und die Menge an Menschen kanalisieren soll, verlassen konnten, erfaßte uns sofort der Zauber dieses Ortes – eine Magie, die aus der Weltläufigkeit des Staates Venedig geboren wurde und in der sich die Kulturen des Mittelmeerraumes in einer einzigartigen Verschmelzung offenbaren. In dieser venezianischen Kultur vereinigt sich das Abendland mit dem Morgenland; der Westen geht eine Ehe mit dem Osten ein. Es ist die damalige Welt, die wir in der Architektur, in der Baukunst wiedererkennen können – wie eine Dokumentation des inzwischen zur Geschichte gewordenen Einflusses und Reichtums der Venezianer im Mittelmeerraum. Das ferne Rauschen der Weltstadt ist immer noch in den Gassen, Kirchen und Palästen zu ahnen. Überall begegnen uns Zeugnisse einer untergegangenen politischen und staatlichen Größe, doch gleichzeitig eine Kunstentfaltung höchster Ausprägung, die den Verlust der politischen Macht vergessen läßt. Venedig ist das Signum einer Größe, die das Materielle längst transzendiert hat, hin zu der wahren Größe, hin zu der Größe, die nur in der Verherrlichung Gottes erreicht werden kann.

Die Vielfalt der Kunst

Venedig ist reich an Kirchen, in denen einige der größten Künstler der Menschheitsgeschichte mit ihrer Kunst Gott verherrlicht haben. Ob Gemälde oder Fresken, ob Skulpturen oder Bauten, immer sollte das geschaffene Kunstwerk den Anklang an das himmlische Jerusalem erahnen lassen, immer die Illusion vermitteln, schon auf Erden die Schönheit der Ewigkeit vorweggenommen zu haben – in all diesen Kunstwerken sollte sich der von Menschen vorgestellte Glanz des Reiches Gottes widerspiegeln. Nur das Schönste, was der Mensch erdenken und in die Wirklichkeit übersetzen kann, wurde als angemessen erachtet, um sich Gott zu nähern. Die weltliche Regierung, aber auch die Geistlichkeit konnten die führenden Künstler an sich binden, um ihnen die Möglichkeit zu eröffnen, ihre Vorstellungen zum Ruhme und zur Ehre Gottes in Kunst umzusetzen und um damit Zeugnis abzulegen, was der Mensch zu leisten imstande ist, wenn er seiner Verherrlichung Gottes Ausdruck verleihen möchte.

Während unserer Begegnung mit der Lagunenstadt können wir nur versuchen, ein wenig in diese Welt der Kunst und der gleichzeitigen Frömmigkeit einzutauchen. Zwei Kirchen sollen das Ziel sein, die wir auf unserem Weg nach Rom streifen – nur zwei Orte, in denen wir aber mit historischen und theologischen Fragen konfrontiert werden, die nach wie vor von kirchenpolitischer Bedeutung sind und einen Blick in die Zukunft der Kirche ermöglichen.

Als wir auf dem Markusplatz standen, konnten wir einen Blick nach Süden über den Canale di San Marco werfen, über das Element, aus dem heraus Venedig die damalige Welt erfolgreich eroberte. Wie aus dem Wasser erwachsen, erhob sich die Fassade der Klosterkirche der Benediktiner, San Giorgio Maggiore, sanft vom Meer umspült. Der Übergang vom Wasser zum Land ist kaum wahrzunehmen. Da das Mittelmeer fast keinen Tidenhub aufweist, ist es vom Grundsatz her gesehen nicht nötig, sich vor dem Wasser zu schützen. Nur selten wird der Markusplatz überflutet, und dann auch nur um einige Zentimeter. Dieses Phänomen verstärkt die Illusion, daß Venedig sich aus dem Wasser heraus entwickeln konnte, und auf diese Weise die Anfänge der Weltgeschichte widerspiegelt: Aus dem Wasser konnte sich die Menschheit entwickeln.

Die Kirche

Nicht weit entfernt erhob sich die aus weißem istrischen Marmor von Palladio geplante Fassade, hinter dem Wasser, nur ungefähr dreihundert Meter entfernt, doch für den Fußgänger unerreichbar. Gondeln, in denen Paare eng aneinandergeschmiegt die Zweisamkeit trotz der immer anwesenden diskreten Gondolieri genießen, querten beschaulich die Wasserfläche, auch Vaporettis, die die Verbindungen zu den einzelnen Inseln aufrechterhalten, kleine Boote, die eilig durch das Wasser pflügen. Es ist nicht wie der Schiffsverkehr in den großen Häfen der Welt, die Schiffe und Boote sind vielmehr die Zeichen für die Verschmelzung von Wasser und Land. Der Unterschied scheint aufgehoben zu sein. Die Schiffe haben die Funktion der Autos und der Bahnen übernommen, das Wasser wurde zur Straße, auf der sich das Leben in der Lagune abspielt.

Mit dem Vaporetto setzten wir über den Canal zur Insel San Giorgio di Castello und standen vor der Kirche San Giorgio Maggiore, vor der Fassade, die die römische Antike mit der damaligen Moderne, der Renaissance, verband. Mächtig erhebt sich die Fassade auf dem kleinen Vorplatz, der sich im Wasser des Kanals verläuft. Den Giebel tragen vier Säulen, die aber der Fassade nur vorgesetzt sind und dadurch das Konzept der antiken Bauten in Rom zitieren. Als wir die Kirche betraten, empfing uns eine Kühle, die uns im frühlingshaften Italien nicht oft begegnet war. Die Kirche besticht durch die architektonischen Lösungen, nicht durch die Ausmalung. Die Wände und die Decken spiegeln nicht Geschichten aus der Bibel wider.

Auch im Innenraum überwiegt die Erinnerung an die Antike, die aber den Schmuck der Kirche ausmachen. Dadurch wird der Gläubige nicht vom eigentlichen abgelenkt und kann sich auf die Meßfeier konzentrieren. In dieser Kirche sind nur wenige Kunstwerke, die aber deshalb um so eindringlicher sind. Ist eine Kirche übervoll mit den schönsten Kunstwerken, läßt oft das Interesse nach, da der Betrachter überfordert wird. Auf der rechten Seitenwand trafen wir auf das Bild von Tintoretto, das uns zur Überfahrt veranlaßte. Wir standen vor dem Gemälde, auf dem der Künstler das Letzte Abendmahl Jesu Christi dargestellt hat.

Das letzte Abendmahl in der Schrift

Tintoretto hat eine Szene aus dem Neuen Testament aufgegriffen und den Moment festgehalten, in dem Jesus Christus die Eucharistie, das Herzstück der hl. Messe der katholischen Kirche, seiner Kirche, eingesetzt hat. Mit den Worten »Das ist mein Leib, der für euch hingegeben wird. Tut dies zu meinem Gedächtnis« (Lk 22,19) und

»Dieser Kelch ist der Neue Bund in meinem Blut, das für euch vergossen wird« (Lk 22,20) ist der Begriff »Eucharistie« zwar noch nicht geboren, jedoch ist in dem Brotbrechen und in der Becherhandlung ein auf Jesus Christus bezogenes Kultmahl der Christen zu erkennen.[19] Mit dieser Handlung, die als Eucharistie, also als Meßopfer, bezeichnet wird, erinnert die Kirche daran, daß »sie nicht aus sich selbst und für sich selbst lebt«.[20] In dieser Kulthandlung, in der der Opfertod Jesu vergegenwärtigt wird, zerbrach im 16. Jahrhundert die Einheit der Kirche. Luther, Zwingli und Calvin haben, so Kardinal Gerhard Ludwig Müller,[21] den Bruch mit der Kirche nicht wegen einiger Mißstände in ihr gesucht, sondern sie haben »das Zentrum der Eucharistie der katholischen Kirche [...] als durch die Werkgerechtigkeit verdorben total abgelehnt«. Das Hochgebet während der Wandlung sei gestrichen worden, »weil man das Opfer der Kirche für eine Ergänzung oder gar Wiederholung des einmaligen Kreuzesopfers Jesu interpretierte und somit ablehnen musste«.

Tintorettos »Abendmahl«

Tintoretto malte das Letzte Abendmahl aus einer erhöhten Sicht, so daß der Betrachter das Empfinden hat, von einer überhöhten Galerie auf das Geschehen hinunterzublicken. Dadurch übersteigt er den Zustand des bloßen Betrachters und wird hineingezogen in die heilige Handlung, wird dadurch zum beteiligten Zeugen. Er schaut auf die Kulthandlung, die sich im Dämmern vollzieht. Nur schwer sind die am Tisch sitzenden Apostel zu erkennen, nur Jesus Christus strahlt ein wie überirdisch anmutendes Licht aus, das die Anwesenden aus der sie umgebenden Dunkelheit herausschält. Diese Lichtstrahlen zeigen uns, ohne daß es eines Wortes bedurft hätte: Jesus Christus ist das Licht der Welt – das Licht, das der Welt die Erlösung gebracht hat. Dieses Licht dringt bis in den letzten Winkel der Szene, überall ist es zu erkennen, überall hin fällt der göttliche Abglanz und teilt sich den Anwesenden mit. Alle Anwesenden werden dadurch in den Kreis, der sich um den Gottessohn gebildet hat, einbezogen.

Das Licht, ja, der Lichtschimmer ist wie ein Band, das Jesus Christus mit den Menschen verbindet und durch das sie zu ihm gezogen werden. Jeder hat Teil an diesem Licht. Wie das irdische Licht die Schatten vertreibt, so daß sich keiner diesem Effekt entziehen kann, genauso kann keiner dem überirdischen Licht, dem göttlichen Licht, entgehen. Wie durch ein Naturgesetz erfaßt das Licht Gottes jeden Menschen – ob er will oder eben nicht.

Verstärkt wird diese Wirkung durch eine brennende Öllampe, die ebenfalls ihr Licht auf die versammelten Menschen wirft. Da das Öl den Geist Gottes und die aus ihm ausgehende geistliche Kraft[22] symbolisiert, greift Tintoretto die Metapher auf und läßt gleichsam diese geistliche Kraft – wie in einem Pfingsterlebnis – auf die Apostel niedergehen. Zwei Lichtquellen dominieren das Bild, zwei Quellen göttlichen Lichts, die auch die beiden Naturen Jesu widerspiegeln: den Gott und den Menschen. Dieser Dualismus wird aber zu einer Einheit, beide Lichtquellen verschmelzen zu einem Licht, zu einem göttlichen Licht, das zum Symbol für die eine Lehre Gottes wird. Jesus Christus selbst verkündet seine Lehre und durch die vom Öl ausgehende geistliche Kraft wird es den Menschen ermöglicht, die Lehre zu verstehen und zu übernehmen.

Der Betrachter schaut von seiner hohen Warte auf den diagonal den Raum durchmessenden Tisch mit der Abendmahlsgesellschaft. Dabei kann er auch die Gäste beobachten, die in einiger Entfernung die Abendmahlsgesellschaft betrachten und durch das göttliche Licht ebenfalls ein wenig aus der Dämmerung herausgetreten sind. In dieser Gegenüberstellung von Tischgemeinschaft und Gästen können wir die heilige Dreizahl erkennen und auch gleichzeitig den Dreischritt der Verkündung der Eucharistie. Jesus Christus spricht die Einsetzungsworte, die von der Kirche als Hochgebet bezeichnet werden. Die Apostel greifen diese Worte auf, um sie den Gästen, dem neuen Volk Gottes, weiterzugeben. In dieser Metapher drückt sich die Forderung aus, die uns durch die Heilige Schrift ausgegeben ist. Das von den Aposteln und Priestern übernommene Wort Gottes wird an die Gläubigen weitergeleitet, damit diese es dann missionarisch im Volk Gottes verbreiten.

Während Jesus Christus in Anwesenheit der Apostel die Eucharistie einsetzt und damit den Kern des Glaubens bezeichnet, verkörpern die anderen Personen, die zwar nicht Teil der Einsetzung sind und deshalb auch nicht am Tisch sitzen, diejenigen, deretwegen Jesus Christus diese Handlung vorgenommen hat. Sie bilden das Volk Gottes, sie sind die Personen, die der Sohn Gottes durch die Eucharistie in sein Leben einbeziehen will. Er zeigt an, daß er die ihn umgebenden Personen durch sein Opfer erlösen möchte. Das letzte Abendmahl ist kein Moment der Einsamkeit, der Abgeschlossenheit von der Welt, es ist vielmehr der Augenblick, in dem das Opfer Jesu Christi eine globale, eine katholische Dimension erlangen wird. Die den Tisch umlagernden Personen stehen als pars pro toto für die Menschheit in ihrer Gesamtheit – sie stehen für »alle«.

Die Forderung nach Interkommunion

Diese Gedanken ließen uns noch einmal an das Problem des Opfers im Rahmen der Eucharistie denken. Jesus wird nicht in jeder Eucharistiefeier ein weiteres Mal geopfert, sondern das damalige Kreuzesopfer wird lediglich jedesmal vergegenwärtigt. Das Opferverständnis führte in der Reformation zum Bruch der Kirchengemeinschaft, zum tragischen Schisma, doch wird im Rahmen der ökumenischen Bewegung versucht, diesen Bruch zu überwinden, indem eine Interkommunion eingefordert wird. So hehr der Wunsch nach einer »una sancta ecclesia« auch ist und damit der Wunsch nach einem gemeinsamen Abendmahl, so hoch sind aber die Hürden, die die römische Kirche von den Kirchen und kirchlichen Gemeinschaften der Reformation trennen. Da jedoch die Forderung nach einer Interkommunion wieder und wieder erhoben wird, wollen wir uns dieser Diskussion nicht verschließen und uns diesen Fragen nähern.

Die Vergegenwärtigung des Opfers Jesu Christi

In der Eucharistie, die in der hl. Messe gefeiert wird, wird jedesmal die sakramentale Vergegenwärtigung des damaligen Kreuzestodes Jesu Christi vollzogen. Auch wenn Luther die Auffassung vertreten hat, in der hl. Messe werde Jesus Christus wiederum zum Opfer der Kreuzigung, so hat sich aber inzwischen die Meinung durchgesetzt, daß die Eucharistie anzusehen ist »als die sakramentale Vergegenwärtigung des einen und einmaligen Kreuzesopfer Jesu Christi und die Zuwendung seiner Heilsfrucht an die Gemeinschaft der zum Gottesdienst Versammelten, und zwar im Sinne der biblischen Kategorie des Gedenkens, die auch Eingang gefunden hat in das römische Hochgebet, in dem es ausdrücklich heißt: ›memores igitur offerimus‹, was übersetzt lautet: ›eingedenk opfern wir‹«.[23] Mit dieser Klarstellung hat der Präsident des Rates für die Einheit der Christen, Kardinal Kurt Koch, festgestellt, wie das Opfer Jesu Christi gewertet werden muß und hat dadurch aufgezeigt, wie im Rahmen der ökumenischen Diskussion ein weiteres Hindernis auf dem Weg zur Einigung weggeräumt worden ist und damit ein Argument, das Luther vorgebracht hat, um den katholischen Meßritus abzulehnen.

Durch dieses Eucharistieverständnis sind das Opfer Jesu Christi am Kreuz und das Opfer innerhalb der Eucharistie als ein einziges und unteilbares Opfer zu verstehen.[24] Jesus Christus ist einmal am Kreuz in Jerusalem gestorben, und dann nie mehr. Das Opfer, das in der Eucharistie dargebracht wird, ist das ursprüngliche Opfer Christi am Kreuz. Dadurch wird das eucharistische Opfer zur Verherrlichung Gottes. Durch die Vergegenwärtigung wird an das damalige reale Opfer gedacht. Dieses eucharistische Opfer läßt jedesmal die Liebe aufscheinen, die Jesus Christus seinem Volk gegenüber aufgebracht hat, und es ist die Erinnerung daran, daß wir nur durch dieses Opfer gerettet worden sind – nur durch dieses Opfer haben die Menschen, ob gläubig oder nicht, die Möglichkeit erhalten, in der Ewigkeit an der Seite Gottes seine Herrlichkeit erfahren zu können.

Kontroversen um die Eucharistie

Die Eucharistie ist das Herzstück des Katholizismus. Und trotzdem soll sie von progressistischer Seite dem Zeitgeist, dem Mainstream geopfert werden, um die Trennung der Glaubensgemeinschaften zu überwinden. Der allgemeine Empfang der Kommunion wird als Möglichkeit gedacht, die Gemeinsamkeit der »una sancta ecclesia« zu schaffen – allein schon deshalb, um dem massiven Bedeutungsverlust der Kirchen im Westen Einhalt zu gebieten.[25] Allerdings entbehren diese Argumente der theologischen Begründung, sind deshalb eher emotional und auf persönliche Befindlichkeiten gestützt.[26]

Als Sakrament basiert die Eucharistie auf göttlichem Recht und darf deshalb nicht durch Menschen geändert werden. Die Vergegenwärtigung Jesu Christi und seines Opfers ist demnach heilig und somit jeglicher Diskussion entzogen. Gleichwohl werden Stimmen immer lauter, die eine auf dem Christentum aufbauende Teilhabe aller Getauften am Tisch des Herrn einfordern. Da alle Christen durch die Taufe zur Gemeinschaft mit Jesus Christus berufen sind, soll es keine Exklusivität für den Empfang des Leibes und des Blutes Jesu geben. Alle Christen sollen danach im Glauben vereint sein und dies habe zur Folge, daß auch alle Christen gemeinsam den Leib und das Blut Christi empfangen dürfen. Diese Auffassung soll auf der Aussage Jesu basieren, daß die Einheit aller Christen mit dem Vater bestehe.

Allerdings stehen dieser Forderung Vorbehalte entgegen, die in der Kontroverstheologie seit der Reformation diskutiert werden. Auch wenn Luther im Katholizismus festgestellt haben will, daß Jesus Christus in jeder Messe erneut geopfert werde, daß er also ein weiteres Mal den Kreuzestod erleiden müsse, so wird aber – wie dargestellt – in der katholischen hl. Messe das Opfer lediglich vergegenwärtigt und in Erinnerung gerufen. Diese Vergegenwärtigung erfolgt in der Wandlung, durch die Brot und Wein in das Fleisch und Blut Jesu verwandelt werden. Diese Wandlung wird durch den Priester vollzogen und damit bleibt durch die einmalige Wandelung das Brot und der Wein immer Fleisch und Blut Jesu. Sollten die Hostien in der Kommunion deshalb nicht vollständig aufgebraucht werden, werden sie im Tabernakel eingeschlossen, damit sie in einer weiteren Meßfeier ausgeteilt werden können – ohne daß sie wiederum durch die Wandlung eine Wesensänderung erfahren müssen. Die Hostie wird zum Leib Christi, unabhängig davon, ob der Gläubige von der Wandlung überzeugt ist oder eben nicht. Dadurch ist die Realpräsenz Christi gegeben. In den Kirchen und kirchlichen Gemeinschaften der Reformation wird zwar auch die Realpräsenz Jesu Christi im Abendmahl angenommen, doch wird dieser Akt nicht durch einen ordinierten Geistlichen vollzogen, sondern durch jeden protestantischen Gläubigen selbst.

Dieser Unterschied war gleichsam konstituierend für die Kontroverse, die das Verhältnis der römischen Kirche zu den Kirchen und kirchlichen Gemeinschaften der Reformation prägte. Allerdings trat durch die ökumenische Bewegung des 20. Jahrhunderts diese Kontroverstheologie allmählich in den Hintergrund, und das zwischen den Glaubensgemeinschaften verbindende Element wurde mehr und mehr zum Gegenstand der Diskussion. Nach Auffassung des ökumenischen Arbeitskreises evangelischer und katholischer Theologen soll die biblische Exegese deutlich zur Entschärfung der konfessionellen Kontroversen beigetragen haben.[27] In diesem Arbeitskreis wurde festgestellt, daß die Kontroverse über die Gestalt der Eucharistie und des Abendmahles »Interpretation eines Ursprungsgeschehens ist, dessen Zugänglichkeit an bestimmte Voraussetzungen gebunden ist«. Als Voraussetzungen werden soziale Gegebenheiten, lokale Besonderheiten, prägende Persönlichkeiten und kontroverstheologische Abgrenzungen ausgemacht.[28] Im Laufe der Jahrhunderte soll dieser Diskussionsprozeß immer subtiler geführt worden sein, um eine Abgrenzung durchsetzen zu können. Es stellt sich deshalb für den Arbeitskreis die Frage, ob dieser Prozeß weitergeführt werden solle oder ob nicht eine Form gesucht werden müsse, die es allen Christen ermögliche, gemeinsam zum Tisch des Herrn zu gehen.

Grundlage dieses neuen Prozesses muß offensichtlich die Ökumene qua Desinteresse sein – eine Ökumene, die über die Unterschiede hinwegsieht, um den Erfolg herbeizuführen. Die Unterschiede sollen demnach eingeebnet werden, schließlich hätten Eheleute in einer konfessionsverschiedenen Ehe kaum »noch Verständnis für ausdifferenzierte theologische Begründungen, die daran hindern, als Familie dem gemeinsamen christlichen Bekenntnis auch in der Feier von Abendmahl/Eucharistie Ausdruck zu geben«.[29] Die Forderung nach einer Tischgemeinschaft gipfelt in der Feststellung, daß die »Wahrnehmung der Stimmen der glaubenden Menschen [...] für die ökumenische Theologie von Bedeutung« sein müsse und diese »soll als Ausdruck des *sensus fidelium* Gehör finden«.[30] Die Grundsätze und Erkenntnisse der Theologie sollen danach nicht mehr das Eucharistieverständnis begründen. Sie orientieren sich damit vielmehr an einem unspezifischen Verständnis von Laien, »glaubenden Menschen«, wie Gläubige modernistisch tituliert werden, abhängig von wechselhaften Stimmungen ihrer Zeit. Dieses laienhafte Verständnis von Gläubigen, denen die Theologie fremd ist, soll demnach neuer Leitfaden sein, der vorgeblich zu einer Gemeinschaft aller Christen führt – eine Einstellung, die im Satz gipfelt, daß die Gläubigen im ökumenischen Prozeß schon weiter seien als die Theologie.

Die Realpräsenz

Grundvoraussetzung für die Interkommunion – aber nicht die einzige – soll deshalb die Taufe sein. Durch die Aufnahme in die christliche Gemeinschaft soll das grundsätzliche Recht entstehen, daß der getaufte Christ in jeder christlichen Kirche oder kirchlichen Gemeinschaft das Abendmahl oder die Eucharistie empfangen darf. Diese grundsätzliche Möglichkeit soll bestehen, da man in jeder christlichen Gemeinschaft »in österlicher Hoffnung das von Jesus Christus selbst gestiftete Gedächtnis seines erlösenden Lebens und Sterbens für uns in einer liturgischen Handlung, in der seine Gegenwart in der Kraft des Heiligen Geistes im verkündigten Wort und im Mahl erfahrbar und wirksam wird«,[31] feiert. Es wird auf die Realpräsenz abgestellt, die man zweifelsohne sowohl in der Eucharistie als auch im evangelischen Abendmahl annimmt. Dabei ist aber die wichtige Frage außer acht gelassen, ob die Realpräsenz durch eine Vergegenwärtigung des Opfers Jesu Christi gegeben ist oder ob der jeweilige Gläubige sich diese vorstellt.

Die apostolische Sukzession

Die Mitglieder des ökumenischen Arbeitskreises haben festgestellt, daß die unterschiedliche Definition des Amtsverständnisses ein Grund sei, die Trennung im eucharistischen Mahl anzunehmen.[32] Während die katholische Kirche von der apostolischen Sukzession ihrer Geistlichkeit ausgeht, wurde dies der Geistlichkeit der Kirchen und kirchlichen Gemeinschaften der Reformation seitens der katholischen Kirche abgesprochen. Doch im ökumenischen Gespräch habe sich herauskristallisiert, daß ein gemeinsames Verständnis der apostolischen Sendung gedacht werden könne. Danach wäre das »Amt in seinen unterschiedlichen konfessionellen Ausprägungen als apostolisch begründet« zu erachten.[33] Mit dieser Feststellung wird das Apostelamt erweitert. Der Arbeitskreis löst sich von der Festlegung, daß nur die zwölf Jünger, die Zeugen des Letzten Abendmahles gewesen sind, als Apostel angesehen werden. Mit diesem Begriff würden im Neuen Testament auch Zeugen und Zeuginnen für den auferstandenen Jesus als Apostel bezeichnet. Außerdem wird kritisiert, daß die Kette der Handauflegungen, die die apostolische Sukzession begründet, historisch nicht nachzuweisen, sondern lediglich als apologetisch anzusehen sei. Nicht durch die ununterbrochene Handauflegung könne die Verbindung zu den Aposteln angenommen werden, die für die apostolische Sukzession konstituierend ist, sondern ausschließlich »durch die schriftgemäße Verkündigung des Evangeliums in Wort und Sakrament kraft des Geistes Gottes«.[34] Da durch diese Definition der apostolischen Sukzession der Unterschied zwischen Priesterweihe und Ordination, zwischen dem Sakrament der Priesterweihe und dem kirchlichen Verwaltungsakt der Ordination, aufgehoben wird, kann auch die je unterschiedliche Qualität der Eucharistie und des Abendmahles außer acht gelassen werden. Da sowohl die Priester als auch die evangelischen Pastoren in der apostolischen Sukzession stehen sollen, wäre es – so die Mitglieder des ökumenischen Arbeitskreises – nicht mehr gerechtfertigt, einen Unterschied im Amtsverständnis vorzunehmen. Da beide, Priester und Pastoren, Nachfolger – gleichsam Erben – der Apostel sein sollen, soll die unterschiedliche Auffassung von Eucharistie und Abendmahl nicht mehr aufrechterhalten bleiben können.

Das kanonische Recht

Mit dieser Argumentationslinie setzt sich der ökumenische Arbeitskreis jedoch über fundamentale und zugleich konstituierende Auffassungen der katholischen Lehre hinweg und versucht einen neuen Weg einzuschlagen, der die zweitausendjährige theologische und philosophische Diskussion innerhalb der römisch-katholischen Kirche – die Lehre und die Tradition – negiert. Allerdings bleibt in deren Reformbestrebungen außer acht, daß sich die Theologie der römischen Kirche auf kanonisches Recht stützt und daß dieses Recht nicht vollständig, aber zu einem großen Teil auf göttlichem Recht fußt. Auch wenn das menschliche Recht als positives Recht jederzeit geändert werden kann, immer dann, wenn die Mehrheit der Gläubigen dies wünscht, kann und darf das göttliche Recht, das sich uns in den Sakramenten zeigt, nicht beliebig geändert werden, ohne daß sich die Kirche an sich ändert. Die Reformatoren haben sich gegen das göttliche Recht aufgelehnt und mehrere Sakramente für obsolet erklärt. Die Konsequenz war, daß die römisch-katholische Kirche nicht reformiert wurde – was ja das ursprüngliche Ziel war –, sie unterlag vielmehr einem Schisma, das als Reformation bezeichnet wird. Durch ihre Reformvorstellungen haben die Reformatoren die ursprüngliche Kirche hinter sich gelassen, um eine neue, eine andere

Glaubensgemeinschaft zu schaffen. Durch die Reformation wurde die alte Kirche für überwunden erklärt und eine neue Kirche, die ursprünglich auf dem Prinzip der Gemeinde basierte und erst im nachhinein als eine Kirche im Sinne der lutherischen und reformatorischen Vorstellungen angesehen wird, gegründet.

Um die Ablehnung der Interkommunion durch die Kirche zu verstehen, ist es notwendig, die Regelung darzulegen, die es Gläubigen, die nicht in der vollen Gemeinschaft mit der katholischen Kirche stehen, ermöglichen soll, die Eucharistie zu empfangen. In der vollen Gemeinschaft mit der römisch-katholischen Kirche stehen diejenigen Kirchen, die den Papst als Oberhaupt ansehen, und die Kirchen der Orthodoxie, die sich zwar von der römischen Kirche getrennt haben, aber immer noch in Kirchengemeinschaft mit ihr stehen. Die Kirchen und kirchlichen Gemeinschaften der Reformation haben sich aber vollständig von der katholischen Kirche getrennt. Sie sind zwar christlich, doch schismatisch, so daß keine vollständige Gemeinschaft bestehen kann. Im Canon 847 §4 des *Codex Iuris Canonici,* des Codex des Kanonischen Rechts (CIC), sind die Voraussetzungen aufgeführt, die erfüllt sein müssen, damit Personen, die nicht in vollständiger Gemeinschaft mit der katholischen Kirche stehen, die Eucharistie empfangen dürfen. Es muß eine Todesgefahr oder nach Urteil des Diözesanbischofs oder der Bischofskonferenz eine schwere Notlage vorliegen. Darüber hinaus darf es dem Empfänger nicht möglich sein, einen Geistlichen seiner eigenen Religionsgemeinschaft aufzusuchen und er muß um den Empfang bitten. Weiterhin müssen diese Personen bezüglich dieses Sakramentes den katholischen Glauben bekennen und in rechter Weise disponiert sein.[35] Dadurch, daß in der hl. Messe im Rahmen der Wandlung die Vergegenwärtigung des Kreuzesopfers Jesu Christi zelebriert und die Oblate zur Hostie wird, daß also das Brot zum Leib Christi und dadurch eine Realpräsenz durch den Priester geschaffen wird, ja, die Wandlungsworte des zelebrierenden Priesters »in gewisser Weise Schöpfungsworte einer neuen göttlichen Wirklichkeit«

sind,[36] ist es zwingend erforderlich, daß der Empfänger an die durch den Priester herbeigeführte Realpräsenz glaubt und daß er mithin davon überzeugt ist, auf Grund der liturgischen Wandelung in der Hostie Jesus Christus zu begegnen – was allerdings dem protestantischen Abendmahlsverständnis widerspricht und damit auch der Kirchengemeinschaft entgegen steht.

Die mangelnde Kirchengemeinschaft, die nicht hinwegdiskutiert werden kann, soll nach Kardinal Walter Kasper, dem vormaligen Präsidenten des Sekretariats für die Einheit der Christen, in besonderen Einzelfällen individuell hergestellt werden. Nur wenn der evangelische Christ nach dem Hochgebet während der Wandlung mit voller Überzeugung »Amen« sagen könne, wenn er also mit Allem einverstanden ist, was die römisch-katholische Kirche einfordert, könne für die individuelle Persönlichkeit eine Gemeinschaft mit der römischen Kirche angenommen werden. Hierbei bezieht sich Kardinal Kasper auf eine Handreichung, die der Wiener Kardinal Christoph von Schönborn herausgegeben hat.[37] Aus dieser Handreichung folgt, daß der evangelische Christ die Lehre der katholischen Kirche »in toto« akzeptiert und mit seinem »Amen« die Auffassung vor Gott und vor der Gemeinde bekräftigt und als akzeptiert bekundet. Mit seinem »Amen« hat somit der evangelische Christ ausgedrückt, daß er »von der Gegenwart von Leib und Blut Christi, von der Gemeinschaft mit Jesus Christus [...], aber auch von der Gemeinschaft mit den Heiligen, besonders mit Maria, wie von der Gemeinschaft mit dem Papst und dem Bischof, deren Namen zum Zeichen der Gemeinschaft ausdrücklich genannt werden«,[38] überzeugt ist und diese Lehre als eigene hinnimmt. Der evangelische Christ muß folglich wie ein gläubiger Katholik all das akzeptieren, was dieser ebenfalls glaubt, um die Eucharistie empfangen zu dürfen. Dieses Bejahen der katholischen Lehre, diese innere Überzeugung soll es rechtfertigen, daß eine Kirchengemeinschaft angenommen werden kann.

»Ut unum sint«

Die Befürworter der Interkommunion meinen allerdings, deren Berechtigung aus den Enzykliken von Papst Johannes Paul II. herleiten zu können. Er hat in der Enzyklika *Ut unum sint* vom 25. Mai 1995[39] näher begründet, unter welchen Voraussetzungen ein evangelischer Christ zur Eucharistie zugelassen werden dürfe. Er definiert die Tatbestandsvoraussetzung Notsituation mit dem Hinweis, daß eine Zulassung gegeben sei, wenn der evangelische Christ sich »sehnlich den Empfang der Sakramente« wünsche, von sich aus darum bitte und den Glauben bezeuge, den die katholische Kirche in den Sakramenten bekenne.[40] Auch Johannes Paul II. stellt in der Enzyklika allerdings darauf ab, daß der evangelische Christ die Lehre der katholischen Kirche als eigene begreife.

»Ecclesia de eucharistia«

Da dieser Hinweis als nicht mit dem kanonischen Recht übereinstimmend und damit als Abweichung von der Lehre aufgefaßt wurde, hat der Papst in der anschließenden Enzyklika *Ecclesia de eucharistia*[41] die Tatbestandsvoraussetzungen für den Empfang der Kommunion für Personen, die nicht in Kirchengemeinschaft mit der katholischen Kirche stehen, präzisiert. Er hat damit die Aussage hinsichtlich der Berechtigung, die hl. Kommunion empfangen zu dürfen, für so wichtig empfunden, daß er diese Formulierung noch einmal in der Enzyklika *Ecclesia de eucharistia,*[42] »Die Kirche lebt von der Eucharistie«, zitiert hat, wobei er den Begriff Notlage erläutert und wiederum darauf hinweist, daß die katholische Lehre als eigene anzuerkennen sei. Dieser doppelte Hinweis auf die Anerkennung der katholischen Lehre wird allerdings übersehen. Aus seiner Erläuterung der Voraussetzung für eine Notlage wird abgeleitet, daß diese Tatbestandsvoraussetzung die einzige ist und daß deshalb der sehnliche Wunsch ausreichend sei, um die Interkommunion empfangen zu dürfen.

Zwar bedarf es kaum einer Auslegung, wann Lebensgefahr besteht, doch was unter dem Tatbestandsmerkmal »schwere Notlage«

angesehen werden kann, muß, da es sich um eine Generalklausel handelt, ausgelegt werden. Der Verweis auf die Auslegungsmöglichkeit durch den Bischof oder durch die Bischofskonferenz eröffnet freilich Räume, um Möglichkeiten zu finden, die Interkommunion zuzulassen. Ausdrücklich hat das Konzil Spielräume für individuelle Entscheidungen gelassen, denn das Heil der Seelen soll das oberste Prinzip sein, das zur Entscheidung herangezogen werden muß.[43] Nur um die Auslegung dieser Generalklausel hat sich Johannes Paul II. Gedanken gemacht, ohne davon auszugehen, daß die entscheidende Voraussetzung für die Zulassung zur Interkommunion die Akzeptanz der katholischen Lehre ist.

Die Voraussetzung des »inneren Verlangens« (Kardinal Kasper)

Diese Auslegung des Kanonischen Rechts bestätigt auch Kardinal Walter Kasper. Er meint, daß mit diesen beiden Enzykliken die Voraussetzung »schwere Notlage« durch die Voraussetzung »inneres Verlangen« ersetzt bzw. ergänzt worden sei.[44] So soll es für getaufte Personen möglich sein, zur Kommunion zugelassen zu werden, sollten sie den sehnlichen Wunsch haben und darum bitten sowie den Glauben der katholischen Kirche bekennen. Das Bekennen des katholischen Glaubens zeigt sich auch darin, den Papst als höchste Autorität der katholischen Kirche, ja, der katholischen Kirchen zu bejahen,[45] zum Zeichen dafür, daß die Ortskirche erst in der Gemeinschaft mit allen Ortskirchen zur universalen Kirche wird. Der evangelische Christ müßte also neben dem Sakrament der Eucharistie auch die Institution des Papstes akzeptieren. Er müßte demzufolge das als wahr bekennen, was Luther und die anderen Reformatoren gerade abgelehnt haben.

Keine Eucharistiegemeinschaft ohne Kirchengemeinschaft (Kardinal Koch)

Der Glaube innerhalb der römisch-katholischen Kirche wird aber nicht durch demokratische Regeln konstituiert, so daß sich nicht die Meinung durchsetzt, die von den meisten Personen präferiert wird. Der rechte Glaube wird in der römischen Kirche durch den Papst, der sich der Kongregationen und Sekretariate als Vorbereiter der Entscheidungen bedient, festgelegt. Kardinal Kurt Koch ist der gegenwärtige Präsident des Rates für die Förderung der Einheit der Christen. Insofern kommt seinen Stellungnahmen zu ökumenischen Fragen eine besondere Bedeutung zu.

Die Taufe allein – so Kardinal Koch[46] – reiche nicht aus, um eine Kirchen- und Eucharistiegemeinschaft bilden zu können. Durch die Taufe wird der evangelische Christ nicht in die volle Gemeinschaft mit der Kirche einbezogen. Er ist zwar Christ, aber kein Katholik, und deshalb gelten für ihn die kanonischen Vorschriften, die die Zulassung zur Eucharistie regeln. Ohne kirchliche Gemeinschaft könne es auch keine eucharistische geben und andererseits auch keine Eucharistiegemeinschaft ohne Kirchengemeinschaft. Beide Gemeinschaften bedingen sich also und erwarten zugleich, als Einheit betrachtet zu werden. Um zu einer Eucharistiegemeinschaft zu gelangen, wäre demzufolge die Erlangung der Kirchengemeinschaft Grundvoraussetzung. Allerdings ist dieser ökumenische Weg äußerst steinig, schließlich ist durch die Reformation das Schisma gerade durch die unterschiedliche Betrachtung der Kommunion aufgetreten. Freilich sei – so Kardinal Koch – die Taufe auf den Namen Jesu Christi für alle Christen verpflichtend, daß sie wieder zu einer gemeinsamen Kirche zurückfinden – zur »una sancta ecclesia«. Damit hat Kardinal Koch die Aufgabe umrissen, die uns allen, die wir an den Dreifaltigen Gott glauben, aufgegeben ist.

Kardinal Koch hat unmißverständlich dargestellt, daß durch Papst Johannes Paul II. in den Enzykliken *Ut unum sint* und *Ecclesia de eucharistia* keine Abweichung vom kanonischen Recht festgeschrieben worden sei. Nach wie vor gilt, daß die Teilnahme an der Eucharistie seitens eines Christen, der nicht in voller Gemeinschaft mit der katholischen Kirche steht, nur in Lebensgefahr und in schwerer Notlage statthaft ist. Dazu muß er auch noch die katholische Lehre voll und ganz bejahen. In den beiden zitierten Enzykliken hat der Papst lediglich erklärt, was unter schwerer Notlage zu verstehen ist. Auch wenn in der Enzyklika *Ecclesia de eucharistia* aufgeführt ist, daß die Teilnahme statthaft sein soll, wenn der evangelische Christ sie sich sehnlichst wünscht, bedeutet dies aber nicht, daß allein der Wunsch ausreichend sein kann. Papst Johannes Paul II. hat vielmehr im Kapitel 45 dieser Enzyklika darauf hingewiesen, daß die Notlage als ein schwerwiegendes geistliches Bedürfnis »im Hinblick auf das ewige Heil einzelner Gläubiger«[47] zu begründen sei. Diese Präzisierung des Tatbestandmerkmales »Notlage« wird in der heutigen Diskussion sehr oft unterschlagen. Die Klarstellung der Rechtslage »zeigt aber, dass Papst Johannes Paul II. das ›schwerwiegende geistliche Bedürfnis‹ nicht anders als im Rahmen von Can 844 §4 CIC sehen dürfte«,[48] wie Kardinal Koch schlußfolgert. Darüber hinaus bleibt es bei dem Tatbestandsmerkmal der Akzeptanz der Lehre der römischen Kirche.

Im übrigen verfügt der Papst zwar über die Vollmacht, das kanonische Recht aufzuheben oder auch nur zu verändern. Wenn er das kanonische Recht ändern will, steht ihm das Rechtsinstitut des Motu proprio zur Seite.[49] Eine Enzyklika ist aber kein Motu proprio, und aus diesem Grund kann auch ein Papst nicht durch eine Enzyklika die Rechtslage ändern. Auf ein Letztes weist Kardinal Koch hin, das uns plastisch vor Augen führt, wie schwierig es für evangelische Christen sein dürfte, die katholische Lehre zu akzeptieren, um die Kommunion empfangen zu dürfen. An einem Sonntag möchte der evangelische Christ in der hl. Messe die Kommunion empfangen, am nächsten Sonntag jedoch das Abendmahl in seiner eigenen Kirche. Eine Woche zuvor hat er noch die katholische Lehre als seine eigene bezeichnet und wenige Tage später die evangelische. Entweder man akzeptiert die katholische Lehre oder aber die evangelische. Beide Lehren zu akzeptieren, das ist schlicht und einfach unmöglich. Deshalb bleibt nur die Konversion oder aber der evangelische Christ nimmt nicht mehr am evangelischen Abendmahl teil.

Wir können feststellen, daß sich der ökumenische Arbeitskreis evangelischer und katholischer Theologen zwar viele Gedanken gemacht hat, doch jenseits der katholischen Lehre. Eine Reform und damit eine ökumenische Annäherung kann jedoch von katholischer Seite nur auf der Grundlage der sich aus den Evangelien und der Schrift ergebenden Lehre durchgeführt werden. Löste man sich von der Lehre, wäre der Weg eröffnet, eine neue Kirche zu gründen. Dieser Schritt würde dann Schisma genannt werden.

Pius VI. als Gefangener von Napoleon Bonaparte

Nach diesen Überlegungen, die die Grundfesten der römisch-katholischen Kirche berühren, wollen wir uns wieder der Kirche San Giorgio Maggiore zuwenden und eine historische Dimension beleuchten, die sowohl für die Kirche als auch für Europa von Bedeutung war.

Im Jahr 1799 rückte San Giorgio Maggiore in den Mittelpunkt der katholischen Welt. Dort mußte ein neuer Papst gewählt werden, da Pius VI. in Valence an der Rhone gestorben war. Der Papst hatte sich freilich nicht freiwillig in diese Stadt begeben, um der ältesten Tochter Roms einen Besuch abzustatten. Er wurde vielmehr von französischen Truppen verschleppt, nachdem die Revolutionsheere den Kirchenstaat besiegt, dann für aufgelöst erklärt und Papst Pius VI. abgesetzt hatten, um die Römische Republik auszurufen. Wir wollen uns für ein paar Momente diesem weltgeschichtlichen Ereignis zuwenden, da in ihm die Grenzen der päpstlichen imperialen Macht aufgezeigt werden, aber auch die Verachtung von Bonaparte gegenüber der Institution des Papstes deutlich wird.

Im ersten Koalitionskrieg stellte sich der Kirchenstaat gegen den französischen Aggressor, allerdings erfolglos – Napoleon eroberte zahlreiche Gebiete des Kirchenstaates. Es kam zu einem

Waffenstillstand, der aber nach dessen Auffassung gebrochen wurde, als der Papst mit dem Kaiser in Wien wegen der Unterstützung im Kampf gegen Frankreich verhandelte. Als diese Verhandlungen bekanntwurden, fühlte sich Bonaparte nicht mehr an das Waffenstillstandsabkommen gebunden, so daß er weiterkämpfte, zumal das Direktorium in Paris die Auffassung vertrat, daß man »der weltlichen Herrschaft des Papstes für immer ein Ende machen« müsse. Im übrigen – so Napoleon später in seinen Erinnerungen – »wäre es Wahnsinn, einen aufrichtigen Frieden mit Theologen schließen zu wollen, die den für die neuen Freistaaten maßgebenden Grundsätzen so feindlich gegenüberständen«.[50]

Papst Pius VI., »die schönste und würdigste Männergestalt«,[51] wie Goethe in seiner *Italienischen Reise* euphorisch geschrieben hat, mußte sich mit einem Friedensschluß einverstanden erklären, da die militärische Übermacht der französischen Truppen ihn hierzu zwang. Am 19. Februar 1797 wurde der Friedensvertrag von Tolentino geschlossen. Bonaparte, als derjenige, der den Krieg begonnen und die Staaten Italiens überfallen hatte, beschuldigte den Papst, für die Kriegshandlungen verantwortlich zu sein. »Aber der römische Hof war schuldig.«[52] Die Verteidigung des Papstes empfand er als rechtswidrig, da er es offensichtlich als sein historisches Recht ansah, als eine historische Wahrheit, diesen Staat in das französische Herrschaftsgebiet eingliedern zu müssen. Da der Papst aber diesen abstrusen historischen Herrschaftsvorstellungen nicht folgen wollte, ja, sie noch nicht einmal verstehen konnte, wollte Bonaparte den Papst bestrafen. Die Strafe sah er darin, daß entweder die von den Franzosen eroberten Provinzen an Frankreich abgetreten oder aber eine Kompensation gleichen Gegenwerts durch Zahlung vorgenommen werden müßte.[53] Nach fünftägiger Verhandlung konnte der Friedensvertrag unterzeichnet werden. Die Romagna, also die Legationen Bologna und Ferrara, mußten an Frankreich abgetreten werden, weiter Avignon und Venaissin. Ancona wurde dann durch französische Truppen besetzt und mußte auch abgetreten werden. Darüber hinaus waren umfangreiche Reparationszahlungen zu erbringen, die durch die Übergabe wertvoller Kunstschätze ausgeglichen wurden.[54] Ursprünglich forderte Bonaparte noch mehr. Er hatte die Verbannung der Familie des Kardinals Albani verlangt, da dieser als der Anführer der antifranzösischen Partei galt. Doch der Unterhändler des Papstes, Kardinal Mattei, warf sich Napoleon zu Füßen und hatte dadurch die Zurücknahme dieser zutiefst demütigenden Forderung abwehren können. »Welche Nahrung für das ohnehin maßlose Selbstgefühl des jungen Siegers, der hier den Vertreter des Heiligen Vaters vor sich im Staube liegen sah«, wie der Biograph August Fournier Ende des 19. Jahrhunderts die Überheblichkeit Bonapartes einschätzte.[55] In dem Vertrag ist die Verpflichtung zur Zahlung von Reparationen umgekehrt worden. Üblicherweise ist derjenige Staat zur Leistung von Reparationen verpflichtet, der den Krieg begonnen, aber verloren hat. Dadurch sollen die Schäden ausgeglichen werden, die der fremde Staat durch seinen Eroberungskrieg verursacht hat. Napoleon hingegen ließ Reparationszahlungen erbringen, obwohl er es war, der den rechtswidrigen Eroberungskrieg gegen den Papst geführt hatte.

Von der Warte des Siegers richtete Bonaparte am 19. Februar 1797 ein Schreiben an Papst Pius VI., in dem sich der Schreiber glücklich schätzt, »daß ich zur persönlichen Ruhe Eurer Heiligkeit beitragen konnte«.[56] Nachdem er den Papst in einer kriegerischen Auseinandersetzung besiegt hatte, camouflierte Napoleon seine kriegerische Überlegenheit in zynischer Weise mit der vorgeblichen Sorge um das Wohlbefinden des Papstes und stellt die Unterzeichnung des Vertrages von Tolentino als eine Wohltat für den Papst dar, schließlich habe er – Bonaparte – dadurch das Töten der Truppen, die auf seiten des Papstes gekämpft hatten, und die Brandschatzung päpstlicher Gebiete einstellen können. Später wird diese Chuzpe in den französischen Kolonialkriegen, die als völkerrechtswidrige Eroberungskriege anzusehen sind, als durch die »mission civilisatrice« gerechtfertigt betrachtet. Da Frankreich die französische Zivilisation als die höchste Ausformung einer Zivilisationsidee überhaupt verstand,[57] empfand es sich auch als berechtigt, sich andere Staaten untertan zu machen, um diesen ihre, allerdings fremde, Zivilisation aufzudrängen.

Trotz des Friedensvertrages traten immer wieder Unruhen in Rom auf. Am 28. Dezember 1798 wurde dort der französische General Duphot erschossen. In der Folge besetzten auf Befehl des Pariser Direktoriums französische Truppen am 15. Februar 1798 Rom und erklärten den Kirchenstaat für aufgelöst. Gleichzeitig wurde die Römische Republik ausgerufen. Papst Pius VI. wurde festgenommen und zunächst nach Florenz gebracht, um dann endgültig nach Valence im Süden Frankreichs verschleppt zu werden.[58] Pius VI. war schwerkrank und bat deshalb die französische Besatzungsmacht, ihn in Rom sterben zu lassen. Ihm wurde von französischer Seite nur entgegengehalten: »Sterben können Sie überall!“[59] Und gestorben ist Papst Pius VI., der dort nur »Bürger-Papst« genannt wurde, in Valence-sur-Rhone, in französischer Gefangenschaft. Er wurde gefangengehalten in einem verwahrlosten Gebäude der Zitadelle, in dem »Türen und Möbel fehlten, spakige Tapeten von den Wänden hingen«.[60] Viele Franzosen glaubten, daß nach dem Tod Pius VI. das Papsttum für immer ausgelöscht wäre,[61] doch sie irrten sich.

Pius VII. und die Selbstkrönung Bonapartes zum Kaiser

Durch den Tod des Papstes Pius VI. trat eine Sedisvakanz ein und ein neuer Papst mußte gewählt werden. In Rom konnte wegen der französischen Besatzung kein Konklave durchgeführt werden. Deshalb fand es im Kloster San Giorgio Maggiore im Jahr 1799 statt. Allerdings dauerte es über vier Monate, bis sich die Kardinäle auf den Kompromißkandidaten, den Benediktiner Gregorio Chiaramonti, der sich den Namen Pius VII. gab, einigen konnten. Er zog am 3. Juli 1800 in Rom ein, galt als ein Vertreter der Lehre und als ein eifriger Seelsorger. Im Jahr 1802 schloß er mit Bonaparte ein Konkordat,[62] wobei er der französischen Seite viele Zugeständnisse machte.

Allerdings stieß die Annäherung des französischen Staates an die Kirche nicht auf die ungeteilte Zustimmung der Revolutionäre. Der Abschluß des Konkordates wurde mit einer feierlichen Messe in der Kathedrale Notre Dame begangen, worauf der Jakobiner-General Augereau nur meinte: »Eine prächtige Zeremonie. Leider fehlt nur die Million Menschen, die gestorben sind, um das zu zerstören, was wir wiederherstellen!«[63] Dieses Konkordat sollte die Beziehung des Papstes zum französischen Staat regeln. Bonaparte ließ es jedoch – gegen den Willen des Papstes – durch die *Articles organiques,* also *Die Organischen Artikel,* ergänzen, um die Religionsausübung in ganz Frankreich zu regeln. Danach mußten die päpstlichen Erlasse sowie der Katechismus vom Staat gebilligt werden, nur der jeweilige Nuntius wurde als päpstlicher Gesandter akzeptiert. Weiterhin wurde geregelt, in welchem Verhältnis die Kirche zur Verwaltung steht, wie Gottesdienste abgehalten werden müssen, wie die Pfarreien eingeteilt werden sowie die Besoldung des Klerus. Diese Leistung war als Kompensation für die finanziellen und wirtschaftlichen Verluste gedacht, die durch die Konfiskation des gesamten Kirchenvermögens entstanden. Weiterhin wurde der gesamte Episkopat zum Amtsverzicht gezwungen.[64]

Die Bischöfe mußten den Treueid auf den Staat leisten. Erst durch die Gesetze zur Trennung von Kirche und Staat vom 9. Dezember 1905 wurden die *Organischen Artikel* aufgehoben und im damaligen französischen Staatsgebiet wurde der Laizismus, der die totale Trennung von Staat und Kirche zur Folge hatte, eingeführt. Da Elsaß-Lothringen zu dem damaligen Zeitpunkt wieder Teil des deutschen Staatsgebietes war, verblieb es nach 1918, nachdem dieses Gebiet erneut der Französischen Republik zugeschlagen worden war, bei der ursprünglichen Regelung, so daß die *Organischen Artikel* dort nach wie vor Bestand haben und auch nicht abgeschafft werden sollen. Dies hat im übrigen zur Folge, daß in der Universität von Straßburg die einzige staatliche katholische theologische Fakultät in Frankreich existiert.

Um die Aufhebung dieser Artikel zu erreichen, begab sich Pius VII. nach Paris. Er sollte die Krönung Bonapartes zum Kaiser vollziehen. Allerdings krönte nicht der Papst Bonaparte, sondern das erledigte der Kaiser selbst. In der Angelegenheit der Artikel konnte Pius VII. allerdings keine Erfolge erreichen und begab sich unverrichteter Dinge wieder zurück nach Rom. Da Pius VII. sich weigerte, an der Kontinentalsperre Frankreichs gegen England teilzunehmen, war Napoleon entschlossen, »mit dem obersten Hirten nicht viel Federlesens zu machen«[65] und besetzte Rom am 2. Februar 1808. Er ließ den Papst inhaftieren und verschleppte ihn nach Frankreich. Während der Haft des Papstes wurde er von Bonaparte aufgesucht. Dieser stellte im Vollbesitz seiner Macht vor dem Papst fest, daß die römische Kirche auch ohne Pius VII. auskomme, worauf der Papst ihm unerschrocken und im Bewußtsein, daß er gegenüber Napoleon nicht von seinen Auffassungen abzuweichen gedenke, erwiderte: »Genauso wie Frankreich ohne Eure Kaiserliche Hoheit auskommen kann.«[66]

Erst nach dem Sturz Bonapartes konnte Papst Pius VII. am 25. Mai 1814 wieder nach Rom zurückkehren. Der Größenwahn dieses selbsternannten Kaisers war zur Geschichte geworden. Auch wenn der Feldherr viele völkerrechtswidrige Schlachten gewonnen und sich Europa untertan gemacht hatte – lange konnte er nicht seine Weltmachtträume leben. In den Schlachten von Leipzig und Waterloo verlor er nicht nur zwei Schlachten, er verlor den Krieg. Europa hatte über Frankreich triumphiert. Doch der Nachruhm Napoleons ist immens, und Frankreich hat ihm viele Zeichen des vermeintlichen und eingebildeten Triumphes gesetzt – allen voran den Triumphbogen, den Arc de Triomphe de l'Étoile, der die römischen Vorbilder, die freilich nicht für Kriegsverlierer, sondern für Kriegsgewinner erbaut worden waren, in einer Monumentalität sondergleichen übertrifft. Er ist mehr als doppelt so groß wie der Konstantinbogen in Rom, der für einen der bedeutendsten Kaiser eines mehrere Jahrhunderte existierenden Weltreiches gebaut wurde.

In den Räumlichkeiten des Klosters San Giorgio Maggiore zeigt sich uns wie in einem Brennglas ein Abschnitt der europäischen Geschichte, der uns die Vergänglichkeit weltlicher Reiche vor Augen führt, aber auch, daß das geistliche Reich der römischen Kirche trotz massiver Versuche, es zu vernichten, dem weltlichen Druck auszuhalten in der Lage ist. Das Sacerdotium, das geistliche Reich, das ja die von Jesus Christus gestiftete Kirche repräsentiert, erfährt seine Rechtfertigung und seine Begründung nicht durch das Prinzip der Gewalt. Es entspricht vielmehr dem Willen Gottes, und diese Rechtfertigung ist nicht abhängig vom Kriegs- oder auch nur vom Schlachtenglück. Es gründet auf einer Verheißung Jesu Christi, und allein aus diesem Grund existiert es seit zweitausend Jahren, obwohl es sich seit der Gründung dem Atheismus und anderen Irrlehren ausgesetzt weiß. Die Kraft Gottes ist doch stärker als die irdische Macht seiner Feinde.

San Salvatore

Die Kirche im Häusermeer

So wie in Rom begegnet uns auch in Venedig Kunst in einer Fülle, die nahezu unvorstellbar ist. Man hat die Qual der Wahl, und wenn die Zeit beschränkt ist, dann muß man sich mit einigen wenigen Begegnungen zufriedengeben – auch wenn dadurch der gläubige Besucher sich kaum des Gefühls erwehren kann, etwas versäumt zu haben. Der Kirche San Salvatore wollten wir unbedingt einen Besuch abstatten – nicht aus kunsthistorischen Aspekten, sondern um mit einem Papst eine imaginäre Zwiesprache halten zu können und ihn gleichsam zu fragen, was wir gegen die schleichende Entchristlichung unserer Gesellschaften unternehmen sollten. Wir wollten die Statue von Pius X. aufsuchen, um dem Papst zu begegnen, der dem Laizismus und dem Atheismus in Frankreich die Stirn geboten hat, und um uns mit den Konsequenzen des Laizismus zu beschäftigen.

Inmitten eines Häusermeeres sind wir auf die Kirche San Salvatore gestoßen. Der kleine Platz vor der Kirche wird auf der einen Seite vom schmalen Rio di San Salvatore, auf dem Boote vertäut liegen, begrenzt, während auf den anderen Seiten die Häuser die Frontfassade der Kirche nahezu verschlucken. Ganz in der Nähe zieht die Ponte di Rialto die Menschenmassen an, doch die Kirche San Salvatore liegt eher ein wenig abseits der Touristenströme. Das Phänomen, daß die Kirchen Teil einer geschlossenen Bebauung sind, ist uns schon in Rom begegnet. Dem Gläubigen aus dem hohen Norden mutet dieses Aufgehen in der allgemeinen Bebauung ungewohnt an, er kennt es ja, daß die Kirchen freistehen und sich von den sie umschließenden Gebäuden absetzen. Durch diese Integration in die Umgebung verliert das Kirchengebäude etwas von seiner

Außergewöhnlichkeit und wird in einem viel stärkeren Maße in das Leben der Stadt einbezogen. Die fehlende Distanz wird aber wieder hergestellt, wenn der Gläubige die Kirche betritt und dort mit einer Außergewöhnlichkeit konfrontiert wird, die ihn ins Staunen geraten läßt.

Tizians »Verkündigung«

Der Schatz an Kunstwerken war so groß, daß wir überwältigt wurden. Auch wenn wir auswählen mußten, verharrten wir, bevor wir die Statue von Papst Pius X. finden konnten, für einen Augenblick, um einen Blick auf das Gemälde *Mariä Verkündigung* von Tizian zu werfen – ein Hauptwerk der Malerei,[67] das in einem kleinen Kuppelraum vor dem rechten Querschiffarm über einem Altar aufgehängt ist. Photos von diesem Bild kannten wir schon aus der Literatur, doch das Original anschauen zu können und der Wirkung direkt ausgesetzt zu sein, diese Erfahrung kann keine Reproduktion ersetzen. Auch Bilder können Charisma ausstrahlen, eine Anziehung, der sich der Betrachter nicht erwehren kann; er fühlt sich zu dem Werk hingezogen, unwiderstehlich und zwanghaft, und ist hingerissen, daß es ihm vergönnt ist, nicht nur in das Geschehen auf dem Bild hineingezogen zu werden, sondern auch in das Leben des Künstlers.

Tizian hat den Moment erfaßt, in dem Maria ihre Berufung zur Gottesgebärerin erfahren hat – den für sie nahezu unfaßbaren Moment, in dem ihr verheißen wird, über alle Menschen erhoben zu werden, um dem Messias das irdische Leben zu schenken. Tizian hat diesen Moment so dargestellt, als meinte Maria, dieser Aufgabe nicht gewachsen zu sein. Erschrocken hebt sie ihren rechten Arm, um die Worte abwehren zu können und damit auch die Aufgabe, die ihr im Heilsplan Gottes auferlegt worden ist. Doch dieses Erschrockensein, diese instinktive Ablehnung der übergroßen Aufgabe weicht – wie wir wissen – der demütigen und gottergebenden Annahme. Sie fügt sich dem Willen Gottes, akzeptiert die Rolle, die Gott ihr zugewiesen hat und besiegelt ihr Einverständnis mit den Worten: »Ich bin die Magd des Herrn; mir geschehe, wie du es gesagt hast.« (Lk 1, 38) Auffällig erscheint uns die Art der Komposition dieses Bildes. Tizian ordnet die entscheidende Aussage im unteren Bereich des Bildes an, rückt die handelnden Personen aus dem Zentrum gleichsam an den Rand. Die Mitte ist frei geblieben, während wir auf dem oberen Teil Engel erkennen können. Auch wenn diese Anordnung auf den ersten Blick als ungewöhnlich empfunden wird, hat Tizian nur die Sphären abgebildet, die zwischen dem Himmel und der Welt liegen. Der Engel Gabriel ist auf die Erde hinabgestiegen, um Maria aufzusuchen. Im oberen Teil tummelt sich eine Vielzahl von Engeln. Sie bevölkern den Himmel und damit die Herrlichkeit Gottes. Die freie Mitte hingegen symbolisiert die Distanz zwischen Himmel und Erde, zwischen der Immanenz und der Transzendenz, zwischen dem Leben in Gott und dem irdischen Dasein.

Staunend standen wir vor dem Gemälde, von der Aussage gefangen, auch von der ungewöhnlichen Art der Komposition, die Tizian gewählt hat.

Die Statue des Pius X.

Auf der linken Längswand stießen wir dann auf die Marmorfigur von Antonio Boggio aus dem Jahr 1958, die den sitzenden Papst Pius X./ Sarto darstellt. Auch wenn der Kontrast zwischen diesem Kunstwerk und dem Bild von Tizian übergroß ist – diese Figur zwang uns gleichwohl, innezuhalten und des Papstes zu gedenken, der sich öffentlich gegen den Laizismus und den Atheismus in Frankreich und damit gegen die Gottesferne der Welt gewandt hat.

Guiseppe Sarto wurde 1835 im Königreich Lombardo-Venetien geboren. Er konnte Theologie studieren und wurde in Venetien als Landpfarrer eingesetzt, um ab 1875 als Generalvikar in Treviso seinen Dienst zu verrichten. 1884 wurde er zum Bischof von Mantua geweiht und dann 1893 zum Erzbischof und Patriarch von Venedig. Zehn Jahre später, im Jahr 1903, wurde er zum Papst gewählt und gab sich den Namen Pius X. Er ist als ein entschlossener Kämpfer gegen die Bestrebungen, Gott aus dem gesellschaftlichen und politischen Leben zu verbannen, in die Geschichte eingegangen.

Seit der Aufklärung wurde der Versuch gestartet, die Kirche aus dem staatlichen Leben zu entfernen, um einen Staat und eine Gesellschaft aufzubauen, die keinen Bezug mehr zur Transzendenz aufweist. Keine Metaphysik sollte mehr dem Handeln der Menschen entgegenstehen. Sie selbst sollten die Letztinstanz ihres Denkens verkörpern, die christliche Ethik sollte durch eine von Menschen erdachte ersetzt werden.

Das französische Gesetz zur Trennung von Kirche und Staat

Als im Jahr 1905 die französische Regierung unter Führung des Sozialisten Émile Combes das *Loi relative à la séparation des Eglises et de l'Etat* durch die Nationalversammlung gebracht hatte, war der Laizismus zur Staatsdoktrin erhoben worden. Damit fand eine Entwicklung ihr Ende, die seit der Aufklärung den Kampf gegen die Kirche und gegen die Religion als höchstes Ziel der Politik propagiert hatte. Auch wenn seit der blutigen Französischen Revolution von 1789 bereits viele Rechte der Kirche aufgehoben worden waren – durch die sogenannten Laizismusgesetze wurde die totale staatsrechtliche Trennung von Staat und Kirche vollzogen und darüber hinaus auch das kirchliche Eigentum konfisziert, also entschädigungslos eingezogen, so daß die Kirche über keinerlei Vermögen mehr verfügen konnte. Diese Verbannung der Kirche aus dem Staat, aber auch aus der Politik, diese gewollte totale Entmachtung der Kirche, rief Pius X. auf den Plan, um seine Stimme gegen den Ausschluß Gottes aus dem Diskurs zu erheben.

Die Enzyklika »Vehementer nos«

Die Kirche hat jahrzehntelang gegen die politische Tendenz in Frankreich, die vollständige Trennung von Staat und Kirche zu vollziehen, gekämpft. Doch alle Einlassungen, aller Protest, jegliche Intervention haben nichts genützt. Die sozialistische Regierung der

Französischen Republik hat der Diskussion über das Für und Wider des Laizismus ein Ende bereitet, als sie sich im Jahr 1905 entschloß, durch das Parlament ebendiese totale Trennung von Staat und Kirche und damit auch den Ausschluß der Transzendenz durch ein Gesetz eine – zumindest vorläufig! – unveränderbare Wirklichkeit werden zu lassen. Mit den Laizismus-Gesetzen ist sie festgeschrieben worden und damit fand die Forderung der Revolutionäre des 18. Jahrhunderts und ihrer Wegbereiter die rechtliche Form, die den Staat und die Bevölkerung zwingt, diese atheistische Staatsform zu akzeptieren. Das Christentum sollte mit diesen Gesetzen aus dem staatlichen und politischen Diskurs verbannt werden und der Staat sollte sich nur mehr an Vorgaben messen lassen, die der Mensch – besser: eine politische Elite – entworfen hat. Damit hat sich der Mensch an die Stelle gesetzt, von der aus letztverbindliche Entscheidungen getroffen werden. Die Ideologie siegte über die Auffassung vom Menschen, die durch den Schöpfungsakt Gottes der Welt eingepflanzt wurde.

Mit dieser Verbannung des christlichen Moments aus dem staatlichen und politischen Diskurs konnte sich der damalige Papst Pius X. nicht einverstanden erklären. Er wußte, daß seine offizielle Einlassung in Form der Enzyklika *Vehementer nos*[68] wohl von den Katholiken Frankreichs gelesen und begrüßt werden würde, zugleich aber auch, daß sie absehbar keine konkrete politische Wirkung entfalten, allenfalls – à la longue – Einfluß auf den französischen Staat nehmen könne.

Papst Pius X. wollte mit dieser Enzyklika sein Bedauern darüber ausdrücken, daß durch die Laizismus-Gesetze die uralte Verbindung zwischen der römisch-katholischen Kirche und Frankreich gekappt wurde – durch das Land selbst, das bis dahin als »älteste Tochter« der Kirche angesehen worden war.[69] Mit der Trennung von Staat und Kirche beklagte der Papst aber nicht nur die Verbannung des christlichen Moments aus dem politischen Leben und die damit einhergehenden entschädigungslosen Enteignungen von Kirchenvermögen wie Gebäuden, Grundstücken sowie anderen Vermögenswerten und Rechten, er verurteilte auch, daß mit der formellen Trennung von Staat und Kirche jeglicher christliche Gedanke nicht mehr im politischen und staatlichen Diskurs berücksichtigt werden dürfe.[70] Bei öffentlichen Veranstaltungen sollte alles ausgeschlossen sein, »was immer als Zeichen des christlichen Glaubens hätte gelten können«.[71] Damit hat sich die Französische Republik auch von der Vorstellung verabschiedet, daß die Kirche ein integraler Teil des Staates sein müsse. Durch das Verbot, christliches Gedankengut im staatlichen und öffentlichen Leben zu vertreten, hat sich der Staat nicht nur nicht neutral gegenüber der Kirche gezeigt; er verfolgte vielmehr einen Kampf gegen die Kirche – nicht, um sie zu marginalisieren, sondern um sie zu zerstören.

Diese Entwicklung hatte sich seit der Revolution angebahnt. Pius X. hat die Schwierigkeiten aufgezeigt, »welche die nun verwirklichte Trennung mit sich bringen müsse«. Andererseits verdoppelte der Papst »die Beweise außerordentlicher Güte und Geneigtheit gegenüber Frankreich, im berechtigten Vertrauen auf die Dankbarkeit der Lenker des Staates«.[72] Aber alle diese Versuche scheiterten. Die sozialistische Regierung war von einem »Geist der Feindseligkeit gegen die Religion, der einen so langen Kampf gegen die Rechte Eures katholischen Volkes und gegen die Wünsche aller rechtlich Gesinnten«[73] geführt hatte, beseelt.

Nach dieser Verurteilung der französischen Politik setzte sich Pius X. mit der Trennung von Staat und Kirche unter grundsätzlichen Erwägungen auseinander. Diese Trennung füge Gott ein großes Unrecht zu, schließlich sei er derjenige, dem alle das Leben zu verdanken hätten. Grundsätzlich hält es der Papst deshalb auch für ausgeschlossen, daß die Religion nur im Privaten gelebt werden dürfe. Da Gott durch sein Handeln erst das Handeln der Menschen ermöglicht habe, habe er die Sphäre des Privaten überschritten und sein Handeln im öffentlichen Bereich vollzogen. Ein weiteres Argument führt Pius X. ins Feld – ein Argument, daß allerdings den

Glauben an Gott voraussetzt. Durch die Trennung von Staat und Kirche habe der Staat auch die Trennung von Physik und Metaphysik vollzogen. Durch die Abkehr von der Metaphysik und damit von der Transzendenz entfällt auch der Rekurs auf das Übernatürliche und infolgedessen der Bezug auf Gott als letzte Instanz menschlichen Handelns. Der Papst drückt diesen Mangel dadurch aus, daß allein die Menschen die Aussichten für die Wohlfahrt selbst bestimmen. Hierdurch ist nicht mehr der Wille Gottes letztes Kriterium für eine Entscheidung, sondern die Ideologie, die Menschen exekutieren wollen.

Wie bereits erläutert, der Papst bedauerte es insbesondere vor diesem Hintergrund zutiefst, daß sich gerade Frankreich zur totalen Trennung von Staat und Kirche entschieden hatte. Der Heilige Stuhl habe dieses Land »mit besonderer Liebe einzigartig geschätzt«, so führt er aus, gerade Frankreich, »dessen Geschick, hoher Ruhm und Glanz immer mit der Religion und Humanität verschwistert war«. Gehen wir hier näher ins Detail: Pius X. sieht sogar noch engere Verbindungen zwischen dem Katholizismus und Frankreich. Er spricht davon, daß diese als eine providentielle angesehen werden müsse – als eine, die von Gott gewollt ist und die deshalb zu eng und zu alt ist, daß Frankreich »jemals an eine Auflösung zu denken wagen sollte«.[74] Letztendlich verweist der Papst darauf, daß diese Verbindung institutionalisiert sei, völkerrechtlich festgeschrieben. Somit konnte sie nur unter Bruch von verbindlichen Verträgen aufgehoben werden. Damit wirft Pius X. der französischen Regierung einen rechtswidrigen Vertragsbruch vor.

Doch trotz diesen Vorwürfen, trotz diesen Anschuldigungen schaut Pius X. in die Zukunft und ruft die Gläubigen Frankreichs zur Einigkeit auf, damit sie geschlossen den Kampf gegen den Laizismus bestreiten können. Die Einigkeit sieht er als Grundvoraussetzung, um gegen den staatlichen Versuch vorzugehen, die Religion aus den Herzen der Franzosen zu tilgen. »Erstickt jeden Zunder der Zwietracht unter Euch!« ruft er den Gläubigen entgegen und fordert von ihnen, »das Beispiel edler Mannhaftigkeit zu geben, wenn Ihr, soweit es an Euch liegt, pflichtmäßig die Religion aus den gegenwärtigen Gefahren retten wollt«.[75]

Im übrigen setzt er auf die Einsicht der Politik, so wie es schon in der Vergangenheit zu beobachten gewesen ist. Mit dem Hinweis, daß Gesetze, die die Rechte der Kirche beschnitten haben, in der Vergangenheit aus Gründen der Klugheit wieder abgeschafft worden seien, versucht er, den Gläubigen Trost zu vermitteln, aber auch eine religiöse Zukunft zu eröffnen sowie ihnen vor Augen zu führen, daß sich der Kampf gegen den Laizismus lohnt und er gewonnen werden kann. Durch den Rekurs auf die Geschichte, das »Vorbild der vergangenen Zeit«, widerlegt der Papst die Behauptung, daß der Laizismus nicht überwunden werden könne. Er macht den Gläubigen Mut, die Konfrontation zu wagen, damit die französische Regierung »die Religion, die Quelle der Humanität und Förderin des Glücks der Allgemeinheit bald und zur Freude aller Gutgesinnten wieder in den Besitz ihrer alten Würde und Freiheit« einsetzen möge.[76]

Laizität

Doch diese Hoffnung hat sich nur marginal erfüllt. Der Laizismus wurde auf der Grundlage der Trennung von Staat und Kirche in die Laizität umgeformt, um auszudrücken, daß zwar nicht wieder die ursprüngliche Verbindung von Staat und Kirche erreicht werden dürfe, daß aber zumindest die Kirche im Staat toleriert werde. Durch ihn wird die Trennung von Staat und Kirche positiv betrachtet, so daß der Staat die Religionsfreiheit zu garantieren habe. Diese Freiheit führt zwar nicht wieder zur Staatsreligion, sie erlaubt es aber, den Kult auszuüben, wobei sich diese Freiheit nicht nur auf christliche Kirchen erstreckt, sondern auch auf andere Glaubensgemeinschaften wie die jüdische und die muslimische. Jede Gemeinschaft darf ihren Kult pflegen, allerdings wird eine Grenze durch Strafgesetze und durch Handlungen gegen die Verfassung aufgezeigt. Auch darf der

Staat keinen religiösen Zwang ausüben, so daß die Religionszugehörigkeit nicht Voraussetzung für die Staatsangehörigkeit sein darf.[77] Durch die Laizität sichert der Staat seinen Staatsbürgern zu, daß er den religiösen Bereich der Privatsphäre des einzelnen überläßt und sich jeglicher weltanschaulichen Stellungnahmen enthält. Dadurch wird die Laizität als religionsfreundlich und unparteiisch angesehen. Die französischen Bischöfe haben deshalb 1945 die Laizität mit der römisch-katholischen Religion für vereinbar erklärt.[78]

Nicolas Sarkozy

Von diesem Ansatz her hat sich der damalige französische Innenminister und nachmalige Präsident der Französischen Republik, Nicolas Sarkozy, dem Verhältnis von Religion und Politik genähert und damit über den Einfluß der Religion auf den Staat nachgedacht. In seinem Buch *Der Staat und die Religionen* erläutert er, daß auch ein laizistischer Staat die Religion nicht vollständig aus dem politischen Diskurs verbannen dürfe. Allerdings argumentiert er, streng den Regelungen der Laizität gehorchend, daß sich der Staat sämtlichen Religionen in gleicher Weise zuzuwenden und daß infolgedessen die Religionsfreiheit in gleicher Weise für sämtliche Religionsgemeinschaften zu gelten habe. Mit diesem Hinweis bewegte sich Sarkozy auf rein juristischem Gebiet, auf dem nur formell das Rechtsverhältnis geregelt wird. Allerdings übersteigt der spätere Staatspräsident diese formelle Ebene und stellt fest, daß auch ein laizistischer Staat nicht gleichgültig den Religionen gegenüberstehen dürfe, sie nur aus rechtlichen Gründen toleriere, ohne die Vorstellungen in zu treffende Entscheidungen einzubeziehen. Er spricht sogar davon, daß der Glaube für die meisten Frauen und Männer ein Bedürfnis sei. Hieraus schließt er, daß »die Religion in Frankreich dieses beginnenden 3. Jahrtausend eine zentrale Stellung« einnehme.[79] Ausdrücklich verweist er auf die verfassungsrechtliche Garantie der Religionsfreiheit, die auch in einem laizistischen Staat gewährleistet sein müsse. Er hält es deshalb für eine Pflicht sämtlicher Behörden und damit auch des Innenministeriums, »dafür zu sorgen, dass alle Religionsgemeinschaften in diesem Land gleichberechtigt leben, ihre Riten befolgen und ihren Glauben ausüben können«.[80] Diese verfassungsrechtliche Deutung des Laizismus schließt sämtliche Religionsgemeinschaften ein, doch Sarkozy bezieht sich in concreto auf das Verhältnis zur Kirche und gleichzeitig auf das zum Christentum, aus dem schließlich die französische Kultur entstanden ist. Zwar wendet sich Sarkozy dagegen, daß die Kirche über die Gesellschaft zu herrschen und ihr ihre Regeln – gerade die moralischen – aufzuzwingen versuche, schließlich sei die Kirche für das Spirituelle zuständig, doch hat er nicht ausgeschlossen, daß sich die Kirche mit ihren Vorstellungen – unmittelbar oder auch mittelbar – in den politischen Diskurs einschalten müsse. Für ihn ist der christliche Religionsunterricht, wie ihn ganze Generationen in Frankreich erfahren haben, von essentieller Bedeutung,[81] da die Staatsbürger schon in ihrer Kindheit und Jugend moralische Wertvorstellungen gelernt hätten, durch die die staatliche Stabilität gesichert worden sei. Durch den Religionsunterricht und die christliche Lehre sei der Grundstein für die Bildung eines moralischen Gewissens gelegt worden. Durch diesen Hinweis auf die Bedeutung des christlichen Religionsunterrichtes hat Sarkozy auch die christliche Fundierung Frankreichs herausgestellt und anerkannt, daß die Lehre der Kirche – gerade die Ethik – das Fundament des Staates bildet.

In diesen Rekurs auf das christliche Moment schließt Sarkozy neben der katholischen auch die protestantische und jüdische Entwicklungsgeschichte mit ein, da diese drei Religionsgemeinschaften im Verbund die französische Kultur geprägt hätten. Frankreich habe sich so auf der Grundlage des Alten und des Neuen Testamentes entwickeln können, verdanke seine Zivilisation den Regeln dieser Schriftreligionen – eine Zivilisation, die von Frankreich im Rahmen der Kolonisation auf der Grundlage der »mission civilisatrice« in die Welt getragen wurde, angesehen als die »vornehmste«[82] unter allen Zivilisationen.

Auch wenn sich die Kirche nicht direkt am staatlichen Handeln beteiligen kann, so doch zumindest mittelbar, indem sie Gegenvorschläge unterbreitet oder dazu animiert, daß Politiker, die die Positionen der Kirche vertreten, diese auch im politischen Diskurs vortragen. Inzidenter hat Sarkozy der Kirche den Status einer Politikberaterin zugewiesen, auf die die Politik hören soll, aber nicht muß, so daß er den Laizismus in der Form der Laizität nicht als Kampf des Staates gegen die Kirche ansieht, sondern von einer Zusammenarbeit ausgeht.

Das französische Bioethik-Gesetz von 2021

Papst Pius X. hat in seiner Enzyklika *Vehementer nos* seiner Hoffnung Ausdruck verliehen, daß sich das französische Staatsvolk davon abwenden würde, die Abwesenheit der Kirche aus dem staatlichen Diskurs hinzunehmen. Doch diese Hoffnung trog. Als die französische Nationalversammlung im Juni 2021 mit 326 zu 115 Gegenstimmen beschloß, ein Bioethik-Gesetz zu verabschieden, das vollständig mit der ethischen Tradition der katholischen Lehre brach, wurde deutlich, daß die große Mehrheit der Abgeordneten sich nicht mehr durch einen religiösen Rückbezug veranlaßt sah, den Vorgaben der Kirche zu folgen – sie wollte vielmehr Vorgaben verabschieden, die sich von der christlichen Ethik emanzipiert hatten und dem Mainstream entsprachen. Die christlich-katholische Lehre wurde als vormodern verworfen. Eine neue Ethik sollte den gesellschaftlichen Diskurs bestimmen, eine Ethik, die sich künftig von der Geschöpflichkeit des Menschen verabschiedet und die ohne Gott auskommt. Durch dieses Gesetz sind die Krankenkassen und Krankenversicherungen verpflichtet, Kinderwunschbehandlungen, ohne daß eine medizinische Indikation vorliegt, zu bezahlen. Einziges verbliebenes Kriterium, das noch ein Verbot beinhaltet, ist, daß die Frau nicht älter als 43 Jahre sein darf. Damit wird homosexuellen und heterosexuellen Frauen zu Lasten der Beitragszahler, aber auch der Steuerzahler, die immer das Defizit der Krankenkassen ausgleichen müssen, eine sehr kostenintensive Vergünstigung gewährt. Ein neuer Markt wurde durch diese gesetzliche Regelung erschlossen, aber auch eine Wandlung der ärztlichen Verpflichtung. Sollte der Arzt ursprünglich heilen, wird er nunmehr zu einem »Techniker«, der eine Dienstleistung anbietet, um ein »Produkt« als das das Kind angesehen wird, zu erzeugen, wie es der vormalige Pariser Erzbischof Michel Aupetit,[83] der vor seiner priesterlichen Berufung als Arzt tätig war, bemängelt.

Doch im öffentlichen Diskurs ist untergegangen, daß dieses Bioethik-Gesetz viel folgenreicher ist. Der Katalog der zu finanzierenden Behandlungen ist erweitert worden. Künftig ist das »social freezing« auch ohne medizinische Indikation erstattungspflichtig. Dadurch soll jungen Frauen die Möglichkeit eröffnet werden, sich voll und ganz auf den Beruf zu konzentrieren, um im Alter, dann, wenn auf natürlichem Weg keine Schwangerschaft mehr auftreten kann, wenn also die biologische Uhr abgelaufen ist, doch noch ein Kind zu »produzieren«.

Weiterhin wird durch das Gesetz erlaubt, überzählige Embryonen, die im Rahmen der Kinderwunschbehandlung künstlich erzeugt und deshalb in vielen Fällen nicht zur eigentlichen Schwangerschaft benötigt werden, genetisch mit Hilfe von Technologien wie der CRIPSR/Cas9-Genschere zu modifizieren. Darüber hinaus dürfen Forscher auch Mischwesen von Tier und Mensch produzieren, etwa induzierte pluripotente (IPS-Zellen) oder auch embryonale Stammzellen (ES-Zellen) in Tierembryonen einpflanzen und die auf diese Weise hergestellten Chimären zu Forschungszwecken benutzen. Weiters erlaubt das Gesetz, sogenannte Rettungskinder zu produzieren, damit sie später als Stammzellenspender für erkrankte Geschwister verwendet werden können.[84] Kinder, die noch nicht geboren sind, aber gleichwohl nach christlicher Auffassung Geschöpfe Gottes sind, werden durch dieses Gesetz nur noch als Mittel zum Zweck angesehen – nur noch als Objekte, die entweder den Eltern zu dienen haben oder der Forschung und der Industrie. Ihnen wird keine

Würde zugeordnet, über die sie aber allein durch ihre Geschöpflichkeit verfügen. Sie werden als »Zellhaufen«, ja sogar als »parasitäre Zellhaufen« und als »Schwangerschaftsgewebe« angesehen, über die man beliebig verfügen kann, sie sollen keine Subjekte, nur Objekte sein, die deshalb rechtlich auch nur wie eine Sache behandelt werden müssen.

Diesem Gesetz liegt der Gedanke zugrunde, daß ungeborene Menschen als Sache angesehen werden, über die man frei verfügen kann. Sie können keine Rechte für sich reklamieren, so daß sie zum beliebigen Material der geborenen Menschen mißbraucht werden können. Um von einem ungeborenen Menschen als Zellhaufen oder Schwangerschaftsgewebe sprechen zu können, kann der Mensch nicht mehr als »Imago Dei«, als Ebenbild Gottes, angesehen werden. Diese scheinbare Berechtigung ist im transhumanistischen Menschenbild begründet, die den Menschen nicht mehr als untrennbare Einheit von Körper und Geist ansieht, sondern ihn aufsplittet in Geist und Körper. Danach werden Menschenrechte – wie das elementarste, das auf Leben – nicht mehr jedem Menschen zugebilligt, sondern nur noch dem Körper »Mensch«, der über Geist verfügt. Die Rechtsfähigkeit wird dadurch nicht jedem Menschen zugebilligt, sondern nur noch denjenigen, die über sich selbst nachdenken können – die über Selbstbewußtsein verfügen. Der Körper wird zur Sache degradiert, über die man beliebig verfügen kann. Der Mensch wird ausschließlich als Inhaber des Geistes gedacht, so daß Menschenrechte lediglich am Geist festgemacht werden können. In der Abkehr vom Körper bestimmt dieser auch nicht das Geschlecht, sondern ausschließlich der Geist. Als Mann muß angesehen werden, wer sich als Mann deklariert, als Frau, wer meint, eine Frau zu sein, wobei in jedem Fall unerheblich sein soll, welchem Geschlecht die Person biologisch angehört.

Die neue Philosophie des Transhumanismus

Diese Aussichten werden durch die Philosophie des Transhumanismus[85] begründet, die immer mehr den politischen Diskurs bestimmt und die das christliche Element aus der Gesellschaft und damit des Staates zu verbannen bestrebt ist. Der Wunsch wird immer lauter artikuliert, sich vom christlichen Erbe zu verabschieden und eine neue Grundlage zu denken – eine Grundlage, die eben gerade nicht mehr von dem von Gott geschaffenen Menschen ausgeht, sondern von einer, in der der Mensch sich selbst als Gott gerieren kann, um sein gesamtes bisheriges Denken zu überwinden. Ein düsterer Horizont, dem wir entgegensehen. Sobald Gott aus dem politischen und staatlichen Diskurs ausgeschlossen ist, wird auch die Humanität verbannt. Das Juden- und das Christentum haben der Menschheit die Vorstellung der Gleichheit aller Menschen vermittelt – nur diese beiden Religionen, die sich auf das Alte und Neue Testament beziehen. Kaum wird Gott aber negiert, verfällt die Menschheit wieder in überwunden geglaubte Vorstellungen und erklärt die Gleichheit aller Menschen für überholt. Die sich so progressiv gerierenden politischen Eliten kehren wieder zurück in voraufklärerische Zeiten, in denen Menschenrechte nahezu unbekannt waren und Menschen als Sklaven und rechtlose Wesen oder als Wesen mit stark eingeschränkten Rechten angesehen wurden. Der Rückfall in voraufklärerische Verhaltens- und Denkmuster wird als Fortschritt verherrlicht, ist aber in Wirklichkeit ein Rückfall in vormoderne Vorstellungen.

Florenz – die Stadt der Kunst

Florenz als Kunstwerk

Florenz ist die Stadt in Italien, in der sich die Kunst nicht in Kirchen, Palästen oder Museen versteckt, eingeschlossen in sichere Orte, die nur im Inneren angeschaut werden können – dort wird sie nach außen getragen, hinein in die städtische Gesellschaft, hinein in das pulsierende Leben, in dem die Kunst zu einer Selbstverständlichkeit geworden ist, zum Teil des Lebens der Florentiner ebenso wie der Reisenden, die danach dürsten, in diese Welt eintauchen zu können. Florenz ist als Stadt Kunst! Sie ist das Produkt von Architekten, Bildhauern und Malern, die es sich zur Aufgabe gemacht haben, allein schon durch das Äußere ihrer Stadt der Welt aufzuzeigen, was Schönheit sein kann. Schon beim ersten Betreten der Stadtlandschaft fällt dem Besucher auf, daß das Häßliche, das Funktionale, das reine Zweckmäßige verbannt zu sein scheint. Nicht die Moderne drängt sich dem Flaneur auf, nicht das Kulturlose einer am Reißbrett konstruierten Stadt, sondern die kulturelle Entwicklung, die den Geschmack vergangener Zeiten wiedergibt. Daß die Außenbezirke diesem Ideal zuwiderlaufen, braucht uns nicht zu berühren. Uns interessierten nicht die Werkhöfe, Fabriken oder die Bürogebäude der neuen Zeit, wir suchten ein Zusammentreffen mit der äußeren und inneren Kunst im alten Teil dieser Hauptstadt der Kunst. Wir wollten uns gefangennehmen lassen von Zeiten, die zwar längst verweht, die aber durch ihre Dokumente immer noch präsent sind – unvergänglich, ohne etwas von ihrer ursprünglichen Aussagekraft verloren zu haben. Wir suchten zwar nicht die Kunst an sich, nicht die Schönheit des Werkes, nicht den äußeren Schein, sondern den Gedanken, den der Künstler in seiner Arbeit zum Ausdruck bringen wollte, immer die Geschichte, die sich im Werk verbirgt – immer die Idee, die der Künstler der Welt mitteilen wollte. Diese hat er durch Metaphern und Bilder verbrämt, um nicht zu offensichtlich seine

Intention der Welt preisgeben zu müssen, er hat sie camoufliert, um das zu wahren, was große Kunst ausmacht: Er hat das Geheimnis zurückgehalten, um es dem Betrachter zu ermöglichen, das Rätsel zu lösen, das uns gestellt worden ist. Nur wenn das Geheimnisvolle das Werk umgibt, nur wenn das Bild oder die Skulptur zum Nachdenken anregt, kann das Werk den Schauenden fesseln, nur dann kann eine Beziehung zwischen ihnen entstehen und der Betrachter kann in das Wesen eindringen, um dort das zu ergründen, was der Künstler mit dem Pinsel oder dem Meißel verstecken wollte.

Florenz konfrontiert uns mit einer Fülle von Kunst wie sonst in keiner anderen Stadt Italiens. Diese Stadt ist wie ein Kulminationspunkt, ja, wie der Mittelpunkt des Phänomens, das Italien zum Hauptland der Kunst hat werden lassen. Es ist so unermeßlich mit Kunst gleichsam angefüllt, daß es schon so manchen Besucher verwirrt wieder entlassen hat. Auf Schritt und Tritt strömt die Kunst auf den Besucher ein, wie ein Wasserfall, dem sich keiner entziehen kann. Auch der Besucher, der sich längere Zeit im Angesicht der herrlichsten Kunstgegenstände in Florenz aufhält, unterliegt der Gefahr, übersättigt zu werden und die Kunst nur noch als schöne Kulisse seiner Wanderungen wahrzunehmen. Das Zuviel läßt ihn abstumpfen, läßt ihn blind werden für das Schöne und Einzigartige – für all das, was die Künstler aussagen wollten. Der Sünde des Überdrusses entgehend, wollten wir in Florenz nur zwei Kirchen aufsuchen, um uns einer theologischen und dann einer staatspolitischen Frage zu nähern. Wir wollten uns unbeirrt weiter auf die Suche nach dem Licht begeben – auf die Suche mit einer Begegnung mit Gott.

Die Kirche Santa Croce

Die Kirche der Franziskaner

Als wir das Gewirr der kleinen Gassen hinter uns gelassen hatten, trat sie uns entgegen, die Kirche Santa Croce, dieses Gotteshaus, das der Franziskanerorden zur Erinnerung an seinen Gründer Franz von Assisi hat errichten lassen. Doch dieses Mal konnten wir sie nicht in ihrer einzigartigen Ausstrahlung sehen, als Schluß- und Fluchtpunkt der weiten Piazza Santa Croce. Eine Tribüne wurde gerade auf der weiten Piazza aufgebaut, um später ein Fest mit vielen Zuschauern feiern zu können. Dadurch wurde dem Platz aber das Besondere geraubt – seine Größe inmitten des Gewirrs kleiner und enger Gassen, überquellend von Touristen. Die Menschenschlange vor dem seitlich der Kirche aufgebauten Kartenhäuschen war allerdings erträglich kurz, so daß wir nicht allzulange darauf warten mußten, wieder einmal den Ort der Verehrung Gottes aufsuchen zu können, der uns eine Begegnung mit den größten Persönlichkeiten der Stadt Florenz ermöglichen kann. Neben den Kunstwerken vergangener Epochen wird auch durch die vielen Grabmäler bekannter Personen gedacht, die die Weltgeschichte entscheidend geprägt haben.

In der Kirche Santa Croce wollte ich diesen Besuch nutzen, um wieder einmal eine Annäherung an die Franziskaner zu wagen – an den Orden, der mich in meiner Kindheit und Jugend begleitet hat. Als wir die schneeweiße Marmorfassade der Kirche Santa Croce am Ende der Piazza erblickten, war es mir, als ob die Verbindung zur kindlichen Frömmigkeit wieder hergestellt worden wäre. Ich sah mich wieder als Ministrant, sah wieder unsere weißen Spitzenchorhemden und den samtenen roten Rock, den nur der Oberministrant tragen durfte, und das Alter war wie weggewischt. Die Zeit war aufgehoben und das damalige Leben wieder präsent. Und als ich die

Dantefigur vor der Kirche erblickte, da mußte ich, der ich damals gerade mein Studium aufgenommen hatte, wieder an meine erste, beinahe öffentliche Rede anläßlich des Geburtstages meines Vaters denken. Ich zitierte aus Dantes *Göttlicher Komödie* und hoffte, daß die Gäste mein Eintauchen in die Welt der Literatur nicht verwerfen würden. Doch als wir die Kirchentür durchschritten hatten, hatte mich die Gegenwart wieder eingefangen. Wir waren überwältigt angesichts des ersten Eindrucks einer göttlichen Majestät, die den weiten Raum auszufüllen schien. Es war kein »Horror vakui«, im Gegenteil: Es war herrlich, Teil dieser Größe zu sein und in ihr die Nachahmung der Größe Gottes zu spüren. Gleichzeitig wehte mich freilich die ketzerische Vorstellung an, daß der Orden der Franziskaner doch als ein Bettelorden gegründet worden ist und daß deshalb die Größe des Kirchenschiffes in einem Kontrast zum eigentlichen Ideal steht. Dieser Gedanke geriet allerdings in Vergessenheit, hatte die Kirche uns doch sofort in ihren Bann gezogen. Schönheit, in welcher Ausprägung auch immer, ist nun einmal anziehend, ihr kann und soll man sich nicht entziehen.

Die Architektur

Die Franziskaner haben im Jahr 1294 dem Architekten Arnolfo di Cambio[86] den Auftrag erteilt, eine Kirche zu bauen, die den franziskanischen Grundsatz der Armut sprengen sollte. Sie sollte groß dimensioniert sein und sich der Größe wegen an der florentinischen Kirche der Dominikaner, Santa Maria Novella, orientieren. Allerdings sollte der Bau auch als Kirche der Franziskaner erkenntlich sein. Deshalb hat der Architekt die Kirche als ein »T« entworfen, um in der Architektur das Zeichen »Tau« wiederzugeben, das untrennbar mit dem Orden der Franziskaner verbunden ist. Der Ordensgründer Franziskus von Assisi hat immer mit dem hebräischen »Tau«, was im Lateinischen das »T« bedeutet, unterzeichnet. Deshalb wurde das »T« zum Zeichen der Franziskaner.[87] Das »Tau« leitet sich her aus einem Wort aus dem Buch des Propheten Ezechiel, wonach der Herr zu Ezechiel gesagt hat, daß er mitten in die Stadt Jerusalem gehen und auf die Stirn der Männer ein T schreiben solle, die über die in der Stadt begangenen Greueltaten seufzen und stöhnen (Ez 9,3). Das T ist ein Rettungszeichen der Armen Israels. Es ist das Zeichen der Rettung und der Erlösung. Im Christentum wurde es zum Zeichen des christlichen Lebens, das durch die Taufe als ein neues angesehen werden kann. Deshalb kann Paulus im Brief an die Epheser auch schreiben, daß die Gläubigen durch die Taufe das Siegel des verheißenden Heiligen Geistes empfangen hätten (Eph 1,13). Jesus Christus beschreibt sich selbst als das Alpha und das Omega, als der Erste und der Letzte, und da das Tau der letzte Buchstabe des hebräischen Alphabetes ist, wird es mit dem Omega gleichgesetzt, so daß das Tau die Bedeutung des Omega übernommen hat und als Zeichen für Christus steht. Da dieses Zeichen auch als ein Kreuz gedeutet werden kann, ist ihm ebenfalls die Bedeutung des Kreuzes Christi beigemessen worden. Durch den Tod Jesu am Kreuz ist den Menschen neues Leben geschenkt worden und deshalb wird das Tau als Zeichen des Heils und des Lebens angesehen. Franziskus von Assisi hat diese Bedeutung aufgegriffen und aus ihr die Verpflichtung abgeleitet, sich um die Armen zu kümmern, was ja die konstituierende Aufgabe der Mitglieder des Ordens der Franziskaner ist.

Dieses Zeichen hat der Architekt aufgegriffen und das Querschiff an das Langschiff anschließen lassen, so daß sich uns der Grundriß der Kirche als ein »T« zeigt und deshalb als eine Kirche, die über kein großes Presbyterium verfügt. An der Stirnseite der Kirche sind mehrere Kapellen eingerichtet. Das Presbyterium wurde ebenfalls als Kapelle konzipiert. Es wurde lediglich etwas größer angelegt, ohne aber den Grundgedanken der Architektur außer Kraft zu setzen. Das »T« und deshalb auch das »Tau« ist im Grundriß erhalten geblieben.

Geschaffen wurde eines der größten Kirchenmuseen in Florenz,[88] das von ernster und düsterer Feierlichkeit[89] geprägt ist. Die Kirche läßt keinen Besucher, keinen Gläubigen unberührt und lädt sie ein, vor den vielen Grabstätten ehrfürchtig zu verharren und der vielen bekannten Verstorbenen zu gedenken. Geplant war die Kirche als Ort von Bestattungen. Die Grabstätte konnte käuflich erworben werden, um auch auf diese Weise die Kosten für den Bau zu finanzieren. Von dieser ursprünglich geplanten Intention legen die vielen Grabplatten auf dem Boden Zeugnis ab. Später wurden dann auch Grabstätten und Kapellen an den Wänden errichtet. Diese herausragenden Plätze waren besonders verdienten und bekannten Gläubigen vorbehalten. Doch nicht diesen Erinnerungsorten galt unser vornehmliches Interesse. Wir wollten uns anschauen, wie Giotto die christliche Forderung nach Umkehr in seine Bildersprache übersetzt und dem Betrachter verständlich gemacht hat.

Giottos »Lossagung vom Vater«

Das Gemälde

Auf unserem Gang durch die Kirche Santa Croce trafen wir gleich rechts neben der Hauptchorkapelle auf die Capella Bardi. Die Fresken waren während unseres letzten Besuchs verdeckt, da sie restauriert wurden, doch einige Jahre zuvor haben wir sie erstmalig betrachten und uns an ihnen erfreuen können. Diesen Fresken wollen wir uns nähern und uns in die von Giotto gemalte Welt des hl. Franziskus begeben. Er hat Szenen aus dem Leben des Gründers des Franziskanerordens gemalt – Episoden, die herausragende Momente im Leben des Heiligen illustrieren. Aus der Vielzahl der Bilder wollen wir eines herausgreifen, die sogenannte *Lossagung vom Vater*. In dieser Szene hat Giotto eine Paraphrase über die theologische Figur der Umkehr gemalt und sich dabei auf ein Bibelwort aus dem Evangelium des Matthäus bezogen: »Wenn ihr nicht umkehrt, [...] so werdet ihr nicht ins Himmelreich kommen.« (Mt 18,3). Franziskus hat diese Umkehr vollzogen, als er sein früheres Leben als Lebemann hinter sich ließ, um ein Leben in Armut und Hingabe an Gott führen zu wollen. Giotto hat den Moment, in dem Franziskus Abschied vom Vater nimmt, um in das neue Leben einzutreten, die Sichtbarwerdung der Umkehr, festgehalten und der Nachwelt überliefert – jenen Moment, in dem der Heilige sein Leben radikal geändert hat, um sich Gott vollständig zuzuwenden. In der Umkehr öffnet sich das Herz, um den Sohn Gottes aufzunehmen, »der mitten unter uns kommt, um das göttliche Gericht zu offenbaren«,[90] wie es Benedikt XVI. beschrieben hat.

Giotto läßt diese Szene vor einer Mauer spielen, hinter der sich ein Gebäude erhebt, dem wiederum eine mit Säulen geschmückte

Terrasse vorgelagert ist. Der Raum, den die Säulen umschließen, ist nach oben hin geöffnet, so daß wir den Himmel sehen können. In dem Verweis auf den Himmel will uns Giotto gleich in das Mysterium der Umkehr einbeziehen. Die blau-graue Farbe des Himmels mutet wie eine Vorwegnahme der Farbgestaltung durch Fra Angelico an, es ist die Farbe der Wahrheit, und deshalb stellt der blaue Himmel die Metapher für Gott dar. Er überwölbt gleichsam den historischen Moment und führt dem Betrachter vor Augen, wohin Franziskus durch seine Umkehr gehen möchte: zu Gott. Der Herr hat gleichsam das Himmelszelt schützend über Franziskus ausgebreitet, hat ihn dadurch in seine Obhut genommen, um ihn auf dem weiteren Weg durch die Welt helfend zur Seite stehen zu können.

Franziskus steht exakt im Schnittpunkt zweier Wege, exakt an der Ecke, an der sich zwei Mauern treffen. Rechts vom Schnittpunkt steht ein Bischof vor einem sehr kurzen Stück Mauer, während links, vor einem wesentlich längeren Stück Mauer, der Vater von Franziskus sowie vier weitere Männer zu sehen sind. Dieses Längenverhältnis der gezeigten Mauern bildet den bisherigen Lauf des Lebens von Franziskus ab. Links das alte Leben, das auch längere Zeit gewährt hat, rechts das neue Leben, das erst noch kommt. Franziskus hat auf dem Bild seine Kleider abgelegt und mit ihnen den alten Menschen. Er hat diese seinem Vater übergeben, um ihm symbolisch den alten Menschen, denjenigen, der durch seinen Vater gezeugt wurde, zurückzugeben. Es ist der Mensch der Immanenz, der Mensch der Welt, von dem sich Franziskus verabschiedet hat. Er behält nicht das kleinste Kleidungsstück zurück, um auf diese Weise die Totalität des Abschieds, die Endgültigkeit der Trennung, aufzuzeigen. Franziskus hat mit seinem bisherigen Leben vollständig gebrochen.

Durch diesen Bruch führte der Weg von Franziskus vom Reichtum in die Armut, vom Leben eines behüteten Sohnes, dem das Feiern nicht fremd war, in das der Kontemplation, in das der Begegnung mit Gott. Seine Nacktheit wird durch den Umhang des Bischofs verhüllt. Mit diesem verdeckt der Bischof nicht nur die körperliche

Blöße von Franziskus, er umhüllt ihn gleichzeitig mit der Gewißheit Gottes, die in der Kirche zu finden ist. Durch die Umhüllung mit dem geistlichen Gewand des Bischofs wird Franziskus vollkommen in die Kirche aufgenommen, um zukünftig der Welt der Transzendenz anzugehören.

Franziskus, der seinen Vater anschaut, hebt diesem segnend die Arme entgegen, um sich von ihm zu verabschieden. Der Bischof, der mit beiden Händen seinen Umhang um Franziskus hält, schaut nicht auf den Vater und auf die Abschiedsszene, er schaut weg, so als ob es ihm unangenehm wäre, dem Vater den Sohn zu entreißen, um diesen in eine andere Welt zu führen. In diesem abgewandten Blick offenbart sich die Kenntnis des Bischofs über die Größe des Augenblicks, den Franziskus erlebt, allerdings auch des Schmerzes, den der Vater, aber auch viele Eltern empfinden, wenn sich die Kinder für ein strenges geistliches Leben entschieden haben und jene diesen Abschied als Verlust verspüren. Der Bischof möchte nicht Zeuge des wohl schwersten Moments im Leben des Vaters sein, er möchte nicht die Verzweiflung und gleichzeitig die Ohnmacht des Vaters mit ansehen, um nicht den Schmerz nachzuempfinden, der den Vater peinigt. Erst später erkennen die Eltern die Richtigkeit des Weges ihrer Kinder, erst dann, wenn der Abschiedsschmerz überwunden ist und sie sich damit abgefunden haben, daß durch den Priester oder durch die Nonne die Familie nicht weiterfortgeführt wird. Auch wenn der Abschied des Sohnes den Vater schmerzlich berührt – Franziskus konnte als neuer Mensch der Welt vieles geben. Er und die Mönche des von ihm gegründeten Franziskanerordens haben viele Menschen zu Gott geleitet, haben durch das Führen eines gottgefälligen Lebens der Welt Beispiel gegeben, welches sich so mancher zum Vorbild machte. Dieses heiligmäßige Leben hat Giotto dadurch beschreiben wollen, daß er Franziskus mit einem Nimbus, der ihn als einen Heiligen auszeichnet, malte.

Auf der linken Seite der Mauer erkennen wir den Vater, der grimmig auf seinen Sohn schaut. Jener möchte auf den Sohn zulaufen, um ihn daran zu hindern, sich vollständig der Kirche und damit Gott zuzuwenden. Nur mit Mühe halten ihn zwei Männer zurück. Der eine hat den Arm des Vaters ergriffen, umklammert ihn mit beiden Händen, während ein zweiter Mann erfolgreich versucht, ihn am Gewand festzuhalten. Über dem linken Arm des Vaters liegt die Kleidung von Franziskus, wie ein Zeichen des Abschieds, der schmerzlichen Annahme des Entschlusses seines Sohnes. Auch wenn sich der Vater sträubt, ihn der Kirche und der Transzendenz zu überlassen – er mußte diesen Entschluß akzeptieren, im Bewußtsein, daß sein Sohn sein eigenes Leben führen kann und vor allem führen muß. Nur mit Gewalt hätte er ihn daran hindern können, in die Welt der Kirche einzutreten. Doch der Vater fügt sich dem Willen Gottes.

In der unterschiedlichen Farbe der Gewänder des Vaters und des Bischofs läßt Giotto die Gegensätzlichkeit der Welten dieser beiden Personen aufscheinen. Der Vater trägt ein gelbes Gewand, während der Bischof mit einem blauen Mantel bekleidet ist. Gelb wird als Farbe der Galle[91] angesehen, um den Ärger zu symbolisieren. Allerdings steht die Farbe Gelb auch als Symbol für Gold, für Reichtum und Wohlstand. Durch das gelbe Gewand des Vaters will Giotto aufzeigen, daß der Vater den weltlichen Reichtum verkörpert, das Leben, das er seinem Sohn zu bieten vermag und das Franziskus nicht verlassen soll. Im Gegensatz hierzu hat Giotto den Umhang des Bischofs blau gemalt. Die Farbe »blau« ist die Farbe der Wahrheit, der Transparenz und des Himmels sowie der komprimierten Leere, als die sich das Firmament, der im Volksglauben angenommene Sitz dieses Himmels, zeigt. Damit wird durch die Farbgebung der Inhalt der Welt aufgezeigt, in die Franziskus eintritt. Es ist die Welt Gottes, die Welt der Wahrheit, als die sich ja Jesus Christus selbst bezeichnet hat. Franziskus wird durch den Bischof mit dem blauen Gewand in das Reich Gottes auf Erden einbezogen, er wird dadurch Teil der Gemeinschaft, die schon auf Erden den Weg zu Gott beschreiten will.

Giotto möchte mit dieser Farbsymbolik sowie Metaphorik nicht verdeutlichen, daß die Welt der Immanenz als schlecht anzusehen ist, vielmehr andeuten, daß der Mensch in der Welt der Transzendenz geborgen und beschützt ist. Zugleich insinuiert er damit nicht, der Mensch könne nur als Mönch, Priester oder Nonne die wahre Höhe menschlicher Existenz erklimmen, so daß nur das geistliche Leben erstrebenswert sei, nein, er zeigt allein auf, daß das Leben in der Welt der Immanenz nicht vollständig abgekoppelt sein darf vom Leben mit Gott. In dem Nebeneinander der beiden Welten rechtfertigt Giotto beide als berechtigt, zumal sich auch der blaue Himmel über dem Vater wölbt, wodurch Gott ebenfalls symbolisch seine schützende Hand über ihn hält. Auch wenn Giotto der Nachwelt eine Szene überliefert hat, in der eine totale Umkehr nachgezeichnet wird – die Umkehr kann freilich auch weniger radikal vollzogen werden, als Franziskus es gewagt hat. Doch umkehren sollen wir. Mit dem Fresko *Lossage vom Vater* hat uns Giotto einen Anstoß gegeben, wie diese Umkehr erfolgen könnte. Er führt der Nachwelt ein Beispiel vor Augen, um uns anzuregen, Franziskus nachzuahmen und den Versuch zu unternehmen, ebenfalls umzukehren, wie es der Evangelist Matthäus beschrieben hat. Um diese Forderung von Matthäus nachvollziehen zu können, wollen wir auf das Phänomen »Umkehr« in seinem theologischen Sinn eingehen.

Umkehr, biblisch

Im Matthäusevangelium wird von Johannes dem Täufer, der die Mißstände im jüdischen Volk anklagte, berichtet.[92] Er hielt den Pharisäern vor, dem zukünftigen Zorn Gottes entgehen zu wollen, indem sie sich auf Abraham als Vater beriefen und sie glaubten, allein auf Grund ihrer Herkunft aus dem auserwählten Volk Gottes in dessen Reich aufgenommen zu werden. Doch dem setzt Johannes sein Argument entgegen, daß der Zorn Gottes nicht gleichsam automatisch durch die Herkunft aus dem jüdischen Volk abgewendet werden könne, die Gläubigen könnten ihm nur – wie es im Matthäusevangelium geschrieben steht – durch Buße entgehen (Mt 3,7–10). Freilich soll Buße allein nach den Worten des Evangelisten Markus nicht ausreichen. Erforderlich sei vielmehr die Umkehr und die Taufe zur Vergebung der Sünden (Mk 1,4). Die Taufe beschreibt Matthäus als Zeichen der Umkehr (Mt 3,11). Nur die totale Umkehr, was ja eine Abkehr vom bisherigen Leben bedeutet, nur die Negierung der bisherigen Lebensweise und die Hinwendung zu Gott kann nach Matthäus das jüdische Volk davor bewahren, im Endgericht verurteilt und des Heils verlustig erklärt zu werden.

Jesus Christus greift in den Evangelien den Gedanken der Umkehr auf und verbindet ihn mit der Basileia-Verkündigung, indem er darauf hinweist, daß die Zeit erfüllt und infolgedessen das Reich Gottes nahe sei. Deshalb fordert er, daß die Gläubigen umkehren und an das Evangelium glauben (Mk 1,15). Für Jesus Christus soll die Umkehr die Voraussetzung sein, um in das Reich Gottes aufgenommen zu werden. Zwar verlangt er, wie Johannes der Täufer, die bedingungslose Abkehr vom bisherigen Leben, doch steht für ihn die Ankunft des Reiches Gottes im Vordergrund und damit die Herrschaft Gottes über die Welt. Durch diese Herrschaft wird den Menschen ein neues Leben geschenkt. Um ihnen die Vorzüge des Reiches Gottes vor Augen führen zu können, bedient sich Jesus eingängiger Metaphern. Er nimmt Bezug auf einen Kaufmann, der eine schöne Perle vorgefunden hat (Mt 13,46). Er habe sein gesamtes Hab und Gut verkauft, um diese Perle erwerben zu können. In gleicher Weise soll es sich auch mit dem Reich Gottes verhalten. Dieses Reich sei so schön, daß es sich rechtfertigt, alles hinzugeben, was man besitzt.

In seiner Fehlbarkeit und Sündhaftigkeit, in die der Mensch trotz seines Bemühens immer wieder zurückfällt, ist er darauf angewiesen, Vergebung als Geschenk zu erhalten, zugleich steht jedem immer die Möglichkeit offen, sein Leben zu ändern und von dem bisherigen Lebensstil Abschied zu nehmen.[93] Es bietet sich die Möglichkeit der Selbstkorrektur. Eine solche Umkehr kann beispielsweise durch das Sakrament der Beichte erfolgen, wobei diese nach institutionalisierten Vorgaben erfolgt. In der Beichte wird dem Gläubigen eine Buße auferlegt, die er dann in verschiedenen Formen ablegen kann. Hierbei ist an Bußzeiten, Gebete oder auch Fasten zu denken.

Evangelisation und Umkehr

Diese Bußübungen, die Teil der Evangelisation sind, sollen den Gläubigen veranlassen, vom bisherigen Leben Abstand zu nehmen, um in der Umkehr das neue Leben beginnen zu können. Franziskus von Assisi hat eine Umkehr vollzogen, die radikaler kaum denkbar ist. Allerdings kann diese nicht von jedem Gläubigen verlangt werden. Nicht jeder Gläubige ist bereit, alles hinter sich zu lassen. Sicher ist: Wie auch immer die Umkehr im Einzelfall ausfällt – der Zugang zu Jesus Christus ist nur auf der Grundlage der Forderung von Johannes dem Täufer auf Umkehr möglich.[94] Die durch die Evangelisation erfolgte Rückkehr zum Evangelium ist Sinn und Zweck einer Umkehr, um dann aus dem Evangelium heraus zu leben. Wenn wir es wieder vollständig zur Grundlage unseres Handelns und Denkens machen, wenn wir uns eins sehen mit der Frohen Botschaft, lassen wir Gott in unser Leben eintreten, damit wir ihn zum konstituierenden Moment unseres Seins erklären können. Dadurch absentieren wir uns von all den Personen, denen das eigene Ich zum Hauptzweck ihres Lebens geworden ist und die in der Masse der anderen Menschen aufgehen. Derjenige, der Gott in sein Leben hat eintreten lassen, hat ein Gerüst erworben, das es ihm ermöglicht, ein Leben zu führen, das er als ein gelungenes ansehen könnte – ein Leben, das ihn schon den Anklang des Reiches Gottes erahnen ließe.

Joseph Ratzinger weist darauf hin, daß die Hinwendung des Menschen zu den von Gott vorgegebenen Regeln kein Moralismus ist, keine Unterwerfung unter ein moralisches System, es ist viel mehr, es ist »die Demut, sich der Liebe des ganz Anderen anzuvertrauen, einer Liebe, die Maßstab und Richtschnur meines eigenen Lebens wird«.[95] Läßt der Gläubige durch die Evangelisierung Gott in sein Leben eintreten, wird er der Liebe Gottes in vollem Umfang teilhaftig. Dadurch wird die Ichbezogenheit umgewandelt in eine Gemeinschaft mit Gott, und der Horizont wird erweitert hin in eschatologische Höhen, die dann das Reich Gottes als die Hoffnung an sich aufscheinen läßt – diese Hoffnung, die dem Leben den Sinn vermittelt und das Bewußtsein, mit dem Tod nicht ein vollständiges Ende erleiden zu müssen.

In der Evangelisation muß Gott im Zentrum der Verkündigung stehen, und dieser Forderung muß sich jeder unterwerfen, ob Geistlicher oder Laie. Der im Rahmen der Evangelisation gefeierte Gottesdienst darf für den Priester deshalb nicht die Plattform sein, um seine eigenen Vorstellungen der Gemeinde zu präsentieren. Die hl. Messe ist immer eine Zwiesprache zwischen Gott und den Menschen, vermittelt durch den Priester, der deshalb nicht der Moderator zwischen Gott und der Gemeinde ist. Er hat die Aufgabe, zusammen mit der Gemeinde und als Teil von ihr den Dialog mit Gott zu führen, um das zu erreichen, was hinter all dem Bemühen steht: die Freundschaft mit Gott eingehen zu können. Das, was die Mystiker vergangener Jahrhunderte in ihren Gebetsübungen angestrebt haben, durch ihr Fasten, durch ihr Gebet, durch ihre Kontemplation, können auch wir erreichen: die Vereinigung mit Gott.

In der Umkehr hin zum Evangelium können wir den Urgrund menschlichen Lebens erkennen. Die sich in der Umkehr zeigende Evangelisierung ist mehr als eine intellektuelle Auseinandersetzung mit dem Glauben. Sie stellt einen Lernprozeß dar, eine »Reinigung und Verwandlung unserer Existenz«[96] und wird dadurch zur Weggemeinschaft mit anderen Gläubigen, die ebenfalls ein Leben mit Gott vollziehen wollen. Die Umkehr führt zur Umgestaltung des Menschen, so daß aus diesem Prozeß der Mensch als »Neue Schöpfung« hervorgeht, der als Mitarbeiter der Wahrheit wiederum andere Menschen mitreißen kann.[97] Die Evangelisierung verlangt das Vorbild, an dem sich der Umkehrende orientieren kann. Deshalb geht Kardinal Gerhard Ludwig Müller davon aus, daß, wer nicht vom Evangelium überzeugt ist, auch andere nicht überzeugen und mitreißen und somit auch nicht als Vorbild angesehen werden kann. Die Menschen, ob Priester oder Laien, können nur die Botschaft Christi verkünden, erläutern und >anziehend< vorleben. Sie können deshalb nur Vorbild sein, um eine freiwillige Umkehr herbeizuführen. Zwangsweise kann eine Umkehr zu Gott und zum Evangelium nie erfolgen. Es widerspräche auch dem inneren Glauben des Herzens.[98] Um die Umkehr zu bewirken, müssen wir ein christliches Leben führen, das als beispielhaft angesehen wird. Wir müssen für die Umkehr beten, durch die Katechese für Heranwachsende und durch die christliche Allgemeinbildung sowie durch die Spitzenleistungen großer Theologen geistig überzeugen.[99] Auch das Vorbild der Heiligen, ihre Gedanken und ihre Werke, sind Teil der Evangelisation, sie können durch ihr Beispiel andere Personen mitreißen und diesen die Schönheit des Glaubens vor Augen führen. Letztendlich bewirkt die Gnade Gottes die Umkehr. Der Entschluß, durch die Evangelisation die Umkehr zu bewirken, ist durch Gott veranlaßt. Er verschenkt die Gnade, daß sich der Gläubige zur Umkehr entschließt. Doch wir anderen Gläubigen müssen den Weg bereiten, den der Bekehrte gehen soll.

Der Dom Santa Maria del Fiore

Das Bauwerk

Der Dom bildet den Mittelpunkt von Florenz, nicht den künstlerischen, aber den architektonischen und religiösen – das gesamte Ensemble mit dem Dom, dem Baptisterium und mit dem Campanile. Das Kirchengebäude wird bekrönt von einer Kuppel, die eher einem Wunderwerk gleicht, denn einer Kunst von Menschenhand. Sie konnte durch das Genie Brunelleschis geschaffen werden. Nur er konnte damals ein solches Bauwerk planen, dessen Statik berechnen und dann ausführen lassen. Nie zuvor war ein Architekt vor eine solch schwierige und komplexe Aufgabe gestellt worden, nie zuvor oblag es einem Architekten, bei einer Kuppel von solch gewaltigen Ausmaßen die Tragfestigkeit zu gewährleisten. Der Tambur, der Kuppelansatz liegt immerhin in einer Höhe von 50 Metern über dem Fußboden, wobei der Durchmesser des zu überwölbenden Raumes zwischen 41 bis 45 Metern beträgt.[100] Es sind schier unvorstellbare Größen, die Grundlage der Ausschreibung von 1418 waren. Die Ausgestaltung der Kuppel selbst war schon 1368 durch die Dombauhütte festgelegt worden. Damals konnten Baugerüste nur aus Holz hergestellt werden, was sich aber bei der vorgeschriebenen Höhe als undurchführbar erwies. Deshalb entwickelte Brunelleschi die Idee des selbsttragenden Gerüstes. Die Kuppel wurde in Schichten erstellt. Sie wuchs jede Woche um 30 Zentimeter. Da die Kuppel sich verjüngt, verkeilten sich die Steine, so daß sie festsaßen. Dadurch konnte auch das Klettergerüst getragen werden. Ring um Ring wuchs die Kuppel. In schwindelnder Höhe wurden die Arbeiten verrichtet, und doch mußte während der sechzehnjährigen Bauzeit nur ein tödlicher Arbeitsunfall beklagt werden.

Das Dante-Porträt Domenicos di Michelino

Doch nicht die Architektur des Domes führte uns zu dieser Kirche, sondern das Bild von Domenico di Michelino, mit dem Florenz Dante ein ehrendes Gedenken beschert hat. Auch wenn der Dichter gleichsam in der Verbannung starb, aus seiner Vaterstadt vertrieben und geächtet, vergessen war er nicht. Ein Kenotaph wurde ihm erst im 19. Jahrhundert in der Kirche Santa Croce errichtet, obwohl selbst Michelangelo ihm ein Grab und damit einen Erinnerungsort in Florenz hatte verschaffen wollen. Auch sein Vorschlag wurde, wie zwei andere, abgelehnt. Florenz hatte mit Dante gebrochen. Über fünfhundert Jahre hat es gebraucht, um die Vorbehalte zu überwinden, erst dann war der Groll vergangen und Stefano Ricci konnte 1829 das Kenotaph erstellen. Zuvor wurde in Florenz nur durch das Bild von Michelino an Dante erinnert. Dieses Bild suchten wir im Dom auf, dieses 1465 gemalte Gemälde, auf dem der Verfasser der *Göttlichen Komödie* inmitten des Universums seiner Dichtung dargestellt wird.

Michelino würdigt Dante als Dichterfürsten, als einen Literaten, dem die höchste Auszeichnung verliehen wurde: der Lorbeerkranz, der Kranz des Siegers. Der Dichter steht mitten im Bild, auf der senkrechten Scheidelinie zwischen Fiktion und Realität, er steht neben dem Abbild der Hölle, des Läuterungsberges und des Paradieses, die wir links von ihm erkennen können. Auf der rechten Seite hingegen ist die Silhouette seiner Vaterstadt abgebildet. Dichtung und Wirklichkeit sind auf dem Bild zu einer Einheit verschmolzen, und dadurch wird die Symbiose aufgezeigt zwischen der Kunst Dantes und seinem Leben.

Dantes Lebensweg

Auch wenn auf diesem Bild eine enge Verbindung zwischen Dante und der Stadt Florenz insinuiert wird – es ist eine Idealvorstellung, die einen Wunsch ausdrückt und mit der Wirklichkeit nicht allzuviel gemein hat. Dante hatte in Florenz politische Ämter inne und war Mitglied der Stadtregierung, doch diese waren lediglich Stationen seines früheren Lebens. Den zweiten Teil mußte er außerhalb des Einflußbereiches seiner Vaterstadt verbringen, um dem Todesurteil zu entgehen, das über ihn ausgesprochen worden war. Der Grund für diese Zäsur lag in einem Konflikt um die Stellung des Papstes. Es war kein Konflikt um eine theologische oder auch nur religiöse Frage – es war eine machtpolitische Auseinandersetzung, in der Dante nicht bereit war, dem Papst die höchste weltliche Macht auf Erden zuzubilligen. Damit stellte er sich gegen die Auffassung der Stadtregierung. Zu der damaligen Zeit brach ein Konflikt zwischen Papst Bonifaz VIII. und dem römisch-deutschen Kaiser aus. Es war ein Kampf, der auch die Stadt Florenz erfaßte – einer zwischen den Ghibellinen, die auf der Seite des Kaisers standen, und den Guelfen, die für den Papst Partei ergriffen hatten. Papst Bonifaz VIII. strebte eine Machtausdehnung des Papsttums und des Kirchenstaates an, der Papst sollte über allen Herrschern stehen, während die Gegenseite die Unabhängigkeit von der Kirche einforderte. Doch auch innerhalb der Guelfen gab es unterschiedliche Positionen. Die »Schwarzen« verfolgten eine harte Politik gegenüber dem Kaiser, während die »Weißen« kompromißbereiter waren und deshalb lediglich eine Autonomie gegenüber dem Papst anstrebten. Dante fühlte sich den »Weißen« nahe, da er mit der Macht- und Expansionspolitik des Papstes nicht einverstanden war. Bonifaz VIII. sicherte sich die Hilfe von Karl von Valois, dem vierten Sohn von König Philipp III. des Kühnen von Frankreich. Karl konnte die Partei der »Weißen« besiegen, zog siegreich in Florenz ein und ließ deren Anhänger beseitigen.

Dante als Anhänger der »Weißen« wurde aus der Stadt Florenz verbannt und danach, für den Fall der Rückkehr, zum Tode verurteilt. Er hatte aber bereits endgültig seiner Vaterstadt den Rücken gekehrt, so daß er der Vollstreckung des Urteils entging. Nach Stationen in Verona, Bologna, Lucca, Padua und in den letzten Lebensjahren in Ravenna verstarb er auf der Rückreise von einer Fahrt in Venedig und wurde in Ravenna im dortigen Franziskanerkloster bestattet.

Die »Göttliche Komödie«

Das Hauptwerk Dantes ist die *Göttliche Komödie,* durch die er nicht nur der bedeutendste Dichter Italiens wurde, sondern auch Weltruhm erlangte. In diesem Werk, das er als Komödie bezeichnete, da der Ausgang ein glücklicher ist, durchschreitet Dante in der Imagination die Transzendenz – die drei Orte, die wir mit dem Leben nach dem Tod verbinden: die Hölle, den Läuterungsberg, also das Fegefeuer, und dann das Paradies. Der Dichter möchte auf dieser Wanderung den Weg zum ewigen Heil aufzeigen.[101] Michelino hat die Verse Dantes in seinem Bild umgesetzt und ihn wie in einem Theaterstück vor die Kulissen gestellt, die auf den Inhalt des Werkes hindeuten. Auf der linken Seite können wir einen Blick in die Hölle, die durch starke Mauern von der Außenwelt abgeschirmt ist, werfen. Die unbekleideten Sünder steigen dichtgedrängt eine Treppe hinab in den Hades, bewacht und angeführt von gehörnten Teufeln, die darauf achten, daß sich kein Sünder vor den erwarteten Höllenstrafen drückt.

Hinter der Figur von Dante erhebt sich der Läuterungsberg. Zwei Personen, Adam und Eva, stehen auf der Spitze und verkörpern das ursprüngliche Paradies und damit das Ziel, das die Menschen, die sich auf den Marsch am Läuterungsberg gemacht haben, erwarten können: das Eingehen in die Herrlichkeit Gottes. Auf sieben Kreisen umrunden die Menschen den Berg – auf dem Bild ist dieser Weg verkürzt dargestellt –, von oben nach unten, wechselseitig, von ihrer ursprünglichen Herkunft im Paradies wieder zum Tor, hinter dem sich das Paradies, die Nähe Gottes, verbirgt. Auch diese Sünder sind unbekleidet, tragen Gewichte, die die Sündenstrafen symbolisieren und die die Buße bewirken sollen. Einige Figuren quälen sich auf den konzentrischen Kreisen hinunter, unter der Last der Buße gebückt. Nur im letzten Kreis haben sie die Lasten abgeworfen, haben gleichsam ihre Strafe abgedient, um sich dem von einem Engel bewachten Tor zur Herrlichkeit Gottes zu nähern. Sie beugen die Knie, haben die Hände wie zum Gebet gefaltet und bitten den Engel, sie durch die Goldene Pforte, die ein Kreuz schmückt, ins Reich Gottes eintreten zu lassen.

Michelino greift die Zahlensymbolik, die die Göttliche Komödie durchzieht, auf, wenn er sie auch nicht in letzter Konsequenz beachtet. Die Grundzahl ist die heilige Dreizahl, um die Dreifaltigkeit im Werk immer wieder anzudeuten. Drei Kapitel bilden den Aufbau der Komödie, aus jeweils 33 Gesängen bestehen die einzelnen Kapitel. Da Dante den drei Kapiteln einen einleitenden Gesang[102] vorangestellt hat, besteht das Werk mithin aus 100 Gesängen, was die vollkommene Zahl[103] widerspiegelt. Ein weiteres Mal tritt im Werk die Dreizahl auf. Dante hat das Epos in Terzinen gedichtet, um auch in jedem Vers die Verbindung zur göttlichen Dreifaltigkeit aufzeigen zu können.

Rechts neben Dante hat Michelino die Silhouette von Florenz gemalt. Wir erkennen die Kuppel des Domes und weitere Türme. Obwohl Dante aus Florenz verbannt war und er bei einer Wiederkehr mit dem Tode rechnen mußte, blieb er Zeit seines Lebens ein Florentiner, der an seiner Vaterstadt hing. Dieser Verbundenheit verlieh Michelino in besonderer Weise Ausdruck. Der mit einem Lorbeerkranz geschmückte Dante steht nachdenklich und in sich gekehrt vor den wie Kulissen wirkenden bildlich dargestellten Szenen aus seinem Hauptwerk und vor der Silhouette von Florenz. Er hält das aufgeschlagene Buch mit der *Göttlichen Komödie* dem Betrachter entgegen. Dante steht sowohl außerhalb seines Werkes als auch der Stadt Florenz, doch zwischen dem Buch, Dantes Werk, und der Stadt wird eine Verbindung sichtbar, die sich aus der Göttlichkeit der vom Dichter beschriebenen Transzendenz herleitet. Goldene Strahlen entweichen dem Buch und leuchten hinüber zur Stadt Florenz. Diese Strahlen stellen die Verschmelzung von Dante und Florenz dar, durch die die unzertrennbare geistige Verwobenheit verdeutlicht wird. Auch wenn Dante in der Verbannung sein Leben beenden mußte, seiner Vaterstadt blieb er im Geiste treu. Diese Verbundenheit hat Michelino auch in den unter dem Bild aufgeschriebenen Versen ausgedrückt:

Jener Poet, der klar alles im Geiste geschaut,
Dante, der Wissende, steht allhier, den öfters Florenz wohl
Sich als Vater im Rat, oder in Werken erkannt.
Nimmer vermochte der Tod so gewaltigen Sänger zu töten,
Sieh, denn er lebt in der Kraft, lebt im Gesicht und im Bild.[104]

Die Auseinandersetzung um die weltliche Macht des Papstes

Im nachhinein wird Dante als der große Sohn der Stadt Florenz verehrt, doch zu seinen Lebzeiten wurde sogar das Todesurteil über ihn ausgesprochen – eine recht ambivalente Beurteilung seines Lebens. Dante war freilich nicht nur ein Dichter, der Theologie in Verse verwandelte, er war auch ein Politiker, der sich nicht nur der Tagespolitik verpflichtet fühlte. Er war ein Denker, der Politik von der Philosophie her erklären und durchsetzen wollte. Deshalb setzte er sich dafür ein, daß die Macht des Papstes nicht absolut sein dürfe, ohne sich aber vollständig von ihm zu lösen. Für Dante sollte die Trennung von Staat und Kirche das konstituierende Moment eines Staates sein und damit auch die Trennung von kaiserlich-weltlicher und päpstlich-geistlicher Macht, was folgerichtig auf eine Beschneidung der Macht des Papstes hinauslief. Der um 1300 geführten Auseinandersetzung, die allerdings nicht nur als eine historische anzusehen ist, sondern Auswirkungen auf das Papsttum, ja, auf die Kirche an sich hatte, wollen wir uns skizzenhaft nähern. Anhand dieses Disputes können wir aufzeigen, daß Dante auch einer war, der die Unterschiedlichkeit von weltlichem und göttlichem Reich bloßlegte. In der damaligen Auseinandersetzung kristallisierte sich eine Staatsauffassung heraus, die zwar im Neuen Testament angelegt ist, die aber erst in der Moderne Grundlage der Staaten wurde. Sie hat sich von einer christlichen Grundlage her entwickelt, die wir als eine des Westens ansehen. Da die sich aus der Trennung von Staat und Kirche ergebende Staatsgrundlage die Religion zwar nicht zwangsläufig ins Private abdrängt, sondern die aus ihr hervorgehende Ethik eine Entscheidungshilfe für ein gelingendes staatliches Handeln sein sollte, könnte sämtlichen Staaten der Welt – durch die sich aus dem Christentum hergeleiteten Ratschläge – eine Zukunft eröffnet werden.

Die Bulle »Unam Sanctam« vom 18. November 1302

Stein des Anstoßes war für Dante der Machtwille von Papst Bonifaz VIII. (Benedetto Gaetani), der das Papsttum auch zu einer weltlichen Größe führen und seine Idee von der durch Gott vermittelten Gerechtigkeit, die er als Stellvertreter Christi auf Erden exekutieren konnte, auch in der Tat durchsetzen wollte. Vordergründig stand allerdings der Gedanke, die Macht Frankreichs in Europa zu brechen und darüber hinaus die Familie der Colonna, mit der seine eigene Familie im Streit lag, zu vernichten.[105] In der damaligen Philosophie wurde darüber nachgedacht, wie politische und staatliche Macht begründet werden könne. Der einflußreiche Philosoph und Augustinereremit Aegidius Romanus hat in seinem Traktat *De ecclesiastica potestate* die Begründung durch das Naturrecht abgelehnt und sich völlig auf die Seite des Papstes gestellt, um zum radikalen Verfechter einer papalistischen Politik zu werden. Aegidius stellte sich auf den Standpunkt, daß eine Herrschaft nur als gerecht angesehen werden könne, wenn sie von Gott stamme.[106] Hieraus schließt er, daß wahre Gerechtigkeit und wahre Macht ausschließlich von der Kirche und dem Papst als dem Stellvertreter Christi ausgeübt werden könne. Nur Macht, die aus geistlichen Vorstellungen heraus ausgeführt werde, könne für sich den Anspruch erheben, als gerecht angesehen zu werden. Aegidius ging sogar so weit, vorzutragen, daß sich die Macht ausschließlich aus göttlichem Recht herleiten könne. Damit will er den Vollzug der Immanenz mit den Regeln der Transzendenz begründen. Für ihn steht deshalb die Metaphysik über der Physik, das Überirdische über dem Irdischen. Diese Gedankenführung entzieht der weltlichen Macht jegliche Rechtfertigung, die sich lediglich aus dem Menschsein der Menschen herleitet. Da für ihn nur das göttliche Recht gilt, könne auch nur der Stellvertreter Christi auf Erden, der Papst, göttliches Recht in weltliches umformen. Vor diesem Hintergrund hat Aegidius das Argument vorgetragen, das der Macht des Papstes bis heute die Rechtfertigung verschafft, die kein anderer Mensch auf der Welt für sich reklamieren könnte. Und er hatte zugleich die Voraussetzung geschaffen, die Bonifaz VIII. dazu veranlaßte, die Bulle *Unam Sanctam* zu promulgieren. In ihr sind diese Machtverhältnisse zugunsten des Papstes festgeschrieben worden, indem er erklärte, daß »zum Heil für jegliches menschliche Wesen durchaus unerläßlich [ist], dem römischen Papst unterworfen zu sein«.[107]

Mit dieser Aussage hat sich Bonifaz VIII. als die höchste Instanz auf Erden bezeichnet, die durch göttliches Recht legitimiert sei und kausal-logisch die Absolutheit seiner Entscheidungen eingefordert. Den Nachgeborenen jedoch, die wissen, wie die weltliche Macht der Kirche im Jahr 1870 zerrann, so daß der Papst zum Gefangenen im Vatikan wurde, mutet dieser Anspruch wie der Versuch an, der Stellvertretung Christi einen göttlichen Nimbus zu vermitteln und dadurch den Papst zumindest wie ein gottähnliches Wesen über die Menschen zu stellen.

Dantes Kritik

Mit dieser Anmaßung konnte sich Dante nicht einverstanden erklären. Er schrieb deshalb, wahrscheinlich im Jahr 1313, sein philosophisches Hauptwerk *Monarchia*. In diesem wandte er sich gegen das Machtstreben des Papstes und setzte sich dafür ein, daß die Loslösung der Philosophie und der Politik von der Theologie und der Kirche zu erfolgen habe. Damit hat er einen Wunsch vorgetragen, der dann in der Aufklärung als Trennung von Staat und Kirche konkret eingefordert wurde. Dantes Gedanke basiert auf der biblischen Aussage, daß dem Kaiser das gegeben werden müsse, was ihm gebührt, und Gott, was ihm zusteht. Dante stand dementsprechend ganz auf dem Boden der Bibel, doch entsprach sie nicht den Vorstellungen von Bonifaz VIII., der doch mehr ein weltlicher Herrscher, denn ein geistlicher Führer war.

Dante erörtert in seinem philosophischen Hauptwerk die Notwendigkeit der Universalmonarchie, die heilsgeschichtliche Sendung des römischen Imperiums und die Unabhängigkeit der weltlichen Macht bzw. des Kaisers vom Papst.[108] Wir wollen uns nur der Frage zuwenden, die sich mit der Unabhängigkeit der weltlichen Macht von der päpstlichen beschäftigt, »ob die Autorität des römischen Monarchen, der von Rechts wegen Monarch der Welt ist, [...] unmittelbar von Gott abhänge oder von seinem Stellvertreter oder Diener Gottes«.[109]

Da Dante keine Abhängigkeit des weltlichen Monarchen vom Papst feststellen kann, setzt er sich mit den Gedanken derjenigen auseinander, die den Papst als Oberhaupt auch des weltlichen Reiches anerkennen und damit der Unterordnung des Kaisers unter die Herrschaft des Papstes das Wort reden. Diese These wird durch den Rekurs auf das Alte und auf das Neue Testament begründet, um auf diese Weise der Forderung eine von Gott gewollte Legitimität zu verleihen. Aus der Fülle dieser Begründungsversuche wollen wir lediglich beispielhaft zwei heraussuchen, einen aus dem Alten und einen aus dem Neuen Testament, um aufzuzeigen, wie Dante mit philosophischen Mitteln die Argumentation ad absurdum führt.

Ein Argument aus dem Alten Testament

Die Unterordnung des Kaisers soll sich aus der Schöpfungsgeschichte selbst ergeben.[110] Gott habe die Sonne und den Mond geschaffen sowie den Tag und die Nacht. Die Sonne strahle aus eigener Kraft, der Mond hingegen nicht. Er verbreite lediglich Licht, das als eine Reflexion des Sonnenlichtes angesehen werden müsse. Diese Metapher wird als eine Allegorie für die beiden Regierungen gedeutet, die auf der Welt herrschen: die Regierung des Kaisers und die des Papstes, die zeitlich-weltliche und die geistliche. Die Sonne wird als die Macht des Papstes interpretiert, der Mond als die des Kaisers. Danach könne der Kaiser nur handeln, wenn er die Kraft vom Papst erhalte. So wie der Mond von der Energie der Sonne abhängig sei, sei der Kaiser vom Papst abhängig. Dante verweist aber darauf, daß diese Metapher ungeeignet ist, um die päpstliche Macht als die höchste auf der Welt zu konstruieren. Gott habe die Helligkeit und die Finsternis am vierten Tag geschaffen, den Mensch aber erst später. Es sei deshalb nicht nachvollziehbar, daß Gott ein Machtverhältnis geschaffen habe, bevor er denjenigen schuf, für den diese Machtzuweisung gelten soll. Deshalb stellt sich Dante auf den Standpunkt, daß das weltliche Reich nicht seine Rechtfertigung durch den Papst erhalte, sondern durch Gott. Damit erhält der Kaiser auch nicht die Macht durch den Papst, sondern durch Gott. Er behauptet, daß das zeitliche Reich seine Autorität nicht vom geistlichen Reich empfange, sondern ausschließlich »durch das Licht der Gnade«[111] und damit durch Gott selbst.

Ein Argument aus dem Neuen Testament

Auch wird die Forderung der Unterordnung des Kaisers unter die Herrschaft des Papstes mit dem Verweis auf die Gaben der hl. Drei Könige begründet, die sie dem Jesuskind dargebracht haben.[112] Sie übergeben Jesus Gold und Weihrauch. Der Weihrauch symbolisiert in den beiden Testamenten das zum Himmel zu Gott aufsteigende Gebet.[113] Mit der Schenkung des Weihrauchs wird auf die transzendente Welt angespielt, der Jesus als Gott entstammt. Hieraus wird geschlossen, daß Jesus »Herr und Lenker« der geistlichen Angelegenheiten ist. Mit der Hingabe des Goldes hingegen assoziieren sie den weltlichen Reichtum und beziehen es auf die Funktion Jesu in der weltlichen Geschichte. Dieser Hinweis wird deshalb als Argument für die Auffassung gedeutet, daß Gott und damit dessen Stellvertreter auf Erden auch »Herr und Lenker« der zeitlichen, also der irdischen Angelegenheiten ist. Die Macht Gottes wird auf den Papst deriviert, so daß er als Stellvertreter Gottes – wie Gott selbst – auch die Macht über die weltlichen Prozesse auszuüben berechtigt ist. Damit wird der Anspruch manifestiert, daß der Papst über dem Kaiser steht. Der Papst soll – aus dieser Überlegung folgend – der Herr der Welt sein, derjenige, dem alles und alle untertan sind.

Dante kann sich mit diesem Schluß nicht einverstanden erklären. Er bestreitet, daß, wenn Gott als der Herr der Welt angesehen werde, gleichzeitig der Papst diese Autorität ausüben könne. Nach Dante herrscht keine Identität zwischen Gott und Papst, so daß auch nicht beide dieselben Autoritäten innehaben können. Nähme man es trotzdem an, offenbart sich eine Hypertrophie, die blasphemischen Charakter aufweist. Es würde bedeuten, daß sich der Papst nicht nur als Stellvertreter Gottes auf Erden empfindet, sondern nahezu gottgleich. Dante weist ausdrücklich darauf hin, daß Gott und der Papst vollkommen andere Subjekte sind, so daß der Papst nicht über die Machtfülle verfügen kann, die Gott zu eigen ist. Die Unterschiedlichkeit drückt er mit dem Verweis aus, daß die Möglichkeit der Stellvertretung Christi auf Erden nicht die Fähigkeit einschließe, die Erde aufsteigen oder das Feuer absteigen zu lassen.[114] Weiter setzt sich Dante mit der juristischen Kategorie der Stellvertretung auseinander. Er macht deutlich, »dass der Stellvertreter eines Menschen diesem nicht gleichkommt in der Sache, in der er als Stellvertreter waltet, denn niemand kann geben, was ihm nicht gehört«.[115] Hieraus folgert der Dichter, daß der Stellvertreter nicht über die Autorität verfügen kann, die dem vom ihm Vertretenen innewohnt. Die Stellvertretung erfaßt nur die Autorität, die dem Vertreter übertragen worden ist. Dies hat zur Folge, daß der Papst nicht über die gleiche Autorität wie Gott verfügen kann.

Schlußfolgerung

Dante lehnt es also strikt ab, daß sich der Papst dem Kaiser gegenüber als übergeordnet ansieht. Auch für Dante ist es aber dennoch für die Menschen unerläßlich, daß sie durch eine weltliche und zugleich durch eine geistliche Leitung geführt werden. Gott soll die Menschen zum geistlichen Glück führen, der Kaiser hingegen zum weltlichen. Das Glück in der Transzendenz kann der Papst nicht vermitteln, dies ist nur Gott möglich. Ihn beschreibt Dante als den Fürsorger, der dank seiner Vorsehung alle Ordnungen miteinander verknüpft.[116] Auch wenn sich der Papst nicht über den Kaiser stellen darf, auch wenn er das Geistliche nicht über das Weltliche triumphieren lassen darf – der Kaiser muß gleichwohl dem Papst die Ehrfurcht erweisen, »die der erstgeborene Sohn dem Vater schuldet«.[117]

Aus dieser Ehrfurcht ist die Vorstellung geboren, daß der weltliche Herrscher sich zwar nicht dem Papst unterordnen, aber gleichwohl das göttliche Moment berücksichtigen müsse, das im Papst als Stellvertreter Christi repräsentiert wird. Hieraus folgt, daß der weltliche Herrscher den christlichen Wertvorstellungen verpflichtet sei und daß er auf den Rat des Papstes und der Kirche insgesamt hören solle. Hierin ist auch die Vorstellung begründet, daß die Kirche als Beraterin der Politik zu fungieren habe. Sie muß die sich aus der Schrift ergebenden Wertentscheidungen dem Kaiser und damit dem Staat aufgeben, um sich in die Entscheidungsprozesse einschalten zu können. Bestimmen kann die Kirche zwar nicht den öffentlichen Diskurs, sie kann ihn aber beeinflussen. Und das ist eine Aufgabe, die die Kirche wahrnehmen muß. Sie muß sich aus der Tagespolitik heraushalten, um sich nicht selbst als überflüssig zu erweisen. Allerdings soll sie sich in die Debatten einschalten, die die Gesellschaft in ihren Grundfesten berührt. In diesen Auseinandersetzungen muß sie das christliche Moment vortragen und den Rekurs auf dieses einfordern. Das ist ihre Aufgabe, die aus der Aufforderung abgeleitet wird, daß alle hinausgehen sollen, um die Lehre Christi zu verbreiten.

Der Verlust der weltlichen Macht

Die Bulle *Unam sanctam* war der Stein des Anstoßes, durch den Dante seine Schrift *Monarchia* der Welt vorgelegt hat. Der Autor der Bulle, Papst Bonifaz VIII., hat für die Kirche eine weltliche Macht eingefordert, die zwar nicht in der ursprünglich geplanten Weise Wirklichkeit hatte werden können, doch staatliche Macht konnten die Päpste bis 1870 ausüben. In diesem Jahr brach das System zusammen, daß Bonifaz VIII. erdacht hatte, um den Papst auch als weltlichen Herrscher fungieren zu lassen. Als der Kirchenstaat endgültig besiegt worden war, wurde das Papsttum auf das rein geistliche Moment zurückgeworfen, auf die eigentliche Aufgabe, die den Päpsten durch Gott zugewiesen worden ist. Erst Jahrzehnte später, im Jahre 1929, wurde in den Lateranverträgen festgelegt, daß der Heilige Stuhl wieder über einen eigenen Staat verfügen dürfe. Dieser weist allerdings noch nicht einmal einen Quadratkilometer auf.[118] Der italienische Staat hatte der Kirche eine größere Fläche angeboten, doch Papst Pius XI. und die Kurie wollten nicht wieder Teil der weltlichen Herrschaftsstrukturen werden. Sie beschränkten sich auf den Vatikan sowie eine Anzahl von exterritorialen Grundstücken. Durch diesen Staat, der der kleinste der Welt ist, hat der Papst nicht nur die Stellung inne, Oberhaupt diverser katholischer Kirchen zu sein, sondern kann auch die Funktion eines Staatsoberhauptes ausüben, was ihm erheblich mehr Einfluß beschert.

Toskana – das Land der Träume

Ein Ort der Sehnsucht

Die Toskana ist wohl die bekannteste und beliebteste Landschaft Italiens. Immer mehr Begeisterte lassen sich in diesem Landstrich nieder, um sich von den Unbilden des nördlichen Europa zu erholen und Abstand von der Hektik des städtischen Lebens zu finden. Dort können sie in das ländliche Leben eintauchen, Oliven ernten, auch Wein keltern, dort können sie das ganz andere finden – das, was sie im Norden niemals anzutreffen vermögen. Auch wenn sie dort auf dem Lande leben, allein sind sie nie. Die alten Häuser finden neue Eigentümer, in ihnen erwacht das oftmals seit langem vermißte Leben wieder, und trotz der Einsamkeit ist die Geselligkeit zurückgekehrt. Keine Entfernung ist zu groß, um sich zu besuchen, keine Mühe ist groß genug, um Freunde aufzusuchen und die Geselligkeit zu pflegen. Die Toskana-Fraktion ist seit einigen Jahrzehnten sprichwörtlich für die Gruppe von Politikern geworden, die es in den Süden gezogen hat, um dort eine Leichtigkeit zu genießen, die ihnen im Norden unbekannt war. Dort im Süden lernten sie das warme rosafarben angehauchte Licht kennen, das die Landschaft verzaubert und mit ihr auch deren Bewohner verändert, sie aufgeschlossener werden läßt. Das Leben wird leichter, beschwingter, unbeschwerter, es läßt die Zwistigkeiten ein wenig erträglicher erscheinen und hellt die Stimmungen auf. Terrakottafarben tritt uns die Landschaft entgegen, die Farbe der Erde ist allgegenwärtig und verbindet die Kultur mit der Natur. Sie bilden auf natürliche Weise eine Einheit, manifestiert dadurch, daß sich die Kultur aus der Natur entwickelt hat und diese Verwandtschaft nicht leugnen möchte. Ein Freund aus längst vergangenen gymnasialen Tagen hat sich im Süden der Toskana niedergelassen, in Monte San Savino, um in eine Welt einzutauchen, die ihm ursprünglich nur aus der Literatur bekannt war. Im Norden ist er Wirtschaftsprüfer und in der Toskana lebt er inmitten seiner Olivenhaine und produziert Olivenöl.

Im Herbst fährt er mit Freunden gemeinsam in die Toskana, um die Oliven zu ernten und diese pressen zu lassen. Das Leben dort in den Hügeln um Monte San Savino führt er fern der Zahlen, ein Leben, das durch sie Jahrzehnte bestimmt war, dort im Süden verschmilzt er mit der Natur, befolgt ihre Gesetze und kann dadurch die Ursprünglichkeit eines beinahe archaischen Lebensvollzuges kennenlernen. Auf dem Lande nahmen wir Quartier, um von dort aus, zusammen mit einem weiteren Schulfreund, ein wenig die Toskana kennen zu lernen, in ihr Geheimnis einzudringen und einige sakrale Orte auf der Suche nach dem Licht zu entdecken. Immer wenn wir von unseren täglichen Erkundigungen zurückkamen, saßen wir Freunde, die wir uns seit Kindertagen kennen, im Licht des verlöschenden Tages unter weitausladenden Bäumen, die ihre Äste mit den großen Blättern über uns ausstreckten. Hinter der Terrasse fällt das Gelände mit den Olivenbäumen ab und eröffnet einen weiten Blick über das Land, in dem nur wenige Lichtpunkte von der Anwesenheit weiterer Olivenhaine zeugen. Gedämpft unterhielten wir uns über die Pflege von Olivenhainen, über die Klassifizierung der Betriebe, über die Religiosität, die sich in der Kunst zeigt, über die Wege, die wir nach der Schule gegangen sind. Freundschaftliche Momente. Über uns der mit Myriaden von Sternen übersäte Himmel, der Geruch warmer und staubtrockener Erde wehte an uns vorbei, von weither der Ruf eines Käuzchens. Ein frühsommerlicher Abend – ein vertrauter Abend im Süden.

Die Toskana ist auch eine Landschaft des Glaubens, der Religiosität und der Frömmigkeit. Glaubenszeugnisse finden wir auf Schritt und Tritt, überall haben Künstler von Weltrang Beweise ihres Schaffens der Nachwelt hinterlassen. So gut wie kein Ort ist bar eines religiösen Zeichens. Kirchen, Wegkreuze, Bilder, Skulpturen – wir finden sie auch in abgelegenen Orten, immer davon kündend, daß der Glaube konstituierend für das Leben der früheren Bewohner war.

Oft sind diese Zeugnisse inzwischen museal geworden, ihres eigentlichen religiösen Sinnes beraubt, nur noch der Anschauung dienend und aufzeigend, was Künstler zu leisten vermochten. Doch es gibt auch noch viele Kunstgegenstände, die dem ursprünglichen Zweck und der Anbetung Gottes oder dem Anflehen der Heiligen dienen. Es ist Kunst, an die sich Hoffnungen heften und die einen Mittler zwischen Gott und den Menschen verkörpert. In ihr werden Gott und die Heiligen gegenwärtig, in der Imagination werden die Figuren auf den Bildern oder die Skulpturen lebendige Partner, mit denen die Gläubigen Gespräche führen können. Zwei Orte wollen wir aufsuchen, die abseits der touristischen Ziele in der Einsamkeit der Berge liegen und in denen wir eine Frömmigkeit kennenlernen konnten, die tief in der Mystik wurzelt.

Monterchi

Das Glück durch Kinder

»Wir brauchen alles für uns selber, und wir trauen wohl der Zukunft nicht recht. Aber zukunftslos wird die Erde erst sein, [...] wenn das Antlitz Gottes nicht mehr über der Erde leuchtet. Wo Gott ist, da ist Zukunft.«[119] Mit diesen Worten ermunterte Papst Benedikt XVI. vor dem Marienheiligtum im steierischen Mariazell die Gläubigen, die Kinderarmut in Europa zu überwinden. Das Vertrauen auf Gott eröffnet nach den Worten des Papstes Zukunft, und wenn der Mensch Zukunft vor sich habe, dann wisse er, daß das Leben weitergehe, ja, dann brauche er keine Angst vor ihr zu haben und sei bereit, seine Kinder in deren viel weiter ausgespannte Zukunft blicken zu lassen. Mit Gott gibt es kein Verharren in der Gegenwart, er vermittelt uns die Gewißheit, daß sich alles zuletzt zum Guten wenden kann, so daß die Zukunft nicht furchteinflößend ist, sondern uns alle Möglichkeiten aufzeigen kann. Wir müssen nur zugreifen und uns auf den Wegen, die Gott geschaffen hat, voran bewegen. Mit diesem Gottvertrauen kann uns die Zukunft alles schenken, mit Gott als letztem Ziel haben wir die Gewißheit, daß wir das Leben als ein gelungenes erleben können.

Die Kinderarmut in Europa ist auch ein Verstoß gegen die oberste Verpflichtung einer Gesellschaft, der es auferlegt ist, sich selbst zu erneuern und dadurch die je eigene kulturelle Ausprägung zu bewahren und sie fortführen zu lassen. Damit wird die Geburt der Kinder zum eigentlichen Sinn einer Gesellschaft, sie wird zum Zentrum jeglicher Auseinandersetzungen. Die Fähigkeit der Frauen, Kinder zu gebären, wird zur wichtigsten Eigenschaft der Menschheit, schließlich kann keine noch so große wissenschaftliche oder künstlerische

Leistung erbracht werden, ohne daß nicht zuvor eine Frau den Menschen geboren hat. Pietro della Francesca hat dieser einzigartigen Möglichkeit der Frauen mit den Farben und Formen seiner Bildsprache in Monterchi einen Ort der Verehrung geschaffen, indem er der Welt die schwangere Madonna geschenkt hat.

Die Madonna von Pietro della Francesca

In Arezzo konnten wir noch einmal das pulsierende Leben einer italienischen Stadt genießen, noch einmal den Trubel und die Hektik eines touristischen Zentrums erleben, um uns dann auf den Weg zu machen, den Ort aufzusuchen, in dem Jahrhunderte lang fromme werdende Mütter vor dem Bildnis der schwangeren Madonna in Andacht knieten und die Muttergottes um Beistand für eine glückliche Geburt baten. Auch wenn es jetzt – zumindest im Westen – nicht mehr so oft vorkommt, daß Mütter im Kindbett sterben – in den Jahrhunderten zuvor barg jede Geburt ein hohes Risiko in sich und viele Mütter sind auch an den Folgen einer Geburt verstorben. Dieses Risiko war den werdenden Müttern bewußt, sie hatten immer den Tod vor Augen, waren aber bereit, diese Gefahr für ihr Kind einzugehen. Wenn wir uns dieses Risiko vor Augen führen, können wir uns viel besser die Inbrunst vorstellen, mit der die jungen Frauen um eine glückliche Geburt gebetet haben. Der Glaube an Gott und ihr Vertrauen auf die Fürsprache der Gottesmutter gewährten ihnen die einzige Hoffnung, den Schwierigkeiten der Geburt zu trotzen. Der Glaube gab ihnen die Kraft, die Unabwägbarkeiten einer Geburt hinzunehmen. Sie begaben sich vollkommen in die Hand Gottes und baten seine Mutter, daß ihnen der Herr das neue Leben schenken, aber auch ihr eigenes erhalten möge.

Fernab der großen Städte, fernab der kulturellen Zentren wollten wir uns ein Bild anschauen, das einerseits höchsten künstlerischen Ansprüchen genügt und das andererseits Momente jeder Gesellschaft erfaßt, ohne die keine Gesellschaft überleben kann. Wir wollten die *Madonna del Parto,* die *Schwangere Madonna* von Pietro della

Francesca aufsuchen – ein Bild, das uns die entscheidende Frage, die für jede Gesellschaft von größter Bedeutung ist, erörtern ließ: Was perpetuiert eine Gesellschaft? Es ist die Kernfrage jeder Diskussion über die Zukunft von Menschen, ja, es ist die Frage, durch die das Schicksal eines Volkes berührt wird.

Oder ist die wichtigste Frage für eine Gesellschaft das Florieren der Wirtschaft, die Höhe der Kunst, die Tiefe der wissenschaftlichen Erkenntnisse? Entfielen diese Voraussetzungen, würden die Gesellschaften in der Entwicklung eingeschränkt, doch mehr nicht. Würde jedoch die Perpetuierung der Gesellschaft eingestellt werden, hätte diese Entscheidung das Ende der Gesellschaften zur Folge. Perpetuiert wird eine Gesellschaft durch das Nachwachsen seiner Mitglieder. Sollte kein Nachwuchs mehr das Licht der Welt erblicken, könnte dieser Mangel zwar durch Zuwanderung ausgeglichen werden. Doch Zuwanderung erfolgt im größeren Umfang meistens aus Ländern, in denen ein niedriger kultureller Stand vorherrschend ist. Diese geringere Befähigung der meisten Zuwanderer könnte nicht ad hoc das Vakuum auffüllen, das durch das Ausbleiben des eigenen Nachwuchses auftritt, zumal sich durch die Zuwanderung aus anderen Kulturkreisen die kulturelle Ausrichtung der aufnehmenden Gesellschaft ändern würde. Es wäre deshalb zwar eine statistische Perpetuierung, aber keine kulturelle. Nur wenn eine Gesellschaft durch ihre Mitglieder kontinuierlich fortgeführt wird, perpetuiert sie sich selbst, wobei die Entwicklung keine oder fast keine kulturellen Brüche erleiden würde.

Mit diesen Überlegungen näherten wir uns Monterchi, um einen Blick auf dieses außergewöhnliche Madonnenbildnis zu werfen – auf das Bild, das so vielen gläubigen Frauen Trost und Zuversicht und Hoffnung geschenkt hat. Deshalb wird dieses Fresko auch als Gnadenbild empfunden. Maria wird als feierliche Schutzmantelmadonna[120] angesehen, da sie ihren schützenden Mantel über die schwangeren Frauen ausbreiten möge, um ihnen eine leichte Schwangerschaft und Geburt zu gewähren.

Jahre lang schmückte dieses Fresko die kleine Friedhofskirche in Monterchi, so daß die schwangeren Frauen dort Maria um Hilfe anflehen konnten. Dann aber wurde das Fresko vor einigen Jahren abgenommen, um es im neu erbauten Museum der Öffentlichkeit zu zeigen – geschützt vor schädlichen Umwelteinflüssen und gesichert vor Beschädigungen. Dort hängt das Fresko nun in einem abgedunkelten, steril anmutenden Raum, und auf einem im Hintergrund stehenden Bildschirm wird die Technik des Bildes erklärt. Der Betrachter hat dadurch die Möglichkeit, den Aufbau des Bildes kennen zu lernen, er kann die Überlegungen des Künstlers nachvollziehen, erkennen, wie das Fresko komponiert worden ist. Der Betrachter lernt die Technik kennen, doch mehr nicht. Er kann nicht die Sorgen und Nöte der schwangeren Frauen nachempfinden, die vor dem Bild ausgebreitet worden sind, kann nicht die Hoffnungen ahnen, die von ihm ausgegangen sind, ja, ihm erschließt sich nicht der Trost, den dieses Fresko zu schenken vermochte. Die Sterilität des Raumes, auch des Vortragssaals, in dem über die Kunst von Piero della Francesca diskutiert werden kann, läßt das Eigentliche dieses Freskos in den Hintergrund treten. Von einem Objekt des Glaubens mutierte es zu einer musealen Sache, der nur noch rudimentär das geistliche Moment anhaftet – der Anhauch der Transzendenz wandelte sich in Immanenz. Doch die Phantasie läßt noch einmal aus den tiefen Schichten unseres Glaubens die Welt auferstehen, in dem dieses Fresko noch kein Objekt der Kunstgeschichte und der Ästhetik war, sondern Teil des Glaubens und auch Teil eines gesellschaftlichen Prozesses, in dem die Mutterschaft der Gesellschaft noch etwas bedeutete und die Schwangerschaft als Hauptaufgabe einer Gesellschaft angesehen wurde, bevor die Herrschaft der Mietmütter anbrach und die Schwangerschaft und die Kindererziehung als Bruch der eigenen beruflichen Karriere angesehen wurde.

Die Gottesmutter wurde als eine Frau dargestellt, die zwar auch von dieser Welt ist, doch sich mehr dem Göttlichen zugewandt hat. Ihre Augen sind nicht auf den Betrachter gerichtet. Sie lassen ihre

Gedanken erahnen, nur auf das werdende Kind konzentriert, nur auf die Aufgabe, die ihr in dem göttlichen Plan der Erlösung zugewiesen worden ist. Maria ist präsent, doch gleichzeitig bei Gott. Dem Künstler ist es gelungen, die Zugehörigkeit Mariens zu Gott und zu den Menschen zu dokumentieren und dem Betrachter ihre außergewöhnliche und einzigartige Aufgabe zu erklären. In ihren Augen spiegelt sich das Menschenschicksal wider, das mit ihrer Hilfe eine grundstürzende Änderung erfahren soll, einen Wechsel, der uns das Reich Gottes erahnen läßt. Diese Ahnung scheint die werdenden Mütter Jahrhunderte lang angezogen zu haben, um Trost und Kraft zu finden. In den Augen Mariens schienen sie einen Durchblick hin zu Jesus Christus ausgemacht zu haben, durch den sie ihn erkannt zu haben meinten, ja, in den Augen Marias eröffnete sich ihnen Gott selbst.

Sie stützt ihren linken Arm auf die Hüfte, während sie ihre rechte Hand mit der so typischen Geste einer schwangeren Frau auf ihren schon stark gewölbten Bauch legt. Die Schwangerschaft ist so weit fortgeschritten, daß sie ihr Kleid aufknöpfen mußte. Das helle Hemd ist zu erkennen. Links und rechts wird Maria von jeweils einem, erheblich kleiner angelegten Engel flankiert. Sie halten den geöffneten Vorhang eines Zeltes, um dem Betrachter den Blick auf die Madonna zu ermöglichen. Dieses Madonnenbildnis gehört nach Heinz-Joachim Fischer[121] zu den schönsten Mariendarstellungen, zumal Maria in einem Zustand gezeigt wird, der das menschliche und göttliche Moment in der Mutter Jesu Christi verkörpert. Noch ist Jesus Teil der Mutter, aber doch schon aus dem irdischen Leben herausgehoben. Der werdende Mensch ist als Gott und als Mensch Teil der Menschheit und verkörpert eine Einzigartigkeit im Werden eines Menschen, die sich weder vorher noch nachher in der Menschheitsgeschichte ereignet hat.

Die Bedeutung der Schwangerschaft

Auf diesem Fresko hat Piero della Francesca nicht nur die schwangere Maria darstellen, nicht nur aufzeigen wollen, wie der Gott und der Mensch Jesu Christi im Leib seiner Mutter wächst, er wollte auch auf die Bedeutung hinweisen, die die Schwangerschaft für jede Gesellschaft hat. Gleichzeitig zeigte er dem Betrachter die Aufgabe auf, die nur Frauen wahrnehmen können. Die Frauen verwahren als Mutter das Geheimnis des Lebens, wie es Joseph Ratzinger beschreibt. Sie ist die »Siegelbewahrerin des Lebens« und damit die Antithese des Todes.[122] Nur wenn Frauen bereit sind, Kinder zu gebären, garantieren sie den Fortbestand einer Gesellschaft, nur dann hat eine Gesellschaft Zukunft. Ohne Kinder ist jede Gesellschaft zum Sterben verurteilt, wird aus der Geschichte gelöscht und macht anderen Völkern Platz, die in das sich auftuende Vakuum einströmen und die tradierte Gesellschaft nicht weiterentwickeln, sondern das Staatsvolk nach ihren eigenen religiösen und ethischen Vorstellungen ergänzen, umwandeln und fortführen.

Die Vereinbarkeit von Familie und Beruf

Der Rückgang der Geburten ließ den Staat ein Vorhaben entwickeln, das zum Ziel hat, einerseits die Geburtenrate zu steigern, andererseits aber den Frauen die Möglichkeit zu eröffnen, weiterhin im Beruf tätig sein zu können. Diese Politik wird als Vereinbarkeit von Familie und Beruf bezeichnet. Seitens des Staates sollen die Frauen finanziell unterstützt werden, um einerseits Kinder zu gebären und andererseits zu einem großen Teil von der Kinderbetreuung freigestellt zu werden, damit sie die Möglichkeit haben, sich in der »Produktion«, wie Karl Marx die Arbeitsleistung bezeichnet hat, zu betätigen. Zwar wird jede Mutter vom Staat durch die Zahlung des Kindergeldes alimentiert und bei Bedürftigkeit durch weitere Sozialleistungen, so daß eine Gleichbehandlung unter den Müttern insoweit besteht. Doch tritt in dem Moment die Ungleichbehandlung unter den Müttern auf, wenn Frauen die staatlichen Betreuungsangebote annehmen und andere Mütter diese nicht annehmen wollen. Die staatliche Betreuung wird im wesentlichen vom Staat finanziert, indem er bereit ist, für jeden Betreuungsplatz finanzielle Leistungen zu erbringen, an denen sich die Eltern – wenn überhaupt – nur mit einem geringen Betrag beteiligen müssen. Sollten sich Eltern entscheiden, ihre Kinder nicht in die vom Staat geförderte Kinderbetreuung zu geben, alimentiert der Staat die häusliche Betreuung nicht. Diese Eltern können lediglich die staatlichen finanziellen Hilfen in Anspruch nehmen, die alle Eltern erhalten. Eltern hingegen, die ihre Kinder in sogenannte Kindertagesstätten geben, erhalten vom Staat jeden Monat eine geldwerte Leistung von nahezu 1000 Euro. Es handelt sich hierbei um den Betrag, den der Staat abzüglich der Eigenleistung durch die Eltern aufbringen muß, um die Aufbewahrungsstätte für die Kinder betreiben zu können. Eltern, die Kinder nicht in die Kindertagesstätte geben, erhalten hingegen keinen Ausgleich. Sie leisten die gleiche Arbeit wie die Erzieher in diesen vom Staat unterhaltenen Stätten, ohne aber finanziell entschädigt zu werden. Im Gegenteil: Durch das häusliche Aufziehen der Kinder können diese Mütter und zuweilen auch Väter nicht einer Erwerbsarbeit nachgehen, so daß sie auch keine Entlohnung erhalten. Darüber hinaus zahlen sie auch nicht in ihre Altersversorgung ein, so daß sich zwangsläufig ihre Rentenerwartungen schmälern, auch wenn in einem bescheidenen Umfang die Zeit der Kindererziehung auf die Rentenberechnung angerechnet wird. Der Staat finanziert folglich das Leben von Eltern, die ihr Kind in staatliche Obhut geben, damit sie Geld verdienen können und bessergestellt sind als die Eltern, die ihre Kinder selbst betreuen. Letztere hingegen verzichten nicht nur darauf, das Familieneinkommen durch zwei Verdiener zu vergrößern, sie haben darüber hinaus die Verpflichtung, durch die Zahlung von Steuern die vom Staat gewollte Fremdkinderbetreuung einschließlich des Kaufes von Grundstücken für die Betreuungseinrichtungen, den Bau oder Einrichtung und die Personalkosten für diese Stätten zu finanzieren – während die anderen Eltern eben mehr verdienen können.

Der moderne Staat will nicht, daß sich Eltern vornehmlich um die Kindererziehung kümmern. Er will, daß der Staat mehr und mehr das Bestimmungsrecht und damit auch das Erziehungsrecht gegenüber Kindern ausüben kann. Hieraus folgt, daß einerseits immer mehr Personen in den Produktionsprozeß eingegliedert werden, andererseits diese Personen ihren Einfluß auf die Kinder einschränken müssen. Je mehr Kinder in Fremdbetreuung aufwachsen, desto geringer ist auch der erzieherische Einfluß der Eltern. Obwohl ein verschwindend kleiner Teil der Eltern den Aufgaben der Kindererziehung nicht gewachsen ist, gibt der Staat vor, daß er die Betreuung um des Kinderwohles willen in die eigene Hand nehmen müsse.

Dies ist auch der Grund, aus dem Kinderrechte in die Verfassung aufgenommen werden sollen. Das Argument wird von den Befürwortern verworfen, daß Kinder doch auch Menschen seien, mit der Folge, daß für sie wie für jeden anderen Menschen die Grund- und Menschenrechte gelten. Verfassungen machen schließlich im Rechtsstaat keinen Unterschied zwischen einzelnen Bevölkerungsgruppen – allein deshalb, um keine Gruppe zu diskriminieren. Doch sollen die für jeden Menschen geltenden Grund- und Menschenrechte für Kinder nicht ausreichend sein. Kinderrechte sollen weitergehend sein. Durch die Kinderrechte soll es vielmehr dem Staat ermöglicht werden, die Rechte der Eltern zurückzudrängen zugunsten derjenigen des Staates, so daß dieser die Möglichkeit hat, seinen Einfluß auf die Kinder zu erhöhen. Durch die Kinderrechte soll sichergestellt werden, daß der Staat schneller das Recht der Eltern auf Erziehung ausschließen kann, um die Kinder in staatliche Obhut zu nehmen.

Obwohl der Staat durch die Politik der Vereinbarkeit von Familie und Beruf die Geburtenrate erhöhen möchte, ist dieser Politik kaum Erfolg beschieden. Trotz der Investitionen in die staatliche Betreuung für Kleinstkinder haben sich die Staatsbürger, die für den Nachwuchs sorgen könnten, nicht entschlossen, vermehrt Kinder in die Welt zu setzen. Das Leben zu schenken, wird als vormodern angesehen und von der Gesellschaft auch nicht goutiert. Das eigene Wohl steht über dem Gemeinwohl, und deshalb möchten viele junge Paare lieber ein Leben für sich selber führen als die vermeintlichen Einschränkungen, die durch Kleinkinder eintreten, hinzunehmen. Die Selbstverwirklichung um jeden Preis wird als wichtiger empfunden als der gesellschaftlichen Aufgabe zu genügen, an der Perpetuierung der Gesellschaft mitzuwirken. Infolgedessen sollte der Staat das Geld auch dort einsetzen, wo für die Fortsetzung gesorgt wird – bei den Eltern, die ihr Kind nicht in fremde Obhut geben möchten.

Monte Oliveto Maggiore

Der Weg zum Kloster

Von Monte San Savino führte uns der Weg durch die Crete – durch »verwaschene, seltsam geformte Lehmhügel«[123] – in die Berge, hin zu dem Kloster Monte Oliveto Maggiore, das seit dem frühen 14. Jahrhundert Mönchen ein Leben in der Versenkung und Anbetung Gottes ermöglicht. Nur mühsam konnten wir uns den Weg auf kurvenreichen Straßen bahnen. Links und rechts sahen wir die auf Hügeln thronenden Orte, immer von einem Kirchturm oder einem Burgturm bekrönt, von einer stolzen Vergangenheit, als Italien noch nicht als Staat vereint war, kündend. Allmählich traten uns vermehrt Weingärten entgegen, unterbrochen von grau schimmernden Olivenhainen. Hügel an Hügel reihte sich, bis unsere Fahrt vor dem mächtigen Eingangstor des Klosters endete und wir in die klösterliche Welt eintauchen konnten. Dort wollten wir uns anhand von Fresken über das Leben von Benedikt von Nursia, die den Kreuzgang schmücken, in die mönchische Welt der Kontemplation und des Gebetes versenken, wir wollten eine Frömmigkeit nachempfinden, die aus dem Gebet und der Arbeit entspringt. Und wir wollten durch die Geschichten, die auf den Bildern dargestellt werden, den Geist des reformierten benediktinischen Lebens erahnen, um verstehen zu können, wie diese Mönche den Weg zu Gott beschreiten wollen, ja, wie sie durch Gebet und Arbeit die Freundschaft mit Gott anstreben und ihn immer wieder suchen – Tag für Tag, unermüdlich. Durch ein stark befestigtes Torhaus betraten wir den Boden, auf dem die Kontemplation und die Arbeit den Lebensrhythmus der Mönche bestimmt. Auf einem gepflasterten Weg gingen wir bei glühender Hitze durch den Pinienwald, hinunter zum Talgrund. Ganz eng standen die Bäume, um so zu erreichen, daß der lehmige Untergrund gehalten wird. Die Luft war erfüllt vom Geruch des beinahe kochenden Harzes, herb, würzig, berauschend. Der Boden lechzte nach Wasser, doch seit Tagen vergebens. Der Hochsommer umfing uns, obwohl er kalendarisch erst in einigen Wochen die Natur mit der Hitze und Trockenheit heimsuchen sollte. Allmählich wurde der Vorhang der Pinien immer durchsichtiger, bis wir auf dem Platz standen, der uns den Blick frei auf die Abteikirche werfen ließ und wir im Zentrum des Olivetaner-Ordens angekommen waren.

Gegründet wurde das Kloster von Giovanni Tolomei, der 1272 in eine adlige Familie hineingeboren wurde.[124] Im Alter von ungefähr vierzig Jahren fühlten sich Tolomei und einige seiner Freunde zum Leben in Askese hingezogen und beschlossen deshalb, in der Einsamkeit der Berge in der Nähe von Siena, auf einem Grundstück, das im Eigentum seiner Familie stand, einen Ort der Askese und Kontemplation aufzubauen. Dieses Grundstück wurde ursprünglich »Accona« genannt und erhielt, nachdem es von den Brüdern übernommen worden war, den Namen »Monte Oliveto Maggiore«. Tolomei fühlte sich den Lehren des Abtes des Klosters von Clairvaux nahe und nahm deshalb dessen Namen Bernardo an.

Immer mehr Brüder zog es in die Einsamkeit, hin zu Bernardo. In dieser Zeit träumte ihm, daß er am Fuße einer silbernen Treppe steht, die in den Himmel führt. Am oberen Ende sah er Jesus Christus und die Gottesmutter. Auf der Treppe selbst erkannte er eine Vielzahl von weißgekleideten Mönchen, die hinaufstiegen, um in die Herrlichkeit Gottes zu gelangen. Diesen Traum deutete Bernardo als Aufforderung, ein Kloster auf der Grundlage der Regeln des Benedikt aufzubauen. An dem Ort, wo er die Aufforderung zur Klostergründung geträumt hatte, ließ er eine Kirche errichten. Der Bischof von Arezzo gestattete Bernardo einen Orden nach den Regeln des hl. Benedikt zu gründen. Zwar sperrte sich Bernardo anfänglich, das Amt des Abtes zu übernehmen, doch im Jahre 1321 konnte er sich nicht mehr den Bitten der Brüder entziehen, wurde zum

Abt gewählt und immer wieder im Amt bestätigt. Als er 1348 während der Pestepidemie seine Heimatstadt Siena aufsuchte, erkrankte er ebenfalls an der Seuche und verstarb. Im Jahr 1644 konnte das Seligsprechungsverfahren erfolgreich abgeschlossen werden, so daß er nunmehr als Seliger verehrt werden darf.

Der Olivetanerorden

Auch wenn Bernardo Tolomei für seinen Orden die Regeln des hl. Benedikt angenommen hatte, wollte er aber gleichwohl die Konstitution reformieren. Aus diesem Gedanken heraus entwickelte sich der Olivetanerorden,[125] der 1344 von Papst Clemens VI. als benediktinische Reformkongregation anerkannt wurde. Die erste Konstitution wurde 1350 veröffentlicht, wonach die Spiritualität den Orden prägen soll sowie die Erfahrungen der als Eremiten betenden ersten Brüder, verbunden mit dem frommen Humanismus. Darüber hinaus soll die Verehrung der Gottesmutter einen breiten Platz in der Frömmigkeit der Brüder einnehmen. Weiterhin ist den Brüdern jeglicher Genuß von Fleisch verboten.[126] Auf Grund der Ordenskonstitution ist festgelegt worden, daß im Rahmen der klösterlichen Selbstverwaltung, aber auch auf Ordensebene ein »Mitbestimmungsrecht der Untergebenen«[127] besteht.

Die Mönche tragen den Habit der Benediktiner, allerdings in Weiß, um aufzuzeigen, daß sie zwar zum Orden der Benediktiner gehören, als eine eigenständige Kongregation, die strengeren Regeln folgt. Niederlassungen des Männerordens finden wir in Frankreich, aber auch in Brasilien, USA, Mexiko und Südkorea, die einzige im deutschsprachigen Raum (im Jahre 1898 gegründet) wurde 1953 wieder aufgelöst.

Der große Kreuzgang

Gleich zu Beginn unseres Besuches wollten wir uns die Fresken, die Luca Signorelli aus Umbrien ab den Jahren 1495 begonnen und dann, da der Künstler nach Siena zurückgerufen worden war, von

1505 bis 1508 von Sodoma im Großen Kreuzgang vollendet hatte, anschauen und über die Aussagen nachdenken. Signorelli und Sodoma haben Szenen aus dem Leben von Benedikt von Nursia gemalt, um auf diese anschauliche Weise die Lehre des Ordensgründers verständlich zu machen. In der ihnen eigenen Bildsprache haben sie das, was der Ordensgründer in Worte gefaßt hat, übersetzt. Wie in einer »Biblia pauperum« nutzten die Künstler den Pinsel, um ohne Worte die Regel für alle Mönche verständlich aufzuzeigen und um diese gleichzeitig daran zu erinnern, wie das klösterliche Leben im Sinne von Benedikt geführt werden sollte.

Dabei haben sich die Künstler auf die Lebensbeschreibung gestützt, die Papst Gregor der Große, der 604 gestorben ist, wenige Jahrzehnte nach dem Tod des Heiligen Benedikt, im zweiten Band der *Vier Bücher der Dialoge*[128] der Nachwelt überliefert hat. Mit den Fresken führen uns die Künstler tief in das Geheimnis der Mystik, die das Leben von Benedikt bestimmt hat, und erläutern auf künstlerische Weise das Grundgerüst seines Denkens. Signorelli hat Szenen aus dem Leben des älteren Benedikt freskiert, während Sodoma später diesen Zyklus durch Begebenheiten aus der Jugend komplettiert hat.

Aus der Vielzahl der Fresken im Großen Kreuzgang wollen wir uns drei Fresken heraussuchen, um anhand dieser Kunstwerke in die Welt Benedikts eindringen zu können. Auf ihnen finden wir die Paraphrase über die Regeln Benedikts, durch die das Einhalten des Fastens, des Gehorsams dem Abt gegenüber und des Führens eines keuschen Lebens eingefordert wird.

Die Regel über das Fasten

Das von Signorelli geschaffene Fresko *Benedikt weist den Bruder des Mönches Valerianus zurecht, weil dieser das Fasten gebrochen hatte* soll uns dazu dienen, uns dem Phänomen der Askese zu nähern – jener Lebensform, die dem wohl stärksten menschlichen Trieb zuwiderläuft und nur durch eine übergroße Willensstärke geführt werden kann. Durch die Askese kann man sich zwar nicht das Heil verdienen, noch nicht einmal kann sie einen Versuch darstellen, sie hat lediglich den Sinn und den Zweck, »zu einer größeren Bindung an Gott in Jesus Christus und zu einer größeren Verfügbarkeit hinzuführen«.[129] Die Askese soll den Gläubigen bereitmachen, um in Jesus Christus Gott zu begegnen. Jener soll sich von seinem bisherigen Leben lösen, er soll umkehren, um dem Richterspruch Gottes gewahr zu sein. Askese ist die Vorbereitung, um sich auf den Weg hin zu Gott zu begeben – um die Gottesfreundschaft in der Abkehr vom Allzumenschlichen zu suchen. Ja, es ist der Versuch, sich von der Welt zu lösen, um in der Kontemplation den Anhauch des Reiches Gottes hier auf Erden zu erahnen.

Die Askese ist aber auch eine Abkehr vom Leben. Die Nahrungsaufnahme ist dem Menschen konstitutiv und macht deshalb auch den Ausdruck des Schöpfungsgedankens aus. Der Mensch ist geschaffen worden, daß er nur auf Grund des Essens und Trinkens existieren kann. Allerdings ist diesem menschlichen Bedürfnis eine Grenze aufgezeigt worden, die sich im Maß zeigt. Auch wenn das Übermaß als verwerflich angesehen wird – das Maß freilich nicht. Askese ist deshalb auch Ausdruck des Maßes, allerdings in einer radikalen Form.

Das gebrochene Fasten

Gregor der Große kleidet die Regel des Fastens in eine Fabel ein, in der er den Weg des Bruders des Mönches Valerianus oder Valentinianus zum Kloster beschreibt. Dieser führte ein gottgeweihtes Leben. Um den Segen des Dieners Gottes zu empfangen, aber auch um seinen Bruder wiederzusehen, begab sich jener einmal im Jahr zum Kloster. Auf dem Weg dorthin begegnete er einem Wanderer. Beide zogen gemeinsam weiter. Der Bruder des Mönches entsagte jeglicher Nahrung, um durch das Fasten geistig und geistlich gestärkt das Kloster zu erreichen. Sein Begleiter überredete ihn aber, so daß sie sich zwischendurch stärkten. Als der Bruder abends das Kloster erreicht hatte, bat er Benedikt um den Segen. Doch Benedikt hielt ihm vor, daß ihn »der Alte Feind« in der Gestalt seines Weggenossen verführt hätte, die Fastenregel zu brechen. »Er hat dich besiegt und dir seinen Willen aufgezwungen.« Da ging der Bruder in sich, schämte sich und erkannte, daß Benedikt sogar erkennen konnte, was außerhalb seines Gesichtskreises passierte. Er warf sich Benedikt zu Füßen und beweinte seine Schuld.[130]

Signorellis Übersetzung in die Bildsprache

Diese Geschichte hat Signorelli aufgegriffen und die Quintessenz dieser Belehrung in drei Szenen dargestellt. Damit hat er die Regel, daß man das Fasten lieben müsse,[131] in seine Bildsprache umgesetzt. Auf der rechten Seite des Freskos erkennen wir den Bruder des Mönchs, der mit seinem Weggefährten wandert. Der Bruder geht ohne jegliches Gepäck, während der andere Wanderer einen Beutel über die Schulter geworfen hat. Der dritten Aufforderung, zu essen und zu trinken, kann sich der Bruder nicht mehr widersetzen. Wir sehen die beiden Wanderer an einer Quelle sitzen, um sich an den Vorräten des Weggenossen zu stärken und um aus der Quelle zu trinken. In der dritten Szene, die die zentrale Aussage des Bildes wiedergibt und deshalb auch großrahmiger angelegt ist, stellt Signorelli den Moment dar, in dem sich das Element der Buße mit dem der Verzeihung verbindet. Der Bruder wirft sich Benedikt zu Füßen, um seine Verfehlung und Willensschwäche zu bereuen, während Benedikt seine rechte Hand auf das Haupt des Bruders legt, um ihm zu verzeihen, aber auch um ihn gleichzeitig zu segnen. In diesem Fresko übersetzt Signorelli nicht nur die Regel des Fastens in eine sichtbare Form, er zeigt uns auch den Wesenszug der Güte, der Benedikt zu eigen ist. Benedikt straft nicht, wenn eine Regel gebrochen ist. Indem Benedikt auch über eine große Distanz die Verfehlung erkennen konnte, erfährt der Bruder, daß Benedikt in die Seele der Menschen schauen kann, um die dort verborgenen Geheimnisse erahnen zu können. Diese Möglichkeit ist Strafe genug für den Delinquenten, er fühlt sich vor Benedikt entblößt. Doch der Heilige straft nicht den Sünder, er erteilt ihm vielmehr den Segen, damit er die Kraft habe, den weiteren Weg zu Gott zu gehen.

»Benedikt sagt den Mönchen, wo und wann sie außerhalb des Klosters gegessen haben«

Auf dem Fresko *Benedikt sagt den Mönchen, wo und wann sie außerhalb des Klosters gegessen haben* hat Signorelli eine Paraphrase über das Gebot des Gehorsams dem Abt gegenüber gemalt. In seiner Regel hat der hl. Benedikt festgelegt, daß den Weisungen des Abtes in allem zu gehorchen sei.[132] Um diese Regel anschaulich darstellen zu können, hat Gregor der Große die Geschichte aus dem Leben des hl. Benedikt erzählt, wonach Mönche verbotenerweise außerhalb des Klosters eine Einladung zum Essen angenommen haben.

Diese Metapher hat Signorelli in einem sehr eindrücklichen Fresko in seine Sprache der Malerei umgesetzt. Wir sehen die beiden Mönche an einem Tisch sitzen, umgeben von Frauen, die bemüht sind, jene mit Speisen und Getränken zu verwöhnen. Nur die in die weißen Kutten gewandeten Mönche haben am Tisch Platz genommen, während die Frauen diese bedienen. Links gießt eine Frau äußerst elegant Wein in ein Glas, während rechts eine andere Frau ein Tablett mit einem Kuchen oder einer Pastete balanciert. Im Hintergrund können wir weitere Frauen erkennen, die sich um das leibliche Wohl der Mönche sorgen. Diese lassen es sich gut schmecken, gehen sie doch davon aus, daß ihre Verfehlung unbemerkt bleiben werde. Der Raum, in dem diese Szene spielt, mündet in eine geöffnete Tür, durch die etwas Licht fällt. Im Türrahmen selbst steht eine männliche Figur und beobachtet das Mahl der Mönche. Während die Gesichter der Mönche und diejenigen der Frauen die Zeitläufte gut überstanden haben und deshalb auch noch zu erkennen sind, sind die Gesichtszüge der in der Tür stehenden Person mit der Zeit verwischt. Aus der Stellung der Beine ist jedoch zu erkennen, daß er uns zugewandt ist und die Szene beobachtet.

All diese Personen füllen den durch das Zimmer geschaffenen, perspektivisch auf die Tür zulaufenden Rahmen aus. Am rechten Bildrand hingegen ist die Szene, die als Katharsis bezeichnet werden kann, ganz klein gemalt. In diesem Bild knien die beiden Mönche vor Benedikt und bekennen ihre Verfehlung, wobei ihnen Benedikt verzeiht. Gregor der Große hat in seiner Biographie geschrieben, daß die Mönche nicht rückfällig werden würden, da sie nunmehr gewußt hätten, daß Benedikt »im Geist bei ihnen« sei. Deshalb drängt sich die Vermutung auf, daß die männliche Person, die in der Mahlszene im Türrahmen steht, Benedikt über die Verfehlung hätte informieren können. Doch näher liegt es, daß diese Person den Geist Benedikts symbolisiert – diesen Geist, der immer bei den Mönchen weilt, ihnen immer nahe ist. Es ist kein strafender Geist, kein Rache ausübender, sondern einer, der Benedikt bewegt, Güte walten zu lassen, um es den Mönchen zu ermöglichen, ihr Fehlverhalten selbst zu erkennen, um vor ihm niederzuknien, ihre Schuld einzuräumen und ihn um Vergebung zu bitten.

Die Tugend des Gehorsams

Das Christentum begreift sich als Nachahmung des Lebens Jesu Christi. In ihm sollen sich die Vorstellungen vom Leben entfalten, die auch das Leben von Jesus Christus geprägt haben. Die Menschwerdung Jesu hat die Folie geliefert, vor deren Hintergrund das Leben der Menschen geführt werden soll. Am Kreuz hat Jesus Christus den Willen seines Vaters vollzogen. Er hat das ihm vom Heilsplan Gottes auferlegte erforderliche Werk freiwillig erbracht und einen fremden Willen als eigenen übernommen. Dadurch hat er die Weisung einer ranghöheren Person ausgeführt. Die Befolgung einer Weisung, sich den Willen einer übergeordneten Person zu eigen zu machen, gilt deshalb »als Zusammenfassung und Grundhaltung christlicher Existenz sowohl vor Gott als auch in den Ordnungen des sozialen Miteinander«.[133] Diese Verpflichtung zum Gehorsam findet ihre Begründung in der Vorstellung, daß das Leben der Menschen im

Naturrecht festgelegt ist und daß dieses auf göttlichem Willen aufgebaut und damit unveränderlich ist. Allerdings findet diese Gehorsamsverpflichtung ihre Grenze, wenn die Handlung, die gefordert wird, gegen das natürliche Sittengesetz verstößt oder, wie es Hans Urs von Balthasar formuliert hat, wenn den Menschen »sein kirchliches Gewissen zwingt, die ihm einsichtige Norm des Evangeliums der konkreten Weisung der Obrigkeit vorzuziehen«.[134] Eine solche Grenze ergibt sich durch die Handlungen, die nicht im Einklang mit den Regeln stehen, die sich aus dem Dekalog ergeben – wenn also der Befehl etwa schuldhaft von der Norm Abweichendes vorschreiben würde.[135]

Die Prüfung

Ein drittes Mal tritt uns eine durch die Bildsprache übersetzte Regel des hl. Benedikt entgegen. In einer Paraphrase über die Keuschheit wird dem Betrachter vor Augen geführt, was der Heilige mit seiner Regel über die Keuschheit ausdrücken wollte. Er hat in den Regeln für ein klösterliches Leben festgelegt, daß der Mönch zölibatär leben müsse. Er dürfe die Begierden des Fleisches nicht befriedigen[136] und müsse die Keuschheit lieben.[137] Um diese Regel zu veranschaulichen, bezieht sich Gregor der Große auf eine Versuchung, die er als Prüfung bezeichnet und die Benedikt erfolgreich bestehen konnte.

Während Benedikt allein war – so beschreibt es Gregor der Große[138] –, näherte sich ihm ein kleiner schwarzer Vogel, eine Amsel, die ihn in seiner Kontemplation störte. Er sah in diesem Vogel den Versucher, und deshalb bekreuzigte er sich, worauf der Vogel davonflog. Doch nachdem sich der schwarze Versucher entfernt hatte, überkam Benedikt ein so starkes sinnliches Verlangen, wie er es noch nie zuvor gespürt hatte. Er hatte Visionen und sah in der Imagination eine wunderschöne Frau, die zu besitzen den Eremiten verwirrte und ihn an seinem keuschen Leben zweifeln ließ. Doch da traf ihn »der Blick der göttlichen Gnade«, wie es Gregor der Große beschrieb, er kam wieder zu Sinnen, widerstand der sinnlichen

Versuchung und warf sich – ohne Kleidung – in einen Dornenbusch und in Brennesseln, um durch die Schmerzen seine fleischliche Begierde abzutöten. Als er diesen Ort der Pein schließlich verlassen konnte, wollte er seinen Weg hin zu Gott weitergehen. »Er besiegte die Sünde, indem er das Feuer umwandelte.« Durch den Schmerz war es Benedikt gelungen, nie mehr unter der Versuchung zur sinnlichen Lust zu leiden. Durch diese Abkehr von der Welt wurde er zum »Lehrmeister der Tugend«.

»Benedikt wird vom Geist der Unkeuschheit heimgesucht und überwindet die Versuchung«

Der Künstler Sodoma hat diese Heimsuchung durch den Geist der Unkeuschheit auf einem Fresko dargestellt und die Begebenheiten durch drei Szenen illustriert. Auch er hat sein Fresko auf dem Gedanken der Trias aufgebaut, auf der heiligen Dreizahl, um auf diese Weise den Weg hin zur Dreifaltigkeit anzudeuten.

Im unteren Teil des Freskos hat der Künstler die Versuchung und die Katharsis abgebildet, während im oberen Teil das Verscheuchen der Frau, die die Versuchung des Benedikt ausgelöst hat, dem Betrachter vorgeführt wird.

In der dritten Szene wird Benedikt vor seiner Höhle sitzend dargestellt. Seinen etwas zur Seite geneigten Kopf stützt er mit seiner linken Hand, so als ob die unkeuschen Gedanken seinen Kopf zu schwer haben werden lassen. Betrübt schaut er auf. In seinen Augen ist der Kampf abzulesen, den er auszufechten hat. Auf der einen Seite fühlt er sich dem asketischen Leben – zu einem Leben hin zu Gott – verpflichtet, auf der anderen Seite verspürt er das Verlangen, wieder der Welt zu gehören und die Frauen nicht als Versucherinnen anzusehen, sondern als natürlichen Teil der göttlichen Schöpfung. Seinen linken Arm hat er auf ein Buch gestützt – auf das Symbol seines asketischen Lebens, das die Schrift verkörpert und damit seine Hinwendung zum Evangelium. Die Gedanken, die in dem Buch niedergeschrieben sind, stehen in einem dialektischen Verhältnis zu denen in seinem Kopf und in seiner Vorstellung. In diesem spiegeln sich These und Antithese, das Leben der Welt und das in Gott, und in der Szene im rechten unteren Ausschnitt werden wir mit der Synthese, die die Reinigung darstellt, konfrontiert. Wie selig schaut der Heilige gen Himmel, hin zu Gott, der ihm die Kraft gegeben hat, der Versuchung zu widerstehen. Auch wenn der Kampf gegen die Versuchung durch die Dornen und die Brennesseln sehr schmerzhaft gewesen ist – Benedikt ist glücklich und dankbar, daß er dem weiblichen Element der Welt hat entsagen können, um seinen Weg hin zu Gott weitergehen zu können.

Über diesen beiden Szenen hat Sodoma den Triumph über die Versuchung dargestellt. Ein Engel vertreibt mit dem Schwert die Versuchung, die als ein teuflisches Mischwesen konzipiert ist. Dieses ist einerseits von magischer weiblicher Schönheit, aber andererseits wird die Schönheit durch Drachenflügel und grobe Vogelfüßen ins Diabolische gewendet. Dieser Eindruck wird noch dadurch verstärkt, daß dem Kopf Hörner aufgepflanzt sind, die das Wesen als ein Teufel erscheinen lassen. In der Konzeption dieses Mischwesens offenbart sich eine Einstellung, die das Geschöpf Gottes, das ebenfalls als Ebenbild Gottes anzusehen ist, als »Imago Dei«, sündhaft darstellt. Benedikt kämpft gegen den Willen, die Frau zu besitzen, und damit kämpft er auch gegen die Schöpfung Gottes. Sodoma verwandelt das weibliche Element der Schöpfung deshalb in einen Teufel und läßt damit das weibliche Element in unserem Leben als verwerflich erscheinen. Gott hat die Frauen allerdings so geschaffen wie sie sind, und der Mann ist so geschaffen worden, daß er im Regelfall Gefallen an diesem Teil der Schöpfung findet. Daß der Mann eine Frau begehrt, ist nicht das Werk des Teufels – es ist das Werk Gottes. Gott wollte es, es ist Ausdruck der gewollten menschlichen Natur. Wenn Gott aber die Menschen auf diese Verwiesenheit hin geschaffen hat, dann kann der Reiz des Weiblichen nicht als teuflisch verurteilt werden, schließlich ist dieser Reiz dem Willen Gottes entsprungen. Die Schönheit der Frau kann deshalb auch nicht eine verwerfliche

Versuchung darstellen, sondern nur als Ausdruck der von Gott geschaffenen Natur gesehen werden. Lebt man zölibatär, hat man sich für die Keuschheit im Leben entschieden. Das weibliche Element kann trotzdem nicht als verwerfliche Versuchung angesehen werden, schließlich ist es auch aus dem Willen Gottes in die Welt gesetzt worden. Wird es aber als Versuchung angesehen, dann lehnt man einen Teil der Schöpfung als mißlungen ab. Das weibliche Element ist auch Teil des zölibatären Lebens, allerdings findet es seine Grenze darin, daß Mann und Frau nicht eins werden können – ein Fleisch, wie es in der Bibel beschrieben wird. Dadurch wird aber das weibliche Element nicht als verwerflich angesehen, sondern es wird eine Grenze aufgezeigt, die auch jeder verheiratete Mann gegenüber dritten Frauen einhalten sollte, um nicht sündhaft handeln zu müssen.

Sodoma hingegen verurteilt das weibliche Element, das aber auch von Gott geschaffen wurde. Wenn aber Gott etwas geschaffen hat, muß es der Mensch als gut akzeptieren. Die Versuchung durch dieses Element kann deshalb nicht als schlecht angesehen werden, als teuflisch. Die Versuchung gehört zu dem Leben, wie es Gott konzipiert hat. Auch die Versuchung ist damit göttlichen Ursprungs. Sie gehört somit zum menschlichen Leben. Lebt man deshalb wie Benedikt zölibatär, muß man sich mit der Schöpfung Gottes auseinandersetzen und das Weibliche als das ansehen, was es ist: Ein Teil des Willens Gottes, der gut ist.

Die Tugend der Keuschheit

Die Definition des Begriffes »Keuschheit« hat sich inzwischen gewandelt.[139] Wurde die Tugendhaltung ursprünglich als totale sexuelle Enthaltsamkeit aufgefaßt, umschreibt dieser Begriff nunmehr nach dem Katechismus der römisch-katholischen Kirche die verantwortliche eheliche sexuelle Beziehung. Durch die Keuschheit soll das partnerschaftliche Verhalten zwischen Eheleuten geregelt und damit eine ganzheitlich-personale Sicht der Sexualität umfaßt werden. Nicht mehr nur die Verdrängung der Sexualität wird als

Keuschheit bezeichnet, sondern ihre Ausgestaltung im Verhältnis zwischen Mann und Frau in ehelicher Treue. Keuschheit schließt deshalb das Ausleben der Sexualität ein – allerdings in einem Rahmen, der durch das Sakrament der Ehe vorgegeben ist.

Sexualität übersteigt das schiere Triebhafte und wird zum Teil eines partnerschaftlichen Zusammenlebens, in dem sich die Partner als gleichberechtigt gegenüberstehen und in der Sexualität nicht nur eine Triebbefriedigung erkennen, sondern auch eine gegenseitige Achtung. Sexualität ist deshalb mehr als ein körperlicher Vorgang, mehr als ein Handeln, sie überschreitet das körperliche Moment hin zu einem geistigen und wird somit zum Ausdruck einer Liebe, die viel weiter reicht als die geschlechtliche Vereinigung. Sie verkörpert ein Zusammengehörigkeitsgefühl, das nicht haltmacht in der körperlichen Vereinigung, sondern auch den Geist miteinschließt – das Gefühl, die geistige Übereinstimmung, das Zusammengehörigkeitsgefühl, das auch in schwierigen Phasen des Zusammenlebens nicht weicht. Durch die Keuschheit wird der jeweils Andere in seiner Würde geachtet. Die Sexualität wird aus dem Ruch der körperlichen Betätigung herausgezogen und mit einem Sinn erfüllt, der die »sich hingebende Liebe Jesu Christi seiner Kirche«[140] gegenüber widerspiegelt. So wie sich Jesus Christus seiner Kirche, die ja aus den Gläubigen besteht, hingegeben hat, so sollen sich die Ehepartner gegenseitig hingeben und die Sexualität als Teil der hingebenden Liebe verstehen – als ein Aufgehen in der Person des Anderen, um wirklich in der Verbindung von Körper und Geist eins zu werden. Ein Fleisch sollen sie werden, und das nicht nur im Moment der körperlichen Vereinigung. Sie sollen in der gegenseitigen Liebe aufgehen und eine Einheit bilden. So wie zwei Arme und zwei Beine Teile eines Körpers bilden, so sollen zwei Liebende Teil einer Gemeinsamkeit sein.

Diese Vorstellung entspringt dem Gedanken eines Ideals. Der herrschende Zeitgeist hat allerdings eine andere Vorstellung von Sexualität. Diese wird vornehmlich als Ergänzung menschlichen Zusammenlebens angesehen und damit als ein Phänomen, das neben dem geistigen Element existiert, so daß es nicht notwendig ist, eine Vereinigung von Geist und Körper anzugehen. Sexualität wird oft banalisiert und zu einer rein körperlichen Betätigung herabgestuft – als ein Handeln, das den Geist entbehrt. Deshalb auch werden so viele Abtreibungen vorgenommen, deshalb werden so viele Ehen geschieden und deshalb verlassen so viele Männer die Frauen, wenn sich als Folge der ausgelebten Sexualität Kinder ankündigen. Der Sexualität ist oft der Sinn genommen worden, der Perpetuierung der Gesellschaft – zumindest teilweise – zu dienen. Sie wird als hedonistisch, an keine offizielle Verbindung oder Verpflichtung geknüpft verstanden. Man kann sich kaum des Eindrucks erwehren, daß Sexualität oft zum sportlichen Vergnügen verkommen ist.

Umbrien – die Mitte Italiens

Das Casale

Panicale, ein kleiner Ort am Trasimenischen See, sollte unsere Station in Umbrien sein. Ein Corpsbruder und Freund hat sich dort vor einigen Jahren angesiedelt, um fernab von Rom die Ruhe zu genießen. Immer wieder mußten wir das Treffen verschieben, wieder und wieder vereitelte die grassierende Seuche Covid-19 eine Fahrt nach Umbrien, bis wir nach einigen Jahren der Isolation endlich die Fahrt unternehmen konnten, ohne Gefahr zu laufen, uns anzustecken. In den Monaten der Abschottung merkte man die Fragilität unseres so gewohnten Lebens – dieses Leben, das keine Grenzen zu kennen scheint und in dem die Freiheit über allem steht. Diese Freiheit wurde zum konstituierenden Element unseres Lebens und bildete eine so feste Grundlage, daß Einschränkungen, auch Grundrechtseinschränkungen, von Teilen der Bevölkerung nicht hingenommen wurden, obwohl unser Staatssystem auf eben diesen Einschränkungen basiert. Doch endlich konnten wir wieder reisen und uns in Umbrien die Orte anschauen, in denen Künstler die Religion aus dem intellektuellen Diskurs herausgehoben und sichtbar gemacht haben.

Tief in den Bergen liegt das Casale, in dem unser Freund die Ruhe nach einem überaus hektischen Leben gefunden hat – einem beruflichen Leben, das ihn ständig zwischen Südamerika, Asien und Rußland hin und her hat fliegen lassen, ein Leben, das keine ruhigen Momente kannte. Rom sollte seine letzte Station sein, nachdem er geheiratet hatte, doch er suchte die Freiheit, nicht die Enge einer Großstadt. Deshalb verfiel er auf den Kauf einer ehemaligen Ferienanlage, um endlich, nach vielen Jahrzehnten des Wanderns, seßhaft zu werden, ja, um endlich eine Zufriedenheit zu spüren, endlich sich nicht mehr auf der Suche nach der Verbesserung, nach der besseren Lösung zu begeben. Inmitten der von seiner Frau angelegten und gepflegten Gartenanlagen, weitab von anderen menschlichen

Behausungen, hat er, der als Sohn eines Botschafters keine Heimat kannte, den Ort gefunden, den er nicht mehr verlassen muß. In der Einsamkeit der weitläufigen Olivenhaine, fernab der Zahlen, wie es immer wieder in der Wirtschaft lautet, kann er dem Werden und Vergehen der Natur zuschauen, dem Wachsen und Blühen der Büsche und Blumen, dem Reifen der Oliven und dem Spiel der Springbrunnen. Nur die vielen Wildschweine und Dachse stören ein wenig diese Oase der Schönheit und Ruhe – allerdings auch manchmal das Heulen der Wölfe, die durch diese Weltabgeschiedenheit ziehen. Abends ließen wir die Tage auf der Terrasse ausklingen, das Zwitschern der Vögel verstummte mehr und mehr, die uns umgebenden Hügel verloren sich in der Schwärze der Nacht, in weiter Entfernung waren vereinzelte Lichtpunkte zu erkennen, dort wo sich der Trasimenische See hinter Hügeln verbirgt. Frieden erfüllte diese abendlichen Stunden, Frieden, der sich über eine mehr als fünfzig Jahre andauernde Freundschaft legte. Pläne wurden geschmiedet, Reminiszenzen ausgetauscht, römische kirchliche Entwicklungen erörtert, und wir ließen uns in das Verlöschen eines südlichen Tages fallen. Ruhe senkte sich über das Land, ließ uns die turbulente und hektische Welt außerhalb dieser Oase vergessen. Wir konnten die wie eine ersehnte Befreiung empfundene leichte Brise erleben, die uns nach einem glutheißen Tag mit der aus der Erde aufsteigenden Frische umwehte.

Perugia

Die Stadt der Konklaven

Unser erster Gang in Umbrien sollte uns nach Perugia führen, um uns im Dom zwei Päpsten, Leo XIII. und Coelestin V., zu nähern, die die Erfahrung machen mußten, sich gegen eine feindliche Umwelt zur Wehr setzen zu müssen, um die Kirche weiterhin im weltpolitischen Diskurs zu halten. Das Schicksal dieser Päpste ist eng verknüpft mit diesem Dom, dem dadurch eine besondere Rolle in der Kirchengeschichte zugedacht wurde. Fünf Konklaven wurden im Dom abgehalten – aus einem ging Peter von Morone als Papst Coelestin V. hervor –, und immer wieder zog es die Päpste in diese Stadt, um den Intrigen und Auseinandersetzungen in Rom zu entfliehen. Perugia ist zwar die Hauptstadt Umbriens, doch die eigentliche Hauptstadt, die religiöse und auch theologisch-philosophische, bildet der kleine, dafür um so bekanntere Ort Assisi, der nur ein paar Kilometer weiter südöstlich liegt. Die Welt kennt diese Stadt, sie kann im Wettbewerb um die Bekanntheit mit Rom konkurrieren. Auch wenn die Touristenströme nach Assisi fließen und die Gläubigen den Lebensweg von Franz von Assisi, dem Gründer des Franziskanerordens, nachvollziehen wollen – Perugia hat sich ebenfalls einen bedeutenden Platz in der Geschichte erobert. Die Stadt liegt zwar nicht an den Hauptverkehrswegen, die Italien durchziehen, sie ist nicht an den Schnittpunkten von Handelswegen errichtet worden, doch in ihr hat der Theologe und Philosoph Bischof Vincenzo Gioacchino Graf Pecci gelebt, der sich später, nach seiner Wahl zum Papst, den Namen Leo XIII. gab.

Vincenzo Graf von Pecci

Er residierte als Bischof in Perugia, und dort arbeitete er an dem Werk, das er später als Papst der Welt übergab. Deshalb wollen wir zuerst im Dom von Perugia ein Rendezvous mit Bischof von Pecci suchen. Er hat zwar nicht als Papst in Perugia residiert, doch lange Jahre als Bischof – viel zu lange Jahre, die er wie eine Verbannung empfand, da er meinte, wichtigere, seinem Können angemessenere Posten in der Kirche bekleiden zu müssen. Doch in der Provinz wurde er nicht in seinen Studien zur Sozialphilosophie abgelenkt, dort konnte er auch eine Sozialpolitik entwickeln, die er dann als Papst in der Enzyklika *Rerum novarum* der Welt vorgestellt hat. Mit diesem Lehrschreiben hat er den weltpolitischen Diskurs um eine gerechte Sozialpolitik geprägt. Eine nach seinem Tod geschaffene Statue soll uns für ein paar Momente innehalten lassen, um uns mit der Lehre, die als Katholische Soziallehre immer noch Gültigkeit hat, zu beschäftigen. Diese Lehre versucht, den Begriff der sozialen Gerechtigkeit – eine reine Generalklausel – mit Leben zu erfüllen, ohne freilich den Anspruch zu erheben, ihn letztgültig definiert zu haben. Doch Leo XIII. hat einen Ausgleich zwischen den divergierenden Interessen der Teilnehmer am sozialen Diskurs gesucht und auch gefunden, und damit hat er einen Gegenentwurf zum Marxismus der Welt geschenkt – einen Gesellschaftsentwurf, der spätestens nach dem Fall der Berliner Mauer bewiesen hat, daß des Papstes Gedanken denen von Marx überlegen sind.

Der Dom San Lorenzo

Hinführung

Die Kunsthistoriker zeigen sich nicht besonders angetan von diesem Dom. Er wird sogar als Enttäuschung angesehen. Auch wenn er teilweise als ein gelungenes Bauwerk eingestuft wird – in der Gesamtschau jedoch soll das »Nackte, Rohe, Unfertige«[141] überwiegen, so daß diese Kirche nicht als Kleinod angesehen wird, ja, wie ein Ausreißer aus der langen Reihe von architektonisch hervorragenden sonstigen Gotteshäusern, die der kunstbegeisterte Wanderer in Italien bewundern kann. Mit dieser gedanklichen Hypothek näherten wir uns dem Dom, wohl wissend, daß wir uns mit dieser Verurteilung eigentlich auseinandersetzen müßten. Doch die Intention unseres Ganges war eine andere. Wir suchten nicht die Beispiele höchster malerischer, architektonischer oder bildhauerischer Kunst. Das, was wir aufspüren wollten, versteckt sich hinter der Fassade des Werkes. Uns war es wichtig, den göttlichen Blitz – die Idee – zu entdecken, die Anlaß für den Künstler oder Denker war, einen Teil des eigenen Geistes der Welt aufzugeben.

Als wir uns dem Platz näherten, der dem Dom vorgelagert ist, wurde mir wieder deutlich, wie wenig Kunstgeschichte mit der Religion zu tun hat. Trotz der unverputzten Mauern strahlt der Dom eine Würde aus, die auf das Göttliche schließen läßt, dem wir im Inneren begegnen konnten. Es kommt nicht auf das Äußere einer Kirche an, sondern auf den Geist, der in ihr herrscht. Das Äußere des Domes wirkt monumental und martialisch und reiht sich deshalb in das Bild ein, das der Platz dem Besucher präsentiert. Es ist die Macht eines inzwischen untergegangenen Stadtstaates, die uns entgegenschlug – das Monumentale, das eine Demonstration des Willens ist, die eigene Souveränität gegenüber den Eindringlingen verteidigen zu wollen. Die Gebäude, die diesen zentralen Platz säumen, verkörpern ein Selbstbewußtsein, das nur aus der Vorstellung erwachsen kann, jedem Gegner überlegen zu sein. Aufgelockert wird diese Demonstration der Macht durch die mitten auf dem Platz errichtete Fontana Maggiore. Sie gilt als der berühmteste aller mittelalterlichen Brunnen.[142] Er wurde 1278 vollendet und zeigt uns auf zwei Ebenen ein vielfältiges Bildprogramm, das seinesgleichen sucht. Drei übereinander angeordnete Brunnenschalen fangen das Wasser auf, das sich aus einer Fontäne, die die Spitze krönt, ergießt. Von weit her wird das Wasser über verschiedene Aquädukte herangeführt, um dann den Marmor des Brunnens mit Leben zu erfüllen. Im abwärts fließenden Wasser erkennen wir das Prinzip des lebendigen Wassers, das den Menschen seine wahre Bestimmung aufzuzeigen vermag. Immer wieder fließt es, ununterbrochen und stetig, so wie uns Jesus Christus, der sich als lebendiges Wasser empfindet, als Wasser, das uns das Leben schenkt, wieder und wieder seine Heilslehre vor Augen führt. Der Brunnen ist hoch artifiziell konzipiert und bildet einen Kontrast vor der Ziegelwand des Domes. Doch durch diesen Kontrast wirkt der Brunnen noch ziselierter, noch künstlerischer. Vor dem Hintergrund der nackten Fassade des Domes, durch diese Gegensätzlichkeit, tritt die Kunst des Brunnens noch stärker hervor.

Als wir den Vorplatz des Domes betraten, und die Kirche in ihrer vollen Größe erblickten, empfanden wir das Urteil der Kunsthistoriker als übertrieben und einem Gotteshaus unangemessen. Kirchen können zwar auch Beispiele für ein künstlerisches Werk sein, doch nicht die Architektur ist das entscheidende Moment für einen Sakralbau, entscheidend ist vielmehr, daß das Bauwerk als ein Ort geschaffen wurde, der eine Begegnung mit Gott möglich macht. Obwohl viele Kirchen in Italien gleichsam überquellen von den schönsten und wertvollsten Kunstwerken, hat dieser Reichtum an Kunstschätzen aber nicht zwangsläufig zur Folge, daß diese Gebäude auch kontemplative Orte sind. Bei diesem Gedanken erinnerten wir uns einer Sonntagsmesse im Petersdom zu Rom vor der *Cathedra Petri* von Gian Lorenzo Bernini. Vor uns saß eine südländische Familie auf den Kirchenstühlen, die aber nicht in das Gebetbuch schaute, sondern die Nähe zum Altar nutzte, um die sie umgebenden Kunstgegenstände mit der Beschreibung im Kunstführer zu vergleichen. Kunst kann auch ablenken und das Eigentliche einer Messe oder Kirchenbesuches in den Hintergrund treten lassen. Die Kunstwerke sind Ausdruck der Verherrlichung Gottes durch den Künstler und fügen sich deshalb in das Denken an Gott ein, zu der uns die Kirchen einladen. Doch verherrlicht kann Gott auch in einem schmucklosen Raum werden, in einem Straflager in Sibirien, in einem Palmenhain in einer der Wüsten oder im Dschungel des Amazonas. Es kommt immer auf die innere Einstellung an. Kontemplation benötigt keine Kunst. Sie ist schön, aber beten und Zwiesprache mit Gott halten kann der Gläubige auch ohne diese Verschönerungen. Beten konnten wir in dem Dom zu Perugia, und nicht nur wir. Damit war gleichsam die entscheidende Voraussetzung erfüllt, die dem Besuch einer Kirche vorausgeht. Kirchen sind Häuser Gottes. Der Mensch muß diese Gebäude errichten, und in der Architektur ist immer die Liebe der Menschen zu Gott eingeschlossen. Sie wollen Gott mit den Mitteln verherrlichen, die ihnen zur Verfügung stehen. Mit ihren finanziellen und künstlerischen Möglichkeiten wollen sie dem Herrn eine Bleibe, einen Ort der Anbetung errichten. Dieses Bauen spiegelt immer die Intention wider, immer den Versuch, das Beste für Gott aufzubieten. Selbst wenn es nach Auffassung von Kunsthistorikern nicht das Beste ist, was Menschen zu schaffen vermögen – es ist aber das Beste, was sich die Erbauer leisten konnten, um das Kirchengebäude zu einem Ort der Begegnung mit Gott werden zu lassen. Damit haben die damaligen Erbauer das Beste gegeben, was ihnen zur Verfügung stand. Eine Kirche ist nicht primär ein Kunstgegenstand, kein Museum oder ein Beispiel für das Genie eines Künstlers. Das anzunehmen, entspringt eher einem laizistischen Denken, in dem eine geweihte Kirche lediglich als ein profaner Raum, als ein Museum oder Ausstellungsraum, angesehen wird.

Als wir die Kirche betraten, fühlten wir uns sogleich als Teil des sakralen Raumes. Der Genius dieses Bauwerkes hatte uns sofort okkupiert; der Anhauch Gottes, dieses Eigentliche einer jeder Kirche, ließ sofort die kunsthistorischen Erwägungen in den Hintergrund treten. Allein die Vorstellung, in dem Dom Gott näher zu sein, gleichsam seine Wohnstatt betreten zu haben, ließ keinen Gedanken mehr zu, um irgendwelche künstlerischen Fragen zu erörtern. Wir waren Teil der Kirche, in der der Begründer der katholischen Soziallehre gewirkt hat.

Die Statue Papst Leos XIII.

Wir durchschritten den Dom, hin zum rechten Querschiff, um vor der Statue von Papst Leo XIII. für ein paar Momente zu verharren und des Theologen und Philosophen zu gedenken, der mit der von ihm promulgierten Enzyklika *Rerum novarum* die Grundlage für die nach wie vor geltende katholische Soziallehre geschaffen hat. Es ist die Lehre, aus der sich eine Wirtschaftsethik entwickelt hat, die die Interessen beider Seiten berücksichtigt, die der Kapitaleigner und die der Lohnempfänger. Damit verurteilt Leo XIII. den Sozialismus, der idealiter lediglich die Interessen der Lohnempfänger und in der Realität allerdings nur die des Staates und seiner politischen Elite verfolgt, als verwerflich.

Leo XIII. wurde als Gioacchino Graf Pecci am 2. März 1810 im Stammschloß seiner Familie, das in Carpineto, 70 Kilometer südöstlich von Rom, gelegen ist, geboren. Auch wenn die Mitglieder der Familie durchaus gläubig waren – sie sind dennoch nicht in extraordinärer Weise als Förderer der Kirche hervorgetreten. Einer von ihnen, Giovanni Antonio, war im Jahr 1373 persönlich zu Papst Gregor XI. gereist, um für die spanische Gemeinschaft der Hieronymiten die Approbation zu erlangen.[143]

Neben seinen Studien in Rom hielt Pecci Verbindung zu seinem Heimatort und verbrachte dort die Sommermonate mit Wanderungen, Reiten und vor allem mit der Jagd. Nach dem theologischen Examen trat er in die Päpstliche Diplomatenakademie ein, eine damals nur dem Adel vorbehaltene Ausbildung. In der Akademie stand das Studium der modernen Sprachen, der Diplomatie und der Kirchengeschichte im Vordergrund. Darüber hinaus schrieb er sich in der römischen Universität Sapienza ein und promovierte am Collegium Romanum 1835 zum Doktor beider Rechte. Zwei Jahre später, am 31. Dezember 1837, wurde Pecci zum Priester geweiht. Schon 1838 erfolgte seine Ernennung zum Apostolischen Delegaten von Benevent und damit zum Vertreter des Papstes als Landesherrn innerhalb des Kirchenstaates. Auch wenn diese Delegatur nur klein war, war sie aber gleichwohl in der Verwaltung anspruchsvoll. Dieser Teil des Kirchenstaates war eine Enklave inmitten des Königreiches beider Sizilien, wobei deren König immer wieder versucht hatte, durch Gebietsaustausch Benevent in sein Königreich einzugliedern. Pecci fühlte sich aber nicht wohl in der Enklave. Deshalb wurde er wiederholt bei den römischen Behörden vorstellig, um eine Versetzung zu erwirken. Er hatte Erfolg. 1841 erfolgte die Versetzung als Apostolischer Delegat nach Spoleto und wenige Wochen später dann nach Perugia, wobei diese Aufgabe erheblich bedeutender war als die bisherigen.

Gioacchino Graf Pecci als Nuntius in Belgien

Schon im darauffolgenden Jahr wurde er mit einer neuen Aufgabe betraut. Im Dezember 1842 wurde er überraschend zum Apostolische Nuntius von Belgien ernannt, was sein »ganzes Innere in Verwirrung gebracht« hat.[144] Das Königreich Belgien war auch für die päpstliche Diplomatie Neuland, schließlich wurde dieses Land erst 1830 als unabhängiger Staat mit einer konstitutionellen Monarchie gegründet. Zuvor stand es über drei Jahrhunderte unter der Herrschaft der Habsburger. In den französischen Eroberungskriegen nach 1789 wurde es kurzfristig der französischen revolutionären und nach dem Wiener Kongreß der niederländischen Herrschaft unterstellt.

Nuntius Pecci bereiste das Land, um es kennen zu lernen. Er suchte auch das Schlachtfeld von Waterloo auf, um den Ort zu sehen, an dem die Herrschaft Frankreichs über Europa ein endgültiges Ende gefunden hat und in Europa die Idee des Nationalstaates geboren wurde – die staatsrechtliche Vorstellung, daß sich Staaten nicht mehr durch Heirat vereinigen oder als Ergebnis von Kriegen gewaltsam gebildet werden, sondern sich gewachsene Nationen, Völker mit einer gemeinsamen Geschichte und Kultur, als Staaten konstituieren, um auf diese Weise ein Zusammengehörigkeitsgefühl zu entwickeln, das der Minderheit ermöglicht, die Entscheidung der Mehrheit als eigene anzunehmen.

Der Kirchenstaat war noch land- und forstwirtschaftlich geprägt, doch in Belgien wurde der Nuntius mit der Industrialisierung konfrontiert. Dadurch lernte er die soziale Lage der Industriearbeiter kennen und damit das Spannungsverhältnis von Kapital und Arbeit. Er mußte sich dort mit der sozialen Frage auseinandersetzen, da durch die Industrialisierung die Lage der Lohnempfänger, also der Arbeitnehmer, teilweise unerträglich war. Diese mißliche Lage veranlaßte ihn, über einen Interessenausgleich zwischen den Arbeitgebern und den Arbeitnehmern, wie die Sozialpartner in moderner Sprache genannt werden, nachzudenken.

Erzbischof von Perugia

Lange konnte Pecci seine Tätigkeit als Nuntius nicht ausüben. Die päpstliche Verwaltung hat offensichtlich sein Engagement als nicht allzu glücklich empfunden, so daß ihm der Bischofssitz von Perugia angeboten wurde.[145] Auch wenn er gegenüber seinem Bruder Carlo äußerte, daß die Bischofsernennung seiner kirchlichen Laufbahn nicht hinderlich, sie vielleicht sogar vorteilhaft sei,[146] dürfte es gleichwohl eine Herabstufung gewesen sein. Weltweit hatte die

Kirche zum damaligen Zeitpunkt rund ein Dutzend diplomatische Vertretungen unterhalten, während allein in Italien 300 Diözesanbischöfe ihren Dienst versahen. Außerdem bestand die Diözese Perugia lediglich aus 80 000 Katholiken. Allerdings wurde ihm als Entschädigung der persönliche Titel eines Erzbischofs verliehen, wobei das Bistum Perugia kein Erzbistum war.

Am 29. Juli 1846 wurde Pecci als Erzbischof eingesetzt und im Jahr 1853 als Kardinal kreiert, obwohl üblicherweise der Bischof von Perugia nicht in das Kardinalskollegium aufgenommen wurde. Für mehr als dreißig Jahre verblieb Pecci auf dem Bischofssitz in Perugia, auch wenn er gerne eine andere Aufgabe übernommen hätte. Indes nutzte er die Zeit, um seine Vorstellungen von einer Soziallehre zu entwikkeln. Für ihn wurde immer deutlicher, daß es keine wahre und gerechte Zivilisation geben könne, ohne den Rekurs auf die Religion. In ihr erkannte er die ethischen Voraussetzungen, die zur Grundlage für die Lösung der sozialen Frage dienen könnten. Er sah deshalb die aus dem Naturrecht hergeleitete christliche Ethik als den Gegensatz zur Begründung der Werte durch das aufklärerische System des Positivismus, wonach der Mensch selbst die Werte festlegt, ohne sich vor einer höheren Macht verantworten zu müssen.

Die Wahl zum Papst

Am 7. Februar 1878 verstarb Papst Pius IX. nach einem Pontifikat, das 32 Jahre gewährt hatte. Das sich anschließende Konklave begann am 18. Februar 1878. Nie zuvor in der Papstgeschichte waren so viele Purpurträger nach Rom geeilt, um sich von dem verstorbenen Papst zu verabschieden, aber auch, um einen neuen zu wählen. Von den anwesenden 61 Kardinälen waren nur vier nicht von Pius IX. kreiert worden. Aus Italien stammten 37 Kardinäle, acht aus Frankreich, sechs aus Österreich-Ungarn. Lediglich zwei Kardinäle stammten aus den deutschen Landen: Graf Mieczyslaw von Ledóchowski, der Kardinal-Erzbischof von Gnesen-Posen sowie der Kurienkardinal Prinz Gustav Adolf zu Hohenlohe-Schillingsfürst. Nach einem

Konklave, das lediglich zwei Tage dauerte, wurde Kardinal Pecci zum Papst gewählt und gab sich den Namen Leo XIII., in Verehrung für Papst Leo XII.

Mit seinen Vorstellungen über eine an der christlichen Religion orientierte Wirtschaftspolitik, die er schlußendlich in der Enzyklika *Rerum novarum* formuliert hat, ist Papst Leo XIII. in die Geschichte eingegangen. Deshalb wollen wir uns mit ihr beschäftigen, da nur mit ihr, die einen Ausgleich zwischen Individualwohl und Gemeinwohl und zwischen den Interessen des Kapitals und der Arbeit formuliert, eine gesellschaftliche Zukunft eröffnet werden könnte.

Die soziale Lage

Papst Leo XIII. fühlte sich der sozialen Frage von Anfang seines Pontifikates an verpflichtet. Schon 1878 promulgierte er die Enzykliken *Dei consilio* und *Quod apostolici,* in denen er sich mit der sozialen Frage beschäftigte und die Antwort nicht im Sozialismus erkennen konnte. Die sich in dieser Ideologie anbietenden Lösungsvorschläge verwarf er ohne Kompromiß.[147] Allerdings erkannte er, daß in der sozialen Frage die Versuchung angelegt ist, sich von der Kirche zu entfernen und im Klassenkampf, wie es Karl Marx forderte, eine Lösung suchen zu wollen. Dessen Schwiegersohn, Paul Lafargue, unterstützte Marx mit drastischen Worten, indem er ausführte, daß zu Füßen des kapitalistischen Deutschlands »der industrielle Kapitalismus, ein Riesenorganismus von Eisen mit einer Affenmaske, mechanisch Männer, Frauen und Kinder, deren herzzerreißende Klagerufe die Luft durchdringen«, verschlinge.[148] Unbestreitbar trieb die Industrialisierung verelendete Menschenmassen in die Arme der Propheten, die in der Umverteilung der Vermögensgüter von den Reichen hin zu den Armen, in der Enteignung der Reichen und im Klassenkampf das Allheilmittel sahen, um das Paradies der Werktätigen schon auf der Erde zu errichten. Karl Marx und Friedrich Engels wurden die Propheten dieser Ideologie, Vordenker einer Wirtschaftsverfassung, die den Werktätigen, als die die Arbeitnehmer bezeichnet wurden, schon zu Lebzeiten die Erlösung von allen Fährnissen bescheren sollte. Daß im Namen dieser Ideologie viele Millionen Menschen ihr Leben lassen mußten – allein im Rahmen des Großen Sprunges im maoistischen China über 75 Millionen Menschen – wurde als ein Kollateralschaden billigend in Kauf genommen, um die vermeintliche Erlösungsideologie zur Vollendung zu führen. Wir Nachgeborenen kennen die Konsequenzen, kennen die Leichenberge der gequälten, gefolterten, erschossenen, verhungerten und erfrorenen Menschen – wir kennen die schrecklichen Folgen und trotzdem: Trotz der vielen Opfer hat diese Ideologie kaum etwas an Faszination verloren, es gilt schließlich der Grundsatz, die Idee sei sehr gut, nur die ausführenden Personen seien schlecht gewesen. Anders ist es nicht zu verstehen, daß in Deutschland die Partei, die in der untergegangenen DDR einen Unrechtsstaat mit einer Vielzahl von Opfern, einschließlich derjenigen Personen, die beim Verlassen des Staates erschossen wurden, geführt hat, jetzt als demokratische Partei verklärt wird. Sie wird als »Nachfolgepartei der SED« bezeichnet, obwohl die Partei »Die Linke« die SED *ist,* schließlich wurde die ehemalige Staatspartei niemals liquidiert, also aufgelöst, sie hat sich lediglich (nach »PDS«) wieder einen anderen Namen gegeben. Diese Rechtsfigur kennen wir aus dem Eherecht. Wenn ein Ehepartner den Namen des anderen Ehepartners annimmt, bleibt er derselbe, nur sein Name hat sich geändert. Er ist mitnichten der Nachfolger seiner selbst.

Papst Leo XIII. kannte diese Entwicklung nicht, er wußte auch nicht, was für Verbrechen im Namen dieser Erlösungsideologie begangen worden sind, doch er wußte, daß seitens der Kirche Lösungsvorschläge für die Lage der Arbeitnehmer angeboten werden müßten. Die Verelendung breiter Schichten der Arbeitnehmer war evident. Die Auswüchse des Kapitalismus trieben die Arbeitnehmer massenhaft in die Fänge der Erlösungsideologen.

Die Enzyklika »Rerum novarum« als katholische Soziallehre

Leo XIII. ersann eine Wirtschaftsethik, in der er auf der einen Seite den Sozialismus verurteilte, auf der anderen jedoch Vorschläge für eine wirtschaftliche, finanzielle und menschliche Besserstellung der Arbeitnehmer einforderte. Die Lösung der sozialen Frage konnte Leo XIII. nicht im Sozialismus erkennen. Deshalb hat er am 15. Mai 1891 seine sozialen und sozialpolitischen Vorstellungen im Rahmen der Enzyklika *Rerum novarum*[149] der Öffentlichkeit vorgelegt. Der Papst wußte, daß das Christentum auf dem Prinzip der Liebe gründet und daß sich infolgedessen jede Lösung verbiete, die die Konfrontation der Arbeitgeber und Arbeitnehmer zum Inhalt haben könnte. Auf der Grundlage, daß im Christentum alle Menschen als Kinder Gottes angesehen werden, ob als Lohnabhängige oder als Kapitaleigner, ist jeder Mensch als gleich wert zu behandeln. Aus dem christlich-religiösen Verständnis heraus mußte Leo XIII. jegliche Ungleichbehandlung der Parteien in der sozialen Auseinandersetzung vermeiden. Deshalb erbot es sich von selbst, daß er der Forderung von Marx auf Führung eines Klassenkampfes die Absage erteilen mußte. In der Forderung nach einem Klassenkampf ist immer eingeschlossen, daß die Rechte einer Partei, in diesem Fall die der Kapitaleigner, mißachtet werden. Nach dem Zweiten Weltkrieg verfolgten wir im europäischen Ostblock, was der Klassenkampf der kommunistischen Herrscher für Folgen hatte. Leo XIII. konnte diese schrecklichen Verwerfungen, diesen millionenfachen Mord, diese fundamentalen Menschen- und Grundrechtsverletzungen, nicht vorausahnen, doch er wußte, daß die Sozialethik die Partner versöhnen müsse, nicht jedoch in einen Kampf führen dürfe.

Deshalb hat er mit scharfen Worten die Forderung zurückgewiesen, daß das Privateigentum durch den Sozialismus abzuschaffen sei. Für Leo XIII. stand fest, daß jeder Mensch die Möglichkeit haben müsse, Vermögen zu erwerben; denn nur die Aussicht, Eigentum an Sachen oder Geld erwerben zu können, mache den Antrieb aus, etwas zu leisten. Vielleicht hat er dabei auch an das Gleichnis vom Mietling (Joh 10,12 f.) gedacht, der, da er nicht Eigentümer der Schafe ist, diese nicht gegen die Wölfe verteidigt, sondern sie von den Raubtieren reißen läßt. Anders hätte der Mietling reagiert, wenn er Eigentümer gewesen wäre. Dann hätte er seine Tiere verteidigt, schließlich hätten sie sein eigenes Vermögen gebildet.

Papst Leo XIII. bezeichnet das Privateigentum als Sondereigentum, es liegt folglich eine Bedeutungsidentität vor. Die Möglichkeit, Privateigentum zu erwerben, ja, das Recht, den Eigentumserwerb vornehmen zu können, qualifiziert Leo XIII. als ein Recht, das dem Menschen – und zwar allen Menschen – »von Natur«[150] aus zustehe. Damit hat er dem Recht auf Eigentum die Qualität eines Naturrechtes zugeordnet – als ein Recht, das dem Menschen nicht auf Grund eines Rechtsaktes zusteht, sondern allein dadurch, daß er ein Mensch ist, wobei das Recht auf Eigentum als das Recht auf Eigentumserwerb gemeint ist. Die Qualifizierung als Naturrecht bedeutet weiterhin, daß dieses Recht allen Menschen zusteht, seien sie arm oder reich. Es darf kein Unterschied gemacht werden. Das Recht auf Eigentum steht also allen Menschen als ein intrinsisches Recht zu und wird deshalb als Menschenrecht qualifiziert.

Auch wenn sich Leo XIII. mit dieser Feststellung gegen Marx und Engels gewandt hat, auch wenn viele dieses Recht negiert haben und deshalb die totale Umverteilung des Vermögens von den Reichen auf die Armen fordern – aus ideologischen Gründen kann man sich zwar gegen Naturrechte wenden, sie werden dadurch aber nicht aufgehoben. Was die Natur dem Menschen mitgegeben und was Gott dadurch dem Menschen zugeordnet hat, kann keine noch so religiös camouflierte Ideologie überwinden. Deshalb steht unverrückbar und unhintergehbar fest, daß – wie es Leo XIII. formuliert hat – dem Menschen das Recht auf Eigentum als ein Naturrecht und damit als ein Menschenrecht zusteht.

Die Regelung des Gebrauchs von Eigentum

Mit der Qualifizierung des Rechts auf Eigentum als eines Menschenrechts geht nicht einher, daß die Menschheit an sich über das Eigentum verfügungsberechtigt ist. Dieses Argument weckt die Erinnerung an den Begriff »Volkseigentum«, der im Marxismus besagen soll, daß das Eigentum dem Volke zusteht. Allerdings ist hier das Volk, trotz des Namens, nicht über das Eigentum verfügungsberechtigt. Dieser Begriff soll zwar verharmlosend wirken, besagt aber nichts anderes, als daß das Volk keinerlei Rechte an dem Eigentum hat, sondern lediglich die kommunistische Partei, die im übrigen mit dem Staat identisch ist. Da die Menschheit an sich nicht verfügungsberechtigt ist, müssen Regelungen[151] geschaffen werden, die den Gebrauch des Rechts in einen rechtlichen Rahmen stellen. Das Recht auf Eigentum steht nur einem berechtigten Individuum zu.

Regeln, wie das Eigentum zu nutzen ist, muß der Staat aufstellen. Dabei muß er sich nach Leo XIII. von der Vorgabe leiten lassen, durch die Gesetze zu ermöglichen, »dass darauf von selbst das Wohlergehen der Allgemeinheit wie auch der Einzelnen erblühe«.[152] Mit diesem Hinweis fordert Leo XIII., wie es modern heißt, die Sozialpflichtigkeit des Eigentums ein. Danach ist die bedingungslose Nutzung des Eigentums ausgeschlossen. Die Nutzung muß im Einklang mit den Grund- und Menschenrechten der Mitglieder der Allgemeinheit erfolgen. Wird jedoch das Eigentumsrecht übermäßig eingeschränkt, muß eine Entschädigung gezahlt werden. Wir müssen uns die Rechtsfigur so vorstellen, daß das Recht aus zwei Kreisen besteht, die den äußeren einschränkbaren Teil des Rechts symbolisieren und den inneren, unantastbaren Kernbereich. Der äußere Bereich unterliegt der Sozialpflichtigkeit. Diese Einschränkungen muß der Eigentümer dulden. Der Kernbereich ist aber gegen entschädigungslose Einschränkungen geschützt. Wird gleichwohl das Recht in diesem Kreis beeinträchtigt, ist dies nur möglich, wenn eine Entschädigung gezahlt wird. Aufgabe des Staates ist es deshalb, seine Verantwortung wahrzunehmen, »dass sie alle Gruppen der

Bürgerschaft in gleicher Weise schützt, in peinlicher Wahrung der verteilenden Gerechtigkeit«.[153] Leo XIII. konstatiert wiederum, daß beide Seiten Rechte haben, die zu einem Ausgleich geführt werden müssen.

Auch wenn der Staat die Aufgabe hat, die Rechte des Einzelnen und die der Allgemeinheit zu schützen, so muß er aber seine Entscheidungen immer an dem Gemeinwohl ausrichten, »weil – wie Leo XIII. in der Enzyklika ausgeführt hat – gemäß der Natur das Wohl der Allgemeinheit nicht nur das höchste Gesetz, sondern auch der eigentliche Grund und Zweck der höchsten Gewalt ist«.[154] Das Gemeinwohl muß seitens des Staates aber nicht nur im Bereich des Eigentumsrechts beachtet werden, es muß vielmehr Grundlage des staatlichen Handelns insgesamt sein. Kein Grund- und Menschenrecht darf ohne Einschränkungen genutzt werden, wenn dadurch Grund- und Menschenrechte Dritter überobligatorisch eingeschränkt werden. Es muß immer ein Ausgleich geschaffen werden. Das Gemeinwohl und das Individualwohl müssen korrespondieren. Das Wohl der Gemeinschaft darf nicht über das des Individuums triumphieren, ebenso darf das Individualwohl nicht das Gemeinwohl ausschließen.

Papst Leo XIII. hat mit der Enzyklika *Rerum novarum* Stellung gegen den Sozialismus bezogen und die Auswüchse des Kapitalismus verurteilt, nicht aber den Kapitalismus an sich, den er in gebändigter Form dem Sozialismus und dem Kommunismus entgegengestellt hat. Er hat die Notwendigkeit erkannt, jedem Menschen zumindest die Möglichkeit zu eröffnen, Vermögen zu akkumulieren, da nur diese Möglichkeit eine gerechte Wirtschaftsordnung herbeiführen kann. Seine Kritik am Kapitalismus richtet sich gegen die Auswüchse, durch die ausschließlich das Individualwohl verfolgt wird, nur der eigene Vorteil zu Lasten Dritter, und gegen eine Entwicklung, die die Interessen der Arbeitnehmerschaft nicht oder nur in unverhältnismäßiger Weise berücksichtigt. Leo XIII. wandte sich gegen die extremistischen Wirtschaftsordnungen des marxistischen

Sozialismus/Kommunismus einerseits und andererseits gegen den liberalistischen Kapitalismus.[155] Sein Vorschlag fußt auf der Ethik der Kirche. Deshalb war für ihn wichtig, daß die sich aus der Schrift ergebende Ethik, die dann auch von der Kirche vertreten wird, den Ausgleich zwischen den widerstreitenden Interessen der Kapitaleigentümer und denjenigen der Lohnarbeitnehmer, also der Arbeitnehmer, schaffen kann. Um die Kapitaleigentümer zu bewegen, den Lohnarbeitnehmern Zugeständnisse zu machen, setzte Leo XIII. auf den Glauben und auf den sich hieraus hergeleiteten Sinn für Gerechtigkeit.

»Fratelli tutti«

Papst Franziskus hat sich ebenfalls der Frage nach einer gerechten Verteilung des Vermögens angenommen. Allerdings kritisiert er, im Gegensatz zu Leo XIII., nicht nur die Auswüchse des Kapitalismus. In seiner Enzyklika *Fratelli tutti*[156] – aber nicht nur in dieser[157] – läßt sich seine Vorstellung von einer gerechten Vermögensverteilung erkennen. Hat noch Leo XIII. das Recht auf Eigentum als ein Naturrecht beschrieben, das somit jedem Menschen allein auf Grund seines Menschseins zusteht, ohne daß es ihm durch einen menschlichen und rechtlichen Akt zugewiesen werden muß, geht Franziskus in seiner Argumentation viel weiter. Er geht davon aus, daß das Naturrecht auf Eigentum lediglich als ein »sekundäres Naturrecht« angesehen werden müsse. Das Naturrecht auf Eigentum müsse infolgedessen hinter anderen Naturrechten zurücktreten. Damit klassifiziert Franziskus indes die Naturrechte und unterstellt, daß sie von unterschiedlicher rechtlicher Relevanz seien.

Das Naturrecht auf Eigentum wird von ihm zwar anerkannt, doch soll es seine Bedeutung verlieren, sobald höher eingestufte Naturrechte dagegenstehen. Das Naturrecht auf Eigentum dürfe damit nur Personen zustehen, die Franziskus als »Arme« bezeichnet, da ihnen Naturrechte zu eigen sind, die als primäre Naturrechte das sekundäre Naturrecht auf Eigentum zurücktreten lassen. Zur Begründung seiner Auffassung bezieht er sich auf Äußerungen des heiligen Johannes Chrysostomos, wonach das, was wir besitzen, nicht uns gehören dürfe, sondern den Armen. Weiter zitiert er Gregor den Großen, der verkündet hat, daß, wenn wir etwas den Armen geben, wir ihnen nur das gäben, was ihnen gehöre. Da Papst Franziskus diese Forderungen unkommentiert in seine Enzyklika aufgenommen hat, hat er sich die rechtliche Bedeutung dieser Aussagen, wonach Reichen das Naturrecht auf Eigentum abgesprochen wird, zu eigen gemacht.[158]

Obwohl Franziskus den Reichen das Recht auf Eigentum zugunsten der Armen abgesprochen hat, macht er sich gleichwohl Gedanken über die gemeinsame Nutznießung des Eigentums. Offensichtlich geht Franziskus davon aus, daß sein Vorschlag für eine totale Umverteilung nicht realisiert werden kann. Gleichzeitig räumt er aber konkludent ein, daß auch den Reichen das Eigentumsrecht zusteht, ansonsten hätte er davon absehen müssen, über die Sozialpflichtigkeit zu räsonieren. Das Eigentum soll folglich der Sozialpflichtigkeit unterworfen werden. Allerdings: Wenn die Güter der Reichen den Armen gehören, bleibt keine rechtliche Möglichkeit mehr, über die Beschränkung des Rechtes auf seiten der Reichen nachzudenken. Da der Reiche das Eigentum ohne Rechtsgrund erhalten haben soll, hätte er es rechtswidrig erworben und müßte es infolgedessen herausgeben. Aus diesen Überlegungen ergeben sich Schlußfolgerungen. Da den Armen das Eigentum zustehen und es auf diese übertragen werden soll, müssen auch die vormals Armen und jetzigen Reichen die sich aus dem Eigentum hergeleitete Verpflichtung hinnehmen und die vormals Reichen und jetzigen Armen an dem neu erworbenen Recht partizipieren lassen.

In der Forderung nach Eigentumszuweisung an die Armen spricht sich der Papst nicht gegen die Möglichkeit aus, Privateigentum zu erwerben, allerdings darf es nur von den »richtigen« Personen erworben werden – von den Armen. Reiche haben ihr Recht auf Eigentum verspielt, nur Arme dürfen über dieses Recht verfügen. Allerdings birgt diese Forderung ein Dilemma in sich, da die Reichen durch den Übergang des Eigentums ihr Attribut »reich« verlieren und damit arm werden, und – im Gegenzuge – die Armen dann nicht mehr arm sind, was aber die Rechtfertigung für ihre vermeintliche Rechtsposition war, sie wären reich. Folglich müßten die Neureichen das Eigentum wieder an die Neuarmen zurückgeben, schließlich sollen die Güter nur den Armen gehören, nie aber den Reichen, was auf einen immerwährenden Austauschprozeß hinausläuft – gleichsam ein Perpetuum mobile der Umverteilung.[159]

Privateigentum

Papst Leo XIII. hat sich mit seiner Enzyklika gegen die Forderung von Karl Marx gewandt, daß es kein Privateigentum geben dürfe. Papst Franziskus hat hingegen verschlüsselt dargelegt, daß zwar Menschen Privateigentum erwerben dürfen und hierbei bezog er sich auf die Armen, doch hat er inzidenter festgestellt, daß dieses Recht nur den Armen zustehen dürfe. Damit hat er zum Ausdruck gebracht, daß das Recht auf Eigentum nicht nur nicht mehr die rechtliche Qualität eines sekundären Naturrechtes haben soll, sondern er hat konkludent dem Recht auf Eigentum die Qualifikation als Naturrecht abgesprochen. Nach christlicher Auffassung stehen die Naturrechte aber jedem Menschen zu, unabhängig von seinem Vermögen, seiner Hautfarbe, seiner Religion, um einige Kriterien zu nennen. In der Aberkennung des Eigentumsrechtes für Reiche nähert sich Franziskus den Vorstellungen der Aufklärung an, wonach Menschen- und Grundrechte durch menschliche Erklärungen auf Grund eines Gesellschaftsvertrages zugewiesen werden.[160] Dadurch ist es möglich, diese fundamentalen Rechte bestimmten Personengruppen vorzuhalten, wie es auch schon Karl Marx vorgeschlagen hat.

In dem Verweis auf die eigentumsrechtlichen Vorstellungen von Johannes Chrysostomos und Gregor des Großen scheinen vermeintliche urchristliche Vorstellungen auf, die allerdings nicht beinhalten, daß – wie im Kommunismus – das Rechtsinstitut »Privateigentum«

nicht existiert. Kardinal Gerhard Ludwig Müller hat darauf hingewiesen, daß auch im Urchristentum jeder die Möglichkeit gehabt habe, Eigentum zu erwerben, allerdings habe es, wie es in der modernen Rechtssprache lautet, der Sozialpflichtigkeit unterlegen.[161] Auch wenn in der frühen Gemeinde – so Kardinal Müller – gegolten habe, daß allen alles gemeinsam gehöre, so habe gleichwohl keine Gütergemeinschaft vorgelegen. Die Reichen hätten sich vielmehr der »Sozialpflichtigkeit« verbunden gefühlt und hätten infolgedessen ihre Güter und ihr Eigentum der Gemeinschaft zur Verfügung gestellt. Eine totale Aufgabe des Eigentums zugunsten der Armen ist demnach nicht in der Bibel gefordert, nur eine Sozialpflichtigkeit. Die katholische Soziallehre will einen starken Mittelstand aufbauen. Denn nur dadurch können die Unterschiede von arm und reich nivelliert werden. »Dieser Schritt – so wiederum Kardinal Müller – ist bei uns in der Bundesrepublik Deutschland nach dem Krieg ganz gut gelungen.«

Kapitalismus versus Sozialismus

Leo XIII. hat dem Sozialismus eine Absage erteilt, da er wußte, daß der Mensch zwar ein soziales Wesen ist, aber gleichwohl die Kollektivierung aller Lebensumstände und Rechte verabscheut. Selbst im entwickelten Sozialismus versuchten die Menschen außerhalb der kollektivierten Gemeinschaft etwas Eigenes aufzubauen – etwas, was sie nicht mit der Gemeinschaft oder, wie es damals hieß, mit dem Kollektiv untrennbar verband. Die sogenannte Datscha, kleine Wochenendhäuser, die eher als Schrebergartenhäuschen anzusehen waren, oder auch das eigene Fahrzeug, selbst wenn es mehrheitlich aus Plastik bestand und ordentlich qualmte, waren das Ziel der Arbeit, nicht aber das Wohlergehen des Betriebes. In diesem Privateigentum kumulierten die jahrelangen Hoffnungen und Wünsche. Das Eigene, das worüber sie selbst entscheiden konnten, ohne daß die Partei vorschreiben konnte, wie gehandelt werden müsse, war der Motor, der die Menschen bewegte. In den Umbruchjahren

1989/1990 wurde dieses Lebensgefühl umgesetzt in Politik und die marxistische Geschichtsphilosophie und Dialektik vollendete sich nicht, sondern tat einen Schritt zurück hin zu der Phase, die die Ideologen meinten, für immer hinter sich gelassen zu haben. Anstatt daß der Sozialismus eine weitere Entwicklungsstufe nimmt und seine Vollendung im Kommunismus findet, im Paradies der Werktätigen, wie diese Stufe verklärt worden ist, wurde die Prognose des Marxismus in ihr Gegenteil verkehrt und auf den Sozialismus folgte der Kapitalismus.[162] Das Scheitern der marxistischen Wirtschaftsordnung zeigt sich auch in der Rückgängigmachung der kollektivierten Produktionsmittel. Die Vergesellschaftung des Bodens und der Betriebe war konstituierendes Moment, um den Kapitalismus zu überwinden und um über den Sozialismus zum Kommunismus, zum Paradies auf Erden gelangen zu können. Da der letzte Schritt, derjenige zur innerweltlichen Erlösung, nicht gegangen werden konnte, hat der Marxismus selbst seine eigene Identität zerstört und damit »die Grundlage der marxistisch-leninistischen Ökonomie«.[163] Obwohl die Niederlage des Marxismus evident ist und er seine Unfähigkeit gezeigt hat, den Menschen ein besseres Leben zu gewähren – obwohl er vorgab, das Paradies auf Erden zu schaffen, hat er nur die Verelendung der Mitglieder der Gesellschaften zur Folge gehabt. Für Personen allerdings, die linientreu waren und das Glück hatten, nicht in Lagern umgekommen oder an den Grenzen erschossen worden zu sein, ist die Anziehungskraft dieser Ideologie ungebrochen. Diese Ideologie reklamiert für sich, eine Utopie zu sein, wobei Utopie mit Vision verwechselt wird – sie ist tatsächlich eine Utopie, eine Idee, die nie Wirklichkeit werden kann.

Das Paradies auf Erden?

Der Marxismus verspricht das Paradies auf Erden und damit auch die innerweltliche Erlösung, doch diese Wohltat können nicht alle Menschen erreichen, nur diejenigen, die diese Ideologie als Heilsversprechen verklären. Die Gegner, diejenigen, die in diesem System nicht das Allheilmittel sehen, haben keinen Anspruch auf Erlösung. Für diese Personen gilt das Heilsversprechen nicht. Ihnen steht nur die innerweltliche Hölle offen, jene Lager, in denen die Rechtlosigkeit herrscht und in denen die Gegner liquidiert werden. Wie anders hat Leo XIII. die katholische Soziallehre gedacht. Sie basiert auf der Vorstellung, daß jeder Mensch als Ebenbild Gottes anzusehen ist und daß deshalb auch jeder Mensch die Möglichkeit haben kann, Wohlstand zu erlangen. Jedem Menschen steht es frei, durch seine eigenen Fähigkeiten Eigentum zu erwerben, jeder kann Vermögen erwirtschaften. In dieser allen Menschen offenstehenden Chance enthüllt sich die Liebe, die Gott gegenüber den Menschen empfindet. Jeder hat die gleichen Möglichkeiten und jedem müssen sie auch eingeräumt werden – ausnahmslos jedem. Daß dann auch Unterschiede auftreten, liegt im Menschsein begründet, in seiner Freiheit und in seinen Veranlagungen. Es ist nicht möglich, jedem Menschen das gleiche Vermögen zu verschaffen, dazu sind die Menschen zu verschieden, doch jedem die gleichen Chancen einzuräumen, aus dem je eigenen Leben etwas zu machen – das steckt hinter der katholischen Soziallehre, und allein aus diesem Grund ist sie dem Marxismus überlegen.

Papst Coelestin V.

Von der Sakristei des Domes San Lorenzo aus kann man einen historisch bedeutsamen Ort betreten, den Chiostro della Canonica, den Kreuzgang des Pfarrhauses. Dieser Ort soll uns Anlaß sein, uns auf eine kurze Exkursion in die Geschichte der römischen Kirche zu begeben – in die Zeit, in der zum letzten Mal vor Benedikt XVI. ein Papst seinen Rücktritt erklärt hat. Immer wieder wurde der Rücktritt des damaligen Papstes zitiert, um den Entschluß von Benedikt XVI. verständlich erscheinen zu lassen.

Im Kreuzgang des Pfarrhauses fanden in den Jahren 1216, 1265, 1285, 1294 und letztmalig 1305 Konklave statt, um einen neuen Papst zu wählen. Aus dem Konklave von 1294 ging Peter von Morrone als Papst Coelestin V. hervor. Auch wenn er nur fünf Monate vom Thron Petri die Kirche regieren konnte, ist er gleichwohl in die Geschichte eingegangen, da er als Papst zurückgetreten ist. Er hat durch seinen Rücktritt, der ja für einen Papst ungewöhnlich ist, aufgezeigt, daß auch ein Pontifex, sollte er aus Gründen der Gesundheit oder – wie im Falle von Coelestin V. – aus Insuffizienz der Aufgabe nicht gewachsen sein, weichen müsse, um es der Kirche zu ermöglichen, einen geeigneten Nachfolger zu wählen. Da Coelestin V. durch diesen Rücktritt verdeutlicht hat, daß auch ein Papst freiwillig zurücktreten kann, ohne gegen kanonisches Recht zu verstoßen, wollen wir uns ihm zuwenden, zumal er Zeit seines Lebens ein Eremitendasein geführt hat, das ihn zwar als ungeeignet für den Papstthron auswies, aber zeigte, daß auch ein Außenseiter als Bischof von Rom legitimerweise die erste Stelle in der Kirche einnehmen kann – zumindest für ein paar Monate.

Peter von Morrone

Der spätere Papst Coelestin V. wurde im Jahr 1209 oder 1210 geboren.[164] Schon in jungen Jahren trat er in den Benediktiner-Orden ein. Doch fühlte er sich nicht so sehr vom klösterlichen Leben angezogen, er wollte vielmehr ein Eremitendasein führen. Schon kurz nach seinem Eintritt in den Orden zog er sich in die Einsamkeit, um den »Kampf gegen die Sünden des Fleisches und der Gedanken«, wie es in den Regeln des Benedikt festgeschrieben wurde, aufzunehmen. Er lebte in einer Höhle, von der es hieß, daß sich Peter in ihr kaum habe aufrichten und ausstrecken können. Durch eine Bulle aus dem Jahr 1275 verlieh Papst Gregor X. dem Kloster Santo Spirito di Majella, dem Peter angehörte, den päpstlichen Schutz, bestätigte alle seine Besitzungen und regelte die rechtlichen Bedingungen seiner zukünftigen Existenz. Auf die Initiative von Peter wurden Klöster gegründet, doch lehnte er es immer ab, diesen für eine längere Zeit als Abt vorzustehen. Das Kloster Santo Spirito di Majella wurde zum Hauptsitz der Kongregation. Peter lebte aber nicht in diesem Kloster, sondern in einer kleinen Zelle, rund einen Kilometer vom Kloster entfernt. Dort erreichte ihn auch die Nachricht, zum Papst gewählt worden zu sein.

Peter von Morrone war von dem Gefühl erfüllt, sündig zu sein. Daraus läßt sich auch seine Weigerung erklären, Verantwortung zu übernehmen, sei es durch die Leitung eines Klosters, sei es durch Gespräche mit Personen, die seine Hilfe suchten. In der Weigerung, an die Spitze der von ihm initiierten Kongregation oder für eine längere Zeit eines Klosters zu treten, deutete sich auch in seinem Entschluß an, als Papst zurückzutreten. Sein Leben »ist eine fortgesetzte Flucht vor der Welt und den Menschen, und nichts ist bezeichnender als die Art, wie er immer abgelegenere Schlupfwinkel der Abruzzen aufsucht, um dem Andrang der Hilfsbedürftigen und Trostsuchenden zu entgehen«.[165]

Sein Leben ordnete er vollständig den Regeln des Benedikt unter. Auch wenn er die meiste Zeit des Tages mit Gebeten, Messen und Kontemplation verbrachte, so nutzte er die verbliebene Zeit, um sich in die Schriften der Kirchenväter zu vertiefen, auch beschäftigte er sich mit den Biographien der Heiligen, und im kanonischen Recht schien er nicht völlig unerfahren gewesen zu sein. Ganz ohne Bildung lebte er nicht sein Leben als Eremit, wie ihm dies von der Geschichtsschreibung vorgehalten wurde. Er zeichnete sich durch eine große Frömmigkeit und eine Askese aus, die auch damals als ungewöhnlich beschrieben wurde.[166]

Papst Nikolaus IV. verstarb 1292. Im sich anschließenden Konklave konnten sich die Kardinäle nicht auf einen neuen Papst verständigen. Erst zwei Jahre später erzielten sie Einigkeit und wählten Peter von Morrone. Offen ist nach wie vor, aus welchem Grund sich die Kardinäle gerade auf Peter haben verständigen können, schließlich war dieser wenig »papabile«, dazu zwar als Heiliger bekannt, aber wenig vertraut mit der Organisation der Kirche und mit der lateinischen Sprache. Es wird in der Wissenschaft die Meinung vertreten, daß die Kardinäle von dessen Frömmigkeit inspiriert worden wären, per inspirationem.[167] Eher trifft aber wohl zu, daß es eine politische Entscheidung gewesen war. Da das Papsttum nicht nur in geistlicher, sondern auch in weltlicher Hinsicht, politisch wie staatlich, mit Macht verbunden war, wollte offensichtlich keine Gruppe der Kardinäle einem Mitglied der jeweils anderen Gruppe diesen Posten gönnen – was ja auch immer eine Schmälerung der eigenen Machtposition bedeutet hätte. Für diese These spricht, daß sich Kardinal Benedetto Caetani offensichtlich Hoffnungen gemacht hatte, als Papst gewählt zu werden. Aber er konnte keine Mehrheit der Kardinäle hinter sich vereinen. Als er dann aber merkte, daß Coelestin V. an seiner Aufgabe als Papst zweifelte, hat er dem Papst aufgezeigt, wie ein rechtmäßiger Rücktritt formuliert werden müsse. Nach nur wenigen Monaten mußte deshalb wiederum ein Konklave abgehalten werden, nachdem zuvor Coelestin V. zwölf neue Kardinäle, darunter viele Mönche, kreiert hatte. Aus diesem Konklave ging Kardinal Caetani als neuer Papst hervor. Er gab sich den Namen Bonifaz VIII. und ist als der Papst in die Geschichte eingegangen, der das Papsttum an die weltliche Spitze hieven wollte.[168] Er wollte erreichen, daß der Papst über allen weltlichen Herrschern stehen sollte, denn er als Stellvertreter Christi auf Erden habe die Vollmacht, letztendlich – wie Christus – die Wahrheit und damit das Gute festlegen zu können. Der französische König war mit dieser Selbstüberhöhung nicht einverstanden und wollte deshalb mehr und mehr Einfluß auf die Kirche nehmen, um seine eigene Position im europäischen Machtgefüge zu festigen. Durch den immer stärker werdenden Einfluß des französischen Königs wurde nach dem Tod des Nachfolgers von Bonifaz VIII. im Konklave von 1305, das wiederum, aber letztmalig, in Perugia stattfand, der Erzbischof von Bordeaux, Bertrand de Got, zum Papst gewählt.[169] Er gab sich den Namen Clemens V. Von Jahr zu Jahr geriet er immer mehr unter den Einfluß des französischen Königs Philipps IV. Der Papst hatte wegen der Fehden zwischen seinen Anhängern und seinen Feinden Rom verlassen, um sich in Sicherheit zu bringen. Obwohl er immer wieder beteuerte, Rom nicht endgültig verlassen zu haben und wieder in die Ewige Stadt zurückkehren zu wollen, wanderte er durch Südfrankreich, um sich in Avignon in der Grafschaft der Provence, die damals nicht zum Königreich Frankreich gehörte, niederzulassen. Damit begründete er das päpstliche Exil, das erst 1367 durch Papst Urban V. sein Ende fand.

Assisi

Die Hauptstadt der franziskanischen Welt

Von Perugia führte uns der Weg ins nahe gelegene Assisi, von der umbrischen Verwaltungshauptstadt hin zur Hauptstadt der franziskanischen Welt, der Welt von Franz von Assisi. Es ist die Welt des Ganz-Anderen, gleichsam die Gegenwelt zur Welt der Moderne, in der das Materielle den Lebensvollzug dominiert. In Assisi läßt sich auch noch nach so vielen Jahrhunderten die grundstürzende Entscheidung des hl. Franz erspüren, der irdischen Welt schon im Leben zu entsagen, um sich auf die Suche nach den Strahlen des Reiches Gottes aufzumachen – um den Anklang zu erhaschen, was uns Jesus Christus für die Ewigkeit verheißen hat. Auch wenn die Welt der Immanenz durch den Tod von derjenigen der Transzendenz getrennt ist, ein wenig leuchtet die Ewigkeit doch schon in unser irdisches Leben – versteckt, camoufliert und nur dem mit dem Herzen suchenden Eingeweihten erahnbar. Daß sich Franz von Assisi diesem verborgenen Schatz der Menschheit hat annähern können, daß er durch seine Lebensführung, durch seine radikale Abkehr vom irdischen Leben die Freundschaft mit Gott hat finden können, ließ eine Magie erwachsen, die eine Unwiderstehlichkeit hervorgebracht hat, durch die die Welt immer noch und immer wieder verändert wird. Franz stellte die Armut in den Vordergrund, überwand die Suche nach dem materiellen Reichtum, um sich all dessen zu entledigen, was den Menschen vom Eigentlichen trennen könnte. Durch seine radikale Umkehr ließ er alles hinter sich, was ihn hätte daran hindern können, den Weg zu Gott zu gehen. Er wollte durch nichts abgelenkt werden, was ihn hätte ablenken können, um so schon im irdischen Leben die Einheit mit Gott anzustreben.

Scharen von Gläubigen, aber auch Touristen aus aller Welt, pilgern nach Assisi, um die Begegnung mit diesem besonderen Geist, diesem besonderen Zauber zu suchen – auch um sich in die Welt von Franz von Assisi versenken, ja, um das Außergewöhnliche dieses Glaubenszeugen erahnen zu können. In dieser Begegnung wollen sie zumindest den Versuch wagen, durch die Unmittelbarkeit der Begegnung mit der Geschichte des Heiligen etwas von seinem Geist übernehmen zu können – etwas in das eigene Leben einfließen zu lassen, was dem Heiligen die Nähe zu Gott erahnen ließ. Die Ausstrahlung des Heiligen ist sogar so groß, daß sich der jetzige Papst entschlossen hat, sich als erster Papst in der langen Geschichte der Kirche den Namen Franziskus zu geben, um vor aller Welt kundzutun, daß er sein Pontifikat, aber auch sein gesamtes Leben den Gedanken von Franz von Assisi untergeordnet hat. Er betrachtet diesen Heiligen als Vorbild für sein Denken und Handeln und hat deshalb dessen Vorstellungen zur Grundlage seines Pontifikats erkoren.

Die Intention des Pontifikats von Papst Franziskus wird verständlich, wenn der Gläubige versucht, den so besonderen Geist Assisis zu erspüren. Assisi ist die Vergegenwärtigung der frommen Gedanken des Heiligen, die sich untrennbar in die Geschichte dieser Stadt eingesenkt und die Kraft haben, in die Welt zu strahlen. Kardinal Bergoglio ist der erste Papst, der sich diesen Namen gab – den Namen eines Heiligen, der sich der Armut verschrieben, ja, der die Armut als Lebensprinzip erhoben und damit eine Seite des Christentums betont hat, um sich von der anderen Seite, der der Reichen, zu distanzieren. Franz von Assisi steht nun einmal für eine einseitige Betonung der christlichen Lebensführung, für den totalen Bruch mit der Vergangenheit und damit für die Umkehr in radikaler Form. Allerdings schließt der Katholizismus nicht, wie im Marxismus, die andere Seite aus – die kapitalistische, die der Reichen. Alle Gläubigen haben in der Kirche ihren Platz, ob arm oder reich. Es ist ja gerade die große Errungenschaft des Christentums, daß alle Menschen, ob geboren oder ungeboren, gleich sind, gleichwertig, so daß auch alle

Menschen gleichbehandelt werden müssen. Und aus diesem Gleichheitsgrundsatz heraus, muß die Kirche Arme und Reiche in ihre Sendung einschließen. Daß sich auch die Kirche um das irdische Wohl der Armen in besonderer Weise kümmern muß, ist in ihrem Auftrag verankert. Um dieser Aufgabe nachzukommen, muß sie auf die staatlichen Autoritäten beratend einwirken, um mitzuhelfen, die Lage der Armen zu verbessern. Allerdings darf die Beratung nicht die Interessen der sogenannten Reichen vollkommen außer acht lassen. Es muß ein Ausgleich der unterschiedlichen Interessen gefunden werden, damit keine Interessengruppe über die jeweils andere triumphieren kann. Den gerechten Ausgleich zu finden, ist zuweilen nicht einfach, doch ist uns durch die Schrift aufgegeben worden, uns darum zu bemühen – um dem christlichen Prinzip der Gleichheit zu genügen.

In Assisi wollten wir aber nicht das erspüren, was die eigentliche Faszination des Heiligen ausmacht. Es würde den Rahmen dieser Ausarbeitung sprengen.

Die Unterkirche San Francesco

Die Kirche

Wir wurden durch das Parkleitsystem zu einem Parkplatz, weit entfernt von der Kirche San Francesco, geführt, wo wir das Fahrzeug abstellen konnten. Lange mußten wir deshalb durch den Ort gehen, durch schmale, von der frühen Sonne durchglühte Gassen, bis wir den freien Platz erreichen konnten, der der Kirche vorgelagert ist. Noch waren die Zeugnisse einer Fernsehübertragung zu sehen. Wenige Tage zuvor fand eine Fundraising-Veranstaltung statt, die italienweit übertragen wurde. Die Türme aus Stahlrohren verstellten den Blick, Teile des Vorplatzes waren abgesperrt. Obwohl es Sonntag war, wurde alles wieder abgebaut. Anstatt Sonntagsruhe herrschte emsige Arbeit. Allerdings verstellten die Reste der Fernsehschau den Blick auf die Kirche, so daß wir schnell hineingingen, um nicht vom Eigentlichen einer Kirche abgelenkt zu werden. Die Kirche selbst ist ein einziges Kunstwerk. Die gesamten Wände und Decken sind ausgemalt. Der Besucher begibt sich in einen Raum, der nur der Präsentation von Kunst zu dienen und dem Göttlichen fremd zu sein scheint, obwohl ja gerade die auf den Fresken abgebildeten biblischen Geschichten die Gläubigen in die Kirche ziehen möchten.

In der Kirche San Francesco[170] wird die Verehrung für den heiligen Franz durch herrlichste Kunst kumuliert, obwohl er, der durch »seine Entscheidung für die Armen und sein Suchen nach Christus im Antlitz der Armen«[171] der Welt einen Weg zu Gott, zur Freundschaft mit Jesus Christus, aufzeigen wollte. Eine Widersprüchlichkeit, der wir schon in Florenz in der Kirche Santa Croce begegnet sind. Den Grundstein für die Kirche legte Papst Gregor IX. im Jahre 1228, nur zwei Jahre nach dem Tode von Franz und einen Tag nach der erfolgten Kanonisierung. Zwei Jahre später war der Bau so weit fortgeschritten, daß der Körper des Heiligen in die Kirche überführt werden konnte. Die Kirche selbst wurde als Doppelkirche konzipiert. Während die Unterkirche als Grab- und Pilgerkirche dienen sollte, blieb die Oberkirche der Gemeinde und dem Konvent vorbehalten. In beiden Kirchen wetteiferten die Künstler, sie so schön wie möglich mit Fresken auszustatten und auf diese Weise Gott zu lobpreisen – auch um durch ihre Werke die Verehrung des heiligen Franz der Welt und den Gläubigen kundzutun.

Die Flucht der Heiligen Familie nach Ägypten

Als wir die Kirche betraten und von Bild zu Bild, von Fresko zu Fresko gingen, um uns in die Betrachtung all dieser vielen Kunstschätze zu versenken, suchten wir das Deckenfresko, auf dem Giotto die Flucht der hl. Familie nach Ägypten dargestellt hat. Dieses Fresko sollte uns mit einem Problem konfrontieren, das wieder einmal die Welt beherrscht: die Flucht, die Emigration und die Immigration – die Wanderungsbewegung, durch die Millionen von Menschen aus ihrer angestammten Heimat herausgerissen werden, um in der Fremde eine neue Heimat zu finden.

»Im Drama der Familie von Nazareth, die gezwungen war, nach Ägypten zu fliehen, um der Verfolgung durch König Herodes zu entgehen, erkennen wir – so Papst Benedikt XVI. – die schmerzliche Lebenssituation aller Migranten, besonders der Flüchtlinge, der Verbannten, der Vertriebenen, der Asylanten, der Verfolgten.«[172] Diesem Drama wollen wir uns nähern und uns mit den Vorstellungen von Papst Franziskus zur Flüchtlingsfrage auseinandersetzen. Deshalb soll uns die Kirche des hl. Franz auch nur zum Anlaß dienen, um uns Gedanken über die Brüderlichkeit zu machen, die Papst Franziskus in seiner Enzyklika *Fratelli tutti* der Welt aufgegeben hat – Gedanken, die aus der Vorstellung heraus gespeist sind, sich primär um die Armen der Welt, als die auch die Flüchtlinge anzusehen sind, zu kümmern.

Auf diesem Fresko wird eine politische Frage thematisiert, die die Politik beherrscht und von den Potentaten und Autokraten dieser Welt seit alters her benutzt wird, um ihre fragwürdige Macht zu untermauern. Flüchtlinge werden von ihnen als politisches Druckmittel ausgenützt, um den eigenen Einfluß zu vergrößern. Wir suchten das von Giotto gemalte Fresko *Flucht (der Heiligen Familie) nach Ägypten*, um anhand dieser Darstellung über die erzwungene Emigration nachzudenken. Da auch die Unterkirche vollständig ausgemalt ist, mußten uns Ordner helfen, das Fresko zu finden. Doch sie waren in rührender Weise bereit, uns die Begegnung mit diesem Bild zu ermöglichen. Oben an der Decke im rechten Seitenschiff fanden wir diese Szene, und es war eine Wiederbegegnung mit einem seit langem, aus der Literatur bekannten Bild. Die Kunst Italiens wird uns in vielen Büchern erschlossen. Allerdings ist es immer wieder etwas ganz Besonderes, nach dem Betrachten der Photos auch einmal das Original anschauen zu können. Ebenso erging es uns, als wir unterhalb des Freskos ein weiteres anschauten, auf dem wir Franziskus erkannten. Cimabue malte die auf einem Thron sitzende Gottesmutter, auf deren Knie Jesus steht, umgeben von vier Engeln. Rechts von dieser Gruppe hat der Künstler Franziskus gemalt, kleiner als die anderen Figuren ausgelegt und eine Taube tragend. Dieses Bild von Franziskus finden wir in vielen Beschreibungen und hat die Vorstellung vom äußeren Bild des Heiligen geprägt. Während Maria die Szene dominiert, wirkt Franziskus ein wenig schüchtern – so als ob er meine, nicht dazuzugehören. Sein Gesichtsausdruck erschien mir im ersten Moment etwas verlegen, ein Gefühl des »Deplaziertseins« ausdrückend. Doch im nachhinein wurde mir deutlich, daß der Künstler lediglich die Demut ausdrücken wollte, die dem Heiligen zu eigen war. In die unmittelbare Nähe der Gottesmutter gerückt zu werden, war eine Ehre, von der Franziskus wohl glaubte, sie nicht verdient zu haben.

Das Fresko
Im Scheitelpunkt des Tonnengewölbes konnten wir das gesuchte Fresko betrachten – ein eindringliches Bild, das nach Auffassung der Kunsthistoriker von Schülern Giottos gemalt sein soll. Maria reitet im Damensitz auf einem Esel. Ihre beiden Beine sind nicht – wie üblich – auf der linken Seite, sondern, dem Betrachter zugewandt, auf der rechten zu sehen. Auf ihrem linken, über den Eselsrücken geschlagenen Bein sitzt aufrecht das Jesuskind, mit einem weißen Tuch, das um den Hals der Gottesmutter geschlungen ist, vor dem Herunterfallen geschützt. Das lange Kleid Mariens bedeckt ihre Beine, so daß noch nicht einmal ihre Füße zu sehen sind. Der Esel wird am Halfter von Joseph geführt. Er blickt besorgt auf Maria und auf das Jesuskind – wie ein besorgter Ehemann und Vater. An einem auf der linken Schulter gelegten Stock trägt er in einem Beutel die einzige Habe, die die Familie mit auf die Flucht hat nehmen können. Begleitet wird die Familie von zwei Personen, die hinter dem Esel gehen, eine berührt die Hinterhand des Esels, um ihn gleichsam zu schieben, da diese Tiere zuweilen recht störrisch sein können und sich weigern, weiterzuziehen. Über der Familie schweben zwei Engel, den Weg nach Ägypten weisend. Vier Bäume können wir auf dem Bild erkennen sowie einige mehr symbolisch skizzierte Büsche. Auffällig ist, daß der Künstler die hinter Maria gemalte Palme gekrümmt dargestellt hat. Der Baum scheint sich vor der Gottesmutter und Jesus Christus zu verneigen. Die Palme macht vor dem geborenen Messias aus Ehrfurcht einen Diener, wie früher diese Ehrbezeugung genannt wurde. Die Palme als Symbol des Sieges, des Aufstieges, der Wiedergeburt und der Unsterblichkeit[173] verneigt sich vor dem König der Welt, um den Blick des Betrachters auf das Kind zu ziehen und dadurch offensichtlich werden zu lassen, daß in Jesus Christus Gott über die Welt gesiegt und den Menschen die Unsterblichkeit der Seele geschenkt hat. Durch diese Verbeugung verweist der Künstler auf die Transzendenz und schlägt den Bogen zum Reich Gottes, dessen Anhauch durch den Gottessohn die Welt berühren

kann. In diesem Fresko wird uns die eigentliche Aufgabe aufgezeigt, deretwegen Jesus Christus in die Welt geboren wurde. Ihm oblag es, das Reich Gottes anzukündigen und es uns ahnen zu lassen, welchen Weg Gott für die Menschen vorgesehen hat. In dem Bild hat der Künstler diese Sendung verschlüsselt gedeutet, es ist eine Paraphrase über die Erlösung der Menschheit.

Das politische Dilemma

In dem Bild *Flucht nach Ägypten* widmet sich der Künstler freilich nicht nur einem biblischen Thema, sondern auch einem politischen, das über all die vielen Jahrhunderte präsent geblieben ist. Flucht – oder wie es modern übersetzt wird, »Emigration« – ist ein Phänomen, das aus einer Politik erwächst, die keinen Ausgleich zwischen den Interessen der Regierenden und denjenigen des Volkes kennt. Entweder werden Volksgruppen aus unterschiedlichen Gründen unterdrückt und verfolgt, ja, oft sogar ausgelöscht, oder sie müssen kriegerischen Handlungen weichen, die ein Leben in Sicherheit nicht mehr gewährleisten. Hinzu kommen Gründe, die im wirtschaftlichen Bereich zu finden sind, indem die Bevölkerung der Armut entfliehen möchte, um in anderen Ländern ein Auskommen zu finden. Die Fluchtursachen sind vielfältig, und jede Flucht weist ein persönliches Schicksal auf, das den Außenstehenden berührt und ihn Mitleid für den Flüchtling empfinden läßt. Doch Staaten ist es untersagt, Politik aus der Perspektive eines einzelnen Dritten zu betreiben, Staaten obliegt es vielmehr, Politik aus der Sicht der Staatsinteressen zu gestalten und dabei auch die Interessen des eigenen Staatsvolkes im Auge zu behalten. Deshalb muß in der Beziehung zwischen dem Staatsvolk und den Flüchtlingen ein Ausgleich gesucht, gefunden und vollzogen werden. Durch die Berücksichtigung der Interessen der eigenen Staatsbürger erscheint es oftmals, daß die Interessen der Flüchtlinge untergehen, so daß sich inländische Gruppen für deren Interessen einsetzen. Allerdings wird in dem Kampf für einen einzigen Flüchtling zuweilen das Interesse des Staates und damit der

Allgemeinheit außer acht gelassen. Aber gerade dieses Interesse ist bedeutend, da der Staat ja die Aufgabe hat, die Interessen aller im Blick zu haben, zumal die Regierenden bei jeder Amtsübernahme schwören, sich für die Interessen des Staates und des Staatsvolkes einzusetzen. Die Flüchtlingsfrage wurde und wird immer kontrovers diskutiert, da in ihr wie in einem Brennglas die unterschiedlichen Sichtweisen der Ethik deutlich zutage treten. Im Rahmen der Gesinnungsethik spielt nur das Interesse des Flüchtlings eine Rolle, während in der Verantwortungsethik die Interessen aller berücksichtigt werden, um dann einen Ausgleich zu finden.

Das Migrationsproblem im Lichte von »Fratelli tutti«

Die Flüchtlingsfrage berührt zutiefst die christliche Überzeugung und deshalb haben sich auch immer wieder Päpste mit diesem politischen Problem auseinandergesetzt, um ihre jeweiligen Auffassungen der Welt aufzugeben. Die Äußerungen im Rahmen von Enzykliken haben nicht den Charakter eines Dogmas oder eines gesetzgeberischen Aktes in Form eines Motu proprio, sie sind jedesmal theologische Stellungnahmen, die um das Liebesgebot Jesu Christi kreisen und eine Interpretation wiedergeben. Allerdings übersteigt eine Äußerung zur Flüchtlingsfrage eine rein theologische Auslegung und reicht tief ins Politische hinein. Dadurch erhält sie die Qualität eines Ratschlages, mit dem der Papst versucht, Einfluß auf die Politik anderer Staaten zu nehmen. Da der Papst Souverän eines eigenen Staates ist, hätte er die Möglichkeit, seine Vorschläge auch in seinem Staat, der Vatikanstadt, in praktische Politik umzuwandeln. Ja, er hätte diese Möglichkeit, doch die Winzigkeit seines Staates läßt eine Umsetzung an eine tatsächliche Grenze stoßen, die es verbietet, dauerhaft Flüchtlinge aufzunehmen. Papst Pius XII. hat im Zweiten Weltkrieg zwar fast eine halbe Million Flüchtlinge im Vatikan oder auf den exterritorialen Gebieten der Kirche und in den italienischen kirchlichen Einrichtungen aufnehmen lassen, doch nur vorrübergehend, nicht dauerhaft, nur notdürftig. Auf dem Campo

Santo Teutonico, einem exterritorialen Gebiet des Vatikans, haben Flüchtlinge sogar in antiken römischen Sarkophagen geschlafen, was natürlich auf Dauer unerträglich gewesen wäre.

Auch Papst Franziskus hat eine Stellungnahme zur Flüchtlingsfrage im Rahmen seiner Enzyklika *Fratelli tutti* abgegeben, um aller Welt aufzuzeigen, daß den Flüchtlingen weltweit geholfen werden müsse. Gerade aus Asien und Afrika werden Millionen von Menschen aus ihren angestammten Ländern vertrieben, um in den Nachbarländern eine neue und sehr provisorische Bleibe zu finden. Darüber hinaus strömen viele Flüchtlinge nach Europa, da sie in diesem Kontinent das Paradies zu erkennen meinen, das sie sich erwünschen und aus ihrem Elend erretten soll. Deshalb ruft Franziskus in seiner Enzyklika die Welt auf, sich der Flüchtlinge anzunehmen und ihnen Asyl zu gewähren.

Um seine Intention für diesen Schritt darzulegen, bezieht sich Papst Franziskus in der Enzyklika *Fratelli tutti* auf ein Wort des Gründers des Franziskanerordens, wonach die Liebe alle politischen und räumlichen Grenzen übersteigen soll. Danach soll es möglich sein, »den Graben der Herkunft, der Nationalität, der Hautfarbe und der Religion zu überspringen«.[174] Die Worte von Franz von Assisi bilden die Grundlage für die Flüchtlingspolitik von Papst Franziskus. Für ihn steht die »Geschwisterlichkeit« aller Menschen im Vordergrund. So bezeichnet er modernistisch und deshalb politisch korrekt die biblische Brüderlichkeit. Für ihn sind alle Menschen Geschwister, wobei er keinen Unterschied macht zwischen Christen und Personen aus einem anderen Kulturkreis. Alle Menschen sind schließlich Kinder Gottes, die auch am Ende der Zeit Jesus Christus als den Messias anerkennen werden. Für Papst Franziskus scheint es deshalb keine Rolle zu spielen, ob jemand Christ ist oder einer anderen Religion angehört. Wegen der Gleichheit aller Menschen stellt die Religion kein Unterscheidungsmerkmal mehr dar. Wie Franziskus diese Vorstellung auch in der Praxis demonstriert, konnten wir nach seinem Besuch des Flüchtlingslagers auf der griechischen Insel Lesbos erfahren. Auf dem Rückflug nach Rom nahm er nur muslimische Flüchtlinge mit, um sie aus dem Elend der Flüchtlingsunterkunft zu befreien und nach Italien zu bringen. Christliche Flüchtlinge hat er nicht aus dem Elend befreit.

Franziskus bezieht sich zur Begründung seiner Vorschläge zur Flüchtlingspolitik auf den biblischen Bruderbegriff. Doch auch wenn alle Menschen Brüder sind – der Bruderbegriff wird biblisch jedoch erweitert, hin zum Bruder in Christo, und damit erhält der Begriff eine Spezialisierung, die eine höhere Stufe der Brüderlichkeit repräsentiert. Der gemeinsame Glaube an den Dreifaltigen Gott ist das Kriterium, das die Christen in eine besondere Beziehung zu Gott stellt und deshalb aus der Schar sämtlicher Brüder heraushebt. Dadurch erhalten die Christen eine besondere Nähe zu Gott, und diese Nähe verleiht ihnen die enge Beziehung als Geschwister und als Teil einer besonderen Familie – als Geschwister in Gott und als Kinder Gottes.

Die Christen bilden infolgedessen eine Familie. Der katholische Teil dieser christlichen Familie wird von dem Papst geleitet. Der Papst als Bischof von Rom, als Oberhaupt der römisch-katholischen Kirche und diverser katholischer Kirchen steht den Gläubigen dieser katholischen Kirchen gegenüber in einem besonderen Vertrauensverhältnis, auch in einem besonderen Verantwortungsverhältnis, und ihnen ist er der Pater familias, derjenige, der als Hirte der großen Herde bezeichnet wird und der sich folglich in besonderer Weise fürsorglich um seine Familie kümmern muß. Diese Verantwortung erstreckt sich auf alle Brüder und Schwestern in Christus, also auch auf diejenigen, die ihn nicht als geistliches Oberhaupt anerkennen. Diese Verantwortung ist zwar nicht formal begründet, doch erwächst sie aus dem Umstand der Gotteskindschaft, die keine formalistischen und formaljuristischen Grenzen kennt.

Konsequenterweise beschreibt der Papst in seiner Enzyklika dagegen, daß alle Menschen als gleich anzusehen seien, was juristisch korrekt ist, aber die Privilegierung als Geschwister in Christus unberücksichtigt läßt. Nach seiner Definition der Geschwisterlichkeit dürfte es keine – nationalen – Grenzen geben. Damit hat er inzidenter erklärt, daß sich kein Staat das Recht herausnehmen dürfe, Flüchtlinge daran zu hindern, die je eigenen Staatsgrenzen zu überschreiten. Allerdings konnte man noch nicht lesen, daß der Vatikan Flüchtlingen, ob christlich oder muslimisch, in seinem eigenen staatlichen Bereich – auch im exterritorialen – Zuflucht geboten hätte.

Obwohl sich der Papst für eine Öffnung der Grenzen ausgesprochen hat, bedeutet seine Auffassung nicht, daß damit aus rechtlichen oder religiösen Gründen sämtliche Grenzen für Flüchtlinge aufgehoben werden müßten. Zwar steht in der Bibel, daß alle Menschen auch Geschwister im allgemeinen seien, doch findet die Vorstellung von Geschwisterlichkeit ihre juristische Grenze in den Rechten der Staatsbürger des aufnehmenden Staates. Nicht nur die Flüchtlinge können sich auf ihre Grund- und Menschenrechte beziehen, sondern auch die Staatsbürger des Landes, das als Ziel der Zuwanderung auserkoren worden ist. Wie jedes politische Problem, müssen beide Seiten gehört werden, und deshalb müssen auch die Interessen der Staatsbürger des aufnehmenden Staates berücksichtigt werden. Dieser muß sich nicht nur fragen, ob die Aufnahme von Flüchtlingen, zumal wenn sie aus kulturell fremden Ländern stammen, bewerkstelligt, sondern auch, ob durch die Aufnahme die innere Sicherheit weiterhin gewährleistet werden könne – ob also durch die Aufnahme von Personen der innere Zusammenhalt der Gesellschaft gefährdet sei, mit der Folge, daß Unruhen entstehen könnten.

Die Interessen der Flüchtlinge und die des Staatsvolkes müssen folglich gegeneinander abgewogen werden, um durch einen Ausgleich eine für beide Seiten akzeptable Lösung zu finden. Der Freiburger Staatsrechtler Konrad Hesse prägte den Begriff der »Praktischen Konkordanz«,[175] der den Ordnungszusammenhang beschreibt, in dem Grundrechte verschiedener Grundrechtsträger miteinander kollidieren. Verfassungsrechtlich geschützte Rechtsgüter müssen in der Problemlösung einander so zugeordnet werden, daß jedes von ihnen Wirklichkeit erlangt. Sollten Kollisionen auftreten, darf nicht auf Grund einer vorschnellen Güterabwägung oder abstrakter Wertabwägung eines auf Kosten des anderen realisiert werden. Beiden Rechtsgütern müssen Grenzen gezogen werden, damit beide zur optimalen Wirksamkeit gelangen können. Das Ziel ist demnach, daß beide Rechtsgüter wirksam bleiben.

Die Rechte der Flüchtlinge dürfen also nicht über die der einheimischen Bevölkerung triumphieren, genauso dürfen die Rechte der einheimischen Bevölkerung nicht diejenigen der Flüchtlinge obsolet werden lassen. Im Regelfall werden rein praktische Erwägungen eine Rolle spielen, will man zu einer vernünftigen Abwägung gelangen. Dabei sollten ideologische Argumente keine Rolle spielen, da sie den Interessen beider Seiten kaum dienen können. Schließlich bevorzugen Ideologien immer nur eine Seite.

Konsequenz der unbeschränkten Öffnung der Grenzen aber wäre, daß das ursprüngliche Staatsvolk in der Masse der Zuwanderer aufgehen würde, schließlich drängen Millionen Menschen aus Asien und Afrika nach Europa, um hier an dem Reichtum zu partizipieren, den die ursprüngliche Bevölkerung erwirtschaftet hat. Im 5. Buch Mosis ist dieser Prozeß drastisch beschrieben worden: »Er [der Zuwanderer] wird zum Kopf, und du [der Einheimische] wirst zum Schwanz.« (Dtn 28,13). Selbst aus religiöser Sicht ist es nicht geboten, die Grenzen zu öffnen, um alle Geschwister im allgemeinen Sinn die Einreise zu gestatten. Schon im Alten Testament wird darauf abgestellt, daß es für einen Staat Rechtens sei, wenn er seine Grenzen schütze. Allein dieser Rekurs auf die Schrift zeigt, wie notwendig es ist, sie zu kennen. Auch wenn der Mainstream mehr bei der Bevölkerung ankommt – noch bildet die Schrift die Grundlage der Religion und der sich hieraus ergebenden ethischen und rechtlichen Entscheidungen. Den Christen jedenfalls ist aufgegeben worden, sich an ihr zu orientieren.

Die Botschaft Benedikts XVI.

Hierauf hat der vormalige Papst Benedikt XVI. in seiner Botschaft zum Welttag des Migranten und Flüchtlings 2011 hingewiesen. Das Zweite Vatikanische Konzil hat in der Pastoralkonstitution *Gaudium et spes*[176] erklärt, daß »die Kirche den Weg mit der ganzen Menschheit gemeinsam« geht. »Freude und Hoffnung, Trauer und Angst der Menschen von heute, besonders der Armen und Bedrängten aller Art, sind auch Freude und Hoffnung, Trauer und Angst der Jünger Christi.«[177] Aus dieser Überlegung folgt, daß die Kirche die ganzheitliche Entwicklung der Menschen zu fördern sich zur Aufgabe gestellt hat.[178] Mit diesen Worten bezog sich Benedikt XVI. auf das Schicksal von Millionen von Menschen, die vor Gewalt und Verfolgung, aber auch vor der Armut fliehen, um in einem friedfertigen Land eine neue Heimat finden zu können.

Indem Benedikt XVI. auf das Völkerrecht rekurriert und damit auch den Flüchtlingen die Inhaberschaft von Rechten attestiert, macht er deutlich, daß den Flüchtlingen auch in fremden Ländern Grund- und Menschenrechte zustehen, die die Staaten, in die sich die Flüchtlinge begeben haben, berücksichtigen müssen, – dabei spielt es verfassungsrechtlich keine Rolle, ob die Flüchtlinge legal oder illegal die Grenzen überschritten haben und ob sie sich deshalb legal oder illegal im Land aufhalten. Dabei hält Benedikt fest, daß jeder Migrant und Flüchtling als eine menschliche Person anzusehen sei, mit der Folge, daß auch er über Grund- und Menschenrechte verfüge, »die von allen und in jeder Situation respektiert werden müssen«.

Doch auch wenn die Flüchtlinge Rechte geltend machen können – die inländische Bevölkerung verfügt ebenfalls über Rechte. Die Rechte der Flüchtlinge finden ihre Grenze in den Rechten des Staatsvolkes. Benedikt XVI. attestiert den Staaten deshalb das Recht, »die Einwanderungsströme zu regeln und die eigenen Grenzen zu schützen, wobei die gebührende Achtung gegenüber der Würde einer jeden menschlichen Person stets gewährleistet sein muß«.[179] In dem Hinweis darauf, daß die Staaten die Einwanderungsströme regeln dürfen, bezieht sich Benedikt XVI. auf die bereits erwähnte Rechtsfigur der Praktischen Konkordanz. Danach finden die Grundrechte des einen dort ihre Grenze, wo die Grundrechte anderer zu stark berührt werden. Zwar darf jedes Grundrecht eingeschränkt werden, doch darf der Kerngehalt des Grundrechtes sowohl der Flüchtlinge als auch der Staatsbürger nicht verletzt werden. Das Grundrecht der Flüchtlinge auf Aufnahme muß gegen das Recht der Staatsbürger auf Verweigerung weiterer Aufnahmen von Flüchtlingen abgewogen werden, so daß die Rechte beider Seiten eine Einschränkung erfahren müssen. Wenn im Rahmen der Abwägung die Interessen beider Seiten in einem zureichenden Maß berücksichtigt worden sind, kann ein Rechtsfrieden erreicht werden, und die Migration wird dann auch von der einheimischen Bevölkerung akzeptiert werden.

Santa Maria degli Angeli

Kleine Kapelle im riesigen Dom

Als wir von der auf einem Abhang erbauten Kirche San Francesco hinunter nach Südwesten schauten, über Felder, auf denen die Frühjahrssaat schon kräftig gediehen war, erkannten wir in nicht allzugroßer Entfernung den wahrhaft riesenhaften Bau der Kirche Santa Maria degli Angeli, umgeben von Häusern – abgetrennt vom Ort Assisi, gleichsam eine Außenstelle von ihm. Als wir dann gegen Mittag auf dem großen Platz vor der Kirche standen und wir den langen Weg zur Kirche ausgingen, wurde uns die Größe dieser Kirche bewußt. Im Sonnenglast glänzte die vergoldete Marienstatue, die die Westseite krönt und den Gläubigen, aber auch den vielen Touristen davon kündet, daß die Kirche der Gottesmutter geweiht ist – allerdings auch, daß dieses Haus die Heimstatt ihres Sohnes ist und kein Museum. Doch daß viele neugierige Personen eher die musealen Momente suchten, mußten wir gleich beim Betreten des Gotteshauses erkennen. Orgelklang und mehrstimmiger Gesang des Chores wiesen uns darauf hin, daß gerade begonnen wurde, die sonntägliche Messe zu feiern. Über eine Lautsprecheranlage wurden die Gebete übertragen, damit das Wort Gottes auch in die letzten Winkel des Gebäudes dringen kann. Auf der rechten Seite der Vierung stand ein großer Bildschirm, auf dem die Gläubigen die Messe mitverfolgen konnten. Und dieser Bildschirm war wie ein Symbol für die besondere Form dieser Messe. Die Kirche ist ja über die erste Kapelle des Franziskanerordens, die Porziuncola, gebaut. In ihr können die Gläubigen eine imaginäre Begegnung mit ihm suchen, in ihr ist der Heilige immer noch präsent. Diese bildet den Mittelpunkt der Verehrung des Heiligen Franziskus. Sie steht im Schnittpunkt des Quer- und Langhauses, exakt in der Mitte der Vierung, so daß sie auch den spirituellen Mittelpunkt der Kirche bildet. Allerdings wird der Blick auf den hinter der Kapelle stehenden Altar verdeckt. Vor der Kapelle knieten während des Gottesdienstes immer wieder Gläubige, in ihr Gebet versunken – oder auch nur im touristischen Schauen.

Den die Messe zelebrierenden Priester sahen wir nur auf dem Bildschirm. Er ist nur durch seine durch Lautsprecher übertragende Stimme und auf dem Bildschirm anwesend, doch auch gleichzeitig abwesend. Diese Zwiegespaltenheit veranlaßte offensichtlich die Touristen, durch den Chorraum zu gehen, um sich die Porziuncola-Kapelle anzuschauen. Selbst während der Wandlung, dem Höhepunkt der Eucharistie, setzten sie ihre Besichtigung fort, ohne Respekt für den heiligen Ort, sich wie in einem Museum bewegend. Als dann auch noch – ebenfalls während der Wandlung – ein Tourist, vor der Kapelle stehend, seine Begleiter heranwinkte, war es wie ein Signum der Säkularisation. Die Achtung vor dem Heiligen ist diesen Personen fremd, es ist ihnen gleichgültig, daß in diesen Momenten die Leiden und Qualen des Herrn vergegenwärtigt werden, daß an das Opfer Jesu Christi gedacht wird. Für sie ist die Religion, der Glaube an Gott aus ihrer Vorstellungswelt verbannt. Wir hingegen waren von dem Gesang des Chores ergriffen, waren berührt, als der zelebrierende Priester ab und an in die untergegangene und nicht mehr gewollte Lingua franca der katholischen Kirche wechselte und die Gebete auf Latein las. In diesen Momenten schien noch einmal die Verbundenheit der Gläubigen einer Weltkirche auf, die auch durch die Sprache zu einer großen hörbaren Gemeinschaft geführt worden ist.

Als sich nach der Messe die Schar der Gläubigen verlaufen hatte, gingen auch wir zur kleinen Kapelle, sahen in ihr die Schäden, die durch das Erdbeben vor einigen Jahren verursacht worden waren, sahen aber auch die tiefe Frömmigkeit der in Gebet versunkenen Gläubigen, die an dem Ort beten wollten, an dem schon Franziskus gebetet hatte. Waren während der Messe Touristen durch den Chorraum gezogen, so waren diese nun verschwunden und hatten den heiligen Ort wieder den Gläubigen überlassen.

In diesem so überaus kleinen Raum konnten wir der Keimzelle eines Ordens und einer Bewegung begegnen, die weltweite Anerkennung gefunden hat und der Welt eine Lebensweise vor Augen führen kann, die die Umkehr als Vorbild anbieten kann, immer wieder und in einer Radikalität, die zuweilen diejenigen schmerzt, die dieser Radikalität nicht zu folgen bereit sind. Ich höre immer noch die donnernden Worte der Mönche aus dem Franziskanerorden meiner norddeutschen Heimatstadt, unter denen sich die Gläubigen geduckt haben, diese Worte, mit denen laut, kräftig und unmißverständlich der Gemeinde ins Gewissen geredet wurde. Es waren keine ausgearbeiteten Exegesen, um den Text der Lesung oder des Evangeliums verständlich vor den Gläubigen zu deuten, nein, dies entsprach nicht dem Impetus der Mönche, sie wollten vielmehr die sonntägliche Gemeinde aufrütteln und ihr den wahren Weg zu Gott aufzeigen und zur Nachahmung empfehlen.

In der Radikalität ihrer Glaubensverkündigung waren sie unerbittlich. Immer wieder hielten sie der Gemeinde den Spiegel vor, um ihr vor Augen zu führen, daß ihr Weg zu Gott ein Holzweg sei, eine Sackgasse, ein Weg, der nicht auf das Eigentliche unseres Lebens gerichtet sei. Und so mancher Faustschlag auf die Brüstung der Kanzel sollte die Worte unterstreichen, harte Faustschläge, die symbolisch die neuen Erkenntnisse in das Bewußtsein der Gläubigen einhämmern sollten. Es waren Predigten, die wieder und wieder aufrüttelten, doch es waren auch Predigten – und das hat sogar der kindliche Ministrant gemerkt –, die der Intellektualität entbehrten und eher wie Improvisationen wirkten, wie wir es aus der Musik kennen, wobei auch ein Gottesdienstbesucher, gerade derjenige, der das Kloster stark unterstützte, persönlich gerügt wurde, weil er während der Wandlung nicht ordentlich kniete, was aber die Garbe aus einer sowjetischen Maschinenpistole für immer unmöglich gemacht hatte.

Diese Predigten prägten mein Bild vom Franziskanerorden, zumal ich sie oftmals zwei-, dreimal hörte, schließlich wurden sonn- und feiertags bis zu fünf Messen zelebriert, wobei regelmäßig Messen in Krankenhäusern zusätzlich gefeiert wurden. Ja, diese Predigten prägten auch das Bild von Franz von Assisi in mir, den ich in den Mönchen unseres Klosters zu erkennen glaubte.

In dem Moment, in dem wir die riesenhafte Kirche betraten, empfanden wir wieder diesen Antagonismus, den wir schon in Florenz in den Kirchen Santa Croce und San Francesco verspürten – diesen Widerspruch zwischen den Vorstellungen von Franz von Assisi und der Verehrung seiner Nachfolger. Hat der Heilige die Armut gepredigt, überboten sich seine Jünger mit einem architektonischen Reichtum, der wie die Antithese zur Armut des Ordensgründers anmutet. In dieser Kirche wird der Widerspruch noch einmal gesteigert, indem die große Kirche eine andere schützt und die kleine Kapelle, in der Franz gebetet hat, wie eine Glucke unter ihre Fittiche genommen hat. Idee und Wirklichkeit klaffen auch in diesem sakralen Raum auseinander. Das, was Franz wollte, und was aus der Verehrung entsprang, wird durch die Riesenhaftigkeit der Kirche ins Gegensätzliche gewendet. Doch es ist dem Menschen zu eigen, das, was er liebt, auch zu verherrlichen, und in der Verherrlichung will er das Schönste zeigen, um auch dadurch den Grad der Zuneigung und Akzeptanz auszudrücken.

Die Madonna vom Berg Philermos

Unsere Begegnung in Assisi mit dem Glauben soll sich aber nicht nur auf eine mit dem Gründer des Franziskanerordens beschränken, wir wollten auch ein Rendezvous mit einem Gedächtnisort des Malteserordens suchen, mit einem Ort, der den Malteserrittern zum Zentrum ihrer Marienfrömmigkeit geworden ist. Wir wollten einen Blick auf die Marienikone werfen, auf die Madonna vom Berge Philermos, die für den Malteserorden eine ganz besondere Bedeutung aufweist und die nach einem abenteuerlichen Weg hier in der Kirche

Santa Maria degli Angeli ihren Platz gefunden hat, zwar fern von Rom, doch wieder anschaubar, so daß die Gebete der Ritter vor dieser Ikone durch Maria an Jesus Christus weitergeleitet werden können.

Nachdem das Heilige Land unter islamische Herrschaft gelangt war, mußte auch der Orden des hl. Johannes Palästina verlassen, um sich auf Rhodos niederzulassen. Auf dem dortigen Berg Philermos wurde schon seit alters her die Gottesmutter verehrt. Sichtbares Zeichen dieser Verehrung war die Ikone der Madonna vom Berg Philermos. Dorthin pilgerten die Ritter, um für ihre vielfältigen Aufgaben den Beistand der Gottesmutter zu erbitten. Als der Orden auch aus Rhodos vertrieben wurde und sich auf Malta niederlassen konnte, nahmen die Ritter die Ikone mit der Madonna vom Berg Philermos mit.

General Bonaparte wollte seinen Eroberungskrieg bis nach Ägypten ausweiten, deshalb eroberte er zuvor 1798 den Staat der Malteserritter auf der Insel Malta, um über einen weiteren Stützpunkt auf dem Weg zum Orient verfügen zu können. Da sich die Eroberungsintention des späteren französischen Kaisers nicht nur auf das Hinzugewinnen von Ländern beschränkte, war das Ziel dieser rechtswidrigen Kriege auch das Rauben von Kunstgegenständen, um seinen weiteren Feldzug finanzieren und um die Museen und Schlösser in Frankreich besser ausstatten zu können. Nach der kriegerischen Niederlage des Ordens verhandelte der Großmeister Ferdinand von Hompech zu Bolheim mit Bonaparte wegen der Übergabebedingungen. Der französische Oberbefehlshaber gestattete es dem Orden, nur drei sakrale Gegenstände mitzunehmen, nur zwei Reliquien, ein Teil des Arms von Johannes und ein Partikel vom Kreuz, an dem sich Jesus Christus geopfert hatte, sowie die Ikone der Madonna vom Berg Philermos, allerdings ohne den kostbaren Rahmen, der von den französischen Truppen requiriert wurde. Nach der Vertreibung fand der Orden in Rußland eine neue Bleibe. Im Zuge der kommunistischen Revolution in Rußland wurde die Marienikone aus Sicherheitsgründen nach Berlin gebracht, wohin viele russisch-orthodoxe

Christen geflohen waren. Als allerdings die Versteigerung der Kirche drohte, in der die Ikone aufbewahrt wurde, wurde sie dem jugoslawischen König Alexander I., übergeben. Nachdem auch die Ikone offiziell übergeben worden war, wurde sie zusammen mit dem Arm Johannes des Täufers und einem Partikel des Kreuzes ab 1932 im Königspalast von Dedinie aufbewahrt. Als dann der Palast 1942 bombardiert wurde, verlor sich die Spur dieser drei sakralen Gegenstände, so daß sie zunächst als untergegangen angesehen wurden.[180]

Doch die Literaturwissenschaftlerin Giovannella Ferraris di Celle, die sich mit der Geschichte des Ordens beschäftigt hatte, wollte sich mit dem vermeintlichen Untergang der Ikone der Madonna vom Berg Philermos nicht abgeben. Sie suchte und fand sie unversehrt im Kloster von Cetinje in Montenegro.[181] Eine Kopie der Ikone hingegen hängt in einer Kapelle im linken Seitenschiff der Kirche Santa Maria degli Angeli. Bereitwillig führte uns ein junger Mönch in die linke Seitenkapelle, und dort hing sie, eingerahmt von weiteren Kunstwerken. Es war ein berührender Moment, mit dieser Ikone zusammenzutreffen. Vor einigen Jahren hörte ich erstmalig von ihr, als ich mit einem Botschafter des Malteserordens sprach. Er erschloß mir die tiefe Verehrung gerade dieser Ikone, die Kraft, die von ihr ausgeht, sich um die Sorge für die Kranken, Verwundeten und Armen dieser Welt zu kümmern. Lange verharrten wir vor diesem Sinnbild der Wohltätigkeit und Nächstenliebe.

Eine Kopie der Ikone

Da die ursprüngliche Ikone als verschollen galt, mußten die Malteserritter sich damit abfinden, daß nicht mehr das Originalbild der Anlaß für ihre Marienverehrung sein kann, sondern nur eine Kopie. Die Erstellung der ursprünglichen Ikone verliert sich im Dunkel der Geschichte, so daß sich Legenden um den Malvorgang ranken, schließlich war es am Anfang der Kirche nicht statthaft gewesen, Bildnisse von Menschen zu malen. Über tausend Jahre ist die Ikone alt. Doch diese lange Tradition ist nicht durch das Verschwinden des

Originalbildnisses verlorengegangen. Zwar kann nun nicht mehr vor einem uralten Bild Maria verehrt werden, nur vor einer Kopie, die der russische Zar im 19. Jahrhundert hat anfertigen lassen, doch auch die Kopie umschließt die gesamte Geschichte der Ikone – sie repräsentiert den marianischen Geist, der untrennbar mit dem Werk des Ordens verbunden ist. Wenn die Malteserritter vor der Kopie beten und die Gottesmutter, die Mutter Jesu Christi, verehren, dann fließen in ihre Gebete all die Erfahrungen ein, die Maria ihnen in den vielen Jahrhunderten geschenkt hat. Die Ikone ist wie ein Erinnerungsort, wie ein Ort, an dem die Geschichte wieder lebendig wird und die Ereignisse der Vergangenheit zur Gegenwart werden. Die Ikone ist nur der Anlaß, sich Maria zu nähern. Sie ist wie eine Chiffre, die die Ritter in die Welt Mariens führt und sie dort eine Begegnung mit ihr und ihrem Sohn erhoffen läßt. Auch wenn bestimmt viele Ritter traurig über den Verlust des Originals sind – das Bildnis an sich ist, wenn auch als Kopie, erhalten geblieben und damit konnte auch ein Ort gefunden werden, an dem die Ritter in besonderer Weise ihre Gedanken mit der Gottesmutter verbinden können.

Marienfrömmigkeit

In der Begegnung mit der Ikone von der Madonna vom Berge Philermos werden wir mit einer Frömmigkeit konfrontiert, die für den Glauben der römisch-katholischen Kirche konstituierend ist: Maria als Gottesgebärerin, als Anwältin bei Gott, wie das gläubige Volk sie ansieht, so Papst Benedikt XVI. anläßlich seines Besuches in Bayern auf dem Islinger Feld in Regensburg.[182] Die Gottesmutter wird als mystische Mutter verehrt, als Mittlerin zwischen den Gläubigen und Gott. Es ist eine »glühende christlich-chevalereske« Marienverehrung, »die seit Jahrhunderten in den Herzen der Christen und insbesondere im hochgemuten Geist der St.-Johannes-Ritter lebt«.[183] Diese besondere Verehrung der Mater Dei soll für uns nicht nur Anlaß sein, uns der Ikone von Philermos zu nähern, sondern auch, uns mit der Marienverehrung zu beschäftigen.

Zur Geschichte der Marienverehrung

Die Sehnsucht nach einer Mutter ist dem Menschen immanent – dieser Drang, in ihr die letzte Beschützerin wahrzunehmen, die bedingungslos das Kind, ihr eigenes Fleisch und Blut, vor der Welt in Schutz nimmt. Auch wenn der Vater zuweilen nicht sicher ist, die Mutter ist es immer. Jahrtausende hatte das Diktum Gültigkeit: »Mater certa est!« Allerdings hat sich auch diese Sicherheit in nichts aufgelöst. Zwar gilt sie grundsätzlich noch, doch nicht mehr uneingeschränkt. Da die rechtliche Möglichkeit eröffnet werden soll – sie soll sogar im Grundrechtekatalog der EU aufgenommen werden –, Eizellen im Handel zu erwerben, um sie dann, nachdem auch der männliche Samen erworben und die Eizelle mit diesem befruchtet worden ist, gegen ein hohes Honorar von gemieteten weiblichen Körpern ausgetragen werden kann, verschwindet die Abstammung in der Anonymität von Angebotskatalogen. Verharmlosend wird die Frau, die ihren Körper gegen Bezahlung zur Verfügung stellt, als »Leihmutter« bezeichnet, was den ökonomischen Charakter dieser besonderen Art der Prostitution verschleiern soll. Richtig ist es vielmehr, diese Frauen als »Mietmütter« zu bezeichnen. »Leihe« ist immer kostenlos, »Miete« hingegen nicht, es muß ein Mietzins bezahlt werden.

Die Sehnsucht nach der Mutter dürfte aber auch in Zukunft virulent bleiben, auch die Sehnsucht nach einer mystischen Mutter, die selbst dann noch lebt, wenn die eigentliche Mutter schon längst verstorben ist. Der Drang, sich einer Allmutter, einer Metamutter, anvertrauen zu können und auch zu wollen, ist vielen Menschen immanent. Deshalb haben sich die Menschen in der Antike eine solche Allmutter selbst konstruiert und ihr göttliche Attribute zugeordnet – sie zur Gottheit erhoben. In der frühen Antike treffen wir auf Göttinnen, die das mütterliche Element im Leben der Menschen verkörperten. Denken wir an Kybele, Demeter oder Persephone, an Artemis oder Athena, Hera und Isis – all diese Göttinnen sind aus dem Wunsch der Menschen geboren, die leibliche Mutter zu überhöhen, um ihr im Reich der Götter einen Platz zuzuweisen, von dem aus sie die Attitude der Allmutterschaft ausstrahlen können. Von dieser Metaebene, der als Himmel bezeichnet wird, soll die von Menschen gemachte Göttin ihre mystische Mutterschaft für alle Menschen ausüben – auf dieser Ebene ist sie den Menschen entrückt und kann deshalb, vollkommen unterschiedslos, verehrt oder, wie es einer Göttin gebührt, angebetet werden.

Als Jesus Christus seine Kirche eingesetzt und er damit dem Vielgötterkult ein Ende bereitet hatte, sollte in der Transformation vom Polytheismus zum Monotheismus nicht eine vollkommen neue Religion geschaffen werden. Um die Menschen behutsam zum Christentum zu führen, wurden heidnische Elemente zwar übernommen, doch sie wurden einer Metamorphose unterzogen, um den heidnischen Kult dem christlichen anzupassen. Der heidnische Kult wurde christianisiert. Aus dieser Transformation erwuchs der Marienkult, der nicht als eine »creatio ex nihilo« angesehen werden kann, sondern als ein Kult, der göttliche Momente übernahm, diese aber in eine metamenschliche umwandelte. Maria war zwar die leibliche Mutter des Gottes Jesu Christi und konnte somit einen Menschen gebären, der Gott war, doch sie selbst verblieb im Stadium eines Menschen. Dieses Stadium wurde jedoch erhöht. Durch ihre Nähe zu Gott ragt sie aus der Masse der Menschen heraus. Sie ist der alleinige Mensch, der unbefleckt empfangen und leiblich in den Himmel aufgenommen worden ist – sie wurde zur Einzigartigkeit und lebt als mystische Mutter und damit als Mittlerin zwischen den Menschen und Gott im Glauben weiter. Auch wenn der Marienkult nicht mit dem Göttinnenkult identisch ist – die hellenistische, ägyptische und römische Isis, die zur Zeit der Verbreitung des Christentums im gesamten Mittelmeerraum verehrt wurde, kann »das kulttypologische Muster einer großen Allmutter für Maria geliefert haben«.[184]

Maria verkörpert das Ideal der Nächstenliebe – ihr Leben war darauf ausgerichtet, Teil des Heilsplanes Gottes zu sein. Deshalb entsprach es ihrer Aufgabe, Gott zu dienen. Jesus Christus selbst hat ihr aufgegeben, auf die Hilfsbedürftigen zuzugehen und den Mut zu haben, ihre eigenen berechtigten Bedürfnisse, Schwierigkeiten, Sorgen und Gefahren für ihr eigenes Leben außer acht zu lassen.[185] In dieser Aufgabenstellung wird der Dienst zur Dualität, wobei die Nächstenliebe und die Gottesliebe verschmelzen. Nur durch die Liebe Gott gegenüber kann die Nächstenliebe erwachsen, und in der Nächstenliebe offenbart sich die Gottesliebe. Durch die Wechselwirkung wird die Tugend der Nächstenliebe zu einer göttlichen, die in Maria ihre Vollendung findet. In dieser Liebe, die dann zum konstituierenden Moment der Kirche wurde, zeigt sich eine Ganzheitlichkeit, die das geistliche Wohl und zugleich das materielle Wohl umfaßt. Es ist die Evangelisierung durch das Wort und durch die Sakramente und die Förderung und Entwicklung in den verschiedenen Bereichen menschlichen Lebens und Wirkens.[186] Die Nächstenliebe, wie sie von Jesus Christus verstanden wird, inkludiert nicht nur das ideelle Moment, sondern auch das materielle – die Sorge um die Seele und diejenige um den Körper.

Da die Gottesmutter die Nächstenliebe in Vollendung verkörpert, wurde die durch Maria gezeigte Nächstenliebe zu dem Grundstein, auf dem der Malteserorden aufgebaut wurde. Im Blick auf die Ikone der Madonna vom Berg Philermos wird den Malterserrittern diese Aufgabe jedesmal vor Augen geführt. In dieser Ikone können sie die Sendung erkennen, die dem Orden aufgegeben ist: sich um die »Herren Kranken« zu kümmern und das Wort Gottes zu verkünden. Die Ikone, die symbolhaft die Gottesmutter sichtbar werden läßt, scheint jedesmal neu den Auftrag zu erteilen, die Nächstenliebe walten zu lassen, spornt die Ritter, aber auch die vielen Helfer an, sich der Verantwortung vor Gott bewußt zu sein und sich um den Nächsten zu kümmern.

Orvieto

Bolsena, Ort des Blutwunders

Die Hitze lastete auf dem Ort, kein Wind brachte etwas Kühlung, unbarmherzig brannte die Sonne vom Himmel herunter. Doch als wir die Kirche Santa Christina in Bolsena am gleichnamigen See betreten konnten, ließen wir die äußere Welt hinter uns, traten in die Kühle eines gesegneten Ortes und tauchten in eine ganz andere Welt ein – in jene, in der die Volksfrömmigkeit um ein bedeutendes Kirchenfest bereichert worden war. Dort wurden wir in die Zeit zurückversetzt, in der das Wunder von Bolsena Papst Urban IV. veranlaßte, zur Ehre des Leibes Christi am 11. August 1264 das Fest Corpus Christi zu stiften. Das Ereignis in Bolsena wurde als Blutwunder im gesamten Europa bekannt. Alles nahm seinen Anfang im Zweifel eines böhmischen Priesters.

Im Jahre 1263 zelebrierte ein Geistlicher aus Böhmen in der Kirche Santa Cristina eine Messe, ohne aber an die Transsubstantiation zu glauben, an die Wandlung des Weines in das Blut Christi und des Brotes in den Leib Christi. Der Altar, an dem der Priester die Messe zelebriert hat, ist immer noch zu sehen – überwölbt von einem Ziborium und umrahmt von Torbögen. Zwei Fußabdrücke sind auf ihm zu sehen, die uns sofort an die Abdrücke der Hufe auf dem Tempelberg zu Jerusalem denken ließen, die entstanden sein sollen, als das Zauberpferd Buraq mit Mohammed in den Himmel aufgefahren ist, wie es in der islamischen Tradition berichtet wird. Obwohl der böhmische Priester nicht an die leibliche Gegenwart Gottes glaubte, an die Realpräsenz, tropfte Blut aus der Hostie auf das Corporale – wie zum Beweis, daß die Hostie tatsächlich den gequälten und gefolterten Leib Christi verkörpert. Dieses Blutwunder beeindruckte den Priester zutiefst, und der Bericht über dieses Ereignis kam auch Papst Urban IV., der in Orvieto residierte, zu Ohren. Die Geschichte verbreitete sich unaufhaltsam in der gesamten Christenheit und wurde Teil der Volksfrömmigkeit. Der Papst nahm dieses Wunder zum Anlaß, um ein Fest zur Ehre des Leibes Christi, durch das an die Transsubstantiation erinnert werden soll, anzuordnen. Es erhielt den Namen Corpus Christi, was im deutschsprachigen Bereich unter dem Namen Fronleichnamsfest gefeiert wird.[187] Durch das Blutwunder wurde in der Vorstellung vieler Gläubigen aufgezeigt, daß durch die Wandlung in der hl. Messe die Realpräsenz Gottes bewiesen ist – daß tatsächlich durch die Wandlung die Oblate zur Hostie, das Brot zum Leib und der Wein zum Blut Christi werden. Es war der stichhaltigste und verständlichste Beweis für die Wahrheit der Transsubstantiation. Die Wandlung wird nicht nur geglaubt, sie ist vielmehr erfolgt. Zwar opfert sich Jesus Christus nicht jedesmal in der Eucharistie – das damals erfolgte Kreuzesopfer bleibt einmalig und wird durch die Eucharistie lediglich vergegenwärtigt.

Die einzigartige Lage

Als wir uns von Süden, von Bolsena kommend, dem Ort näherten und langsam in die Senke hinunterfuhren, hatten wir die Empfindung, daß Orvieto aus der Erde gewachsen sei. Der Ort lag unter uns, in einer Senke, so daß wir auf ihn schauen konnten. Diese Stadt ist auf einem Tuffelsen errichtet, der sich abrupt aus dem Umland erhebt und die Ausdehnung der Bebauung eingegrenzt hat. Fast senkrecht streben die Felsen empor, nahezu uneinnehmbar für die Feinde in früheren Zeiten, allerdings auch im letzten großen Krieg. Während die unterhalb des Felsens angesiedelten Bebauungen dem Erdboden gleichgemacht worden sind, erhielt die auf dem Felsen gebaute Stadt keinen Treffer. Haus an Haus ist dort oben auf dem Tableau gebaut worden, eng aneinandergeschmiegt, um den begrenzten Raum ausnutzen zu können. Aus der Entfernung betrachtet verschmelzen die Häuser und ihre Dächer wie zu einem Tuch, das über den Felsen gelegt worden ist. Nur einige Kirchtürme ragen aus der Masse der Dächer heraus, drei, vier Spitzen, die wie Nadeln himmelwärts gerichtet sind. Der gewaltige Dom mit seinen Türmen beherrscht die Masse der Häuser, er thront über ihnen, den Mittelpunkt der Stadt markierend, den Bezugspunkt im Leben der Bewohner. Aus der Ferne erscheint er dem sich der Stadt nähernden Gläubigen wie eine spitzige, mit Türmen bewehrte Mauer, an der die Stürme der Zeit abzuprallen scheinen, um die wahre Religion erhalten und festigen zu können. Die Natur und die Kunst sind in diesem Ort eine Einheit eingegangen, ja, eine artifizielle Einheit, die sich weit aus der Ebene heraushebt, wie eine überdimensionierte mittelalterliche Trutzburg.

Der Dom Santa Maria

Das Corporale des böhmischen Priesters mit dem Blut Christi war eine bedeutende Reliquie, so daß sich Papst Nikolaus IV. entschloß, um das Zeugnis des Blutwunders eine prächtige Kathedrale zu bauen. Am 13. November 1290 legte er den Grundstein für einen »strahlenden Marmordom«,[188] der als eine der schönsten Kirchen in Mittelitalien gilt. Dieser Dom soll uns aber nicht veranlassen, auf die vielen Kunstwerke, denen wir in ihm begegnen konnten, einzugehen, wir wollen vielmehr für ein paar Momente verharren, um uns Gedanken über den Sinn des Festes »Fronleichnam« zu machen.

Nähert sich der Besucher dem Dom, wandelt sich das Bild, das wir uns aus der Ferne haben machen können. Nicht mehr das Wehrhafte und Abweisende zeigt sich uns, sondern das Ziselierte, das Feine und das Hochartifizielle, ja das Verspielte. Was aus der Ferne wie eine Wehrkirche anmutete, entpuppte sich als ein Gebäude, das die Künstler in einem überreichlichen Maße für die Verherrlichung Gottes genutzt haben. Die Fassade gibt ein Bildprogramm wieder, das durch Streben und Galerien unterteilt ist. Wie eine »Biblia pauperum« erscheinen die bunten Reliefs, um den Bewohnern der Stadt auch außerhalb des Kirchengebäudes immer wieder die Geschichten der Heiligen Schrift vor Augen führen zu können. Die spitzen

Türme und Giebel verraten den französischen gotischen Einfluß auf die Architektur, während in anderen Bereichen der italienische überwiegt. Über dem Haupteingang zeigt uns ein Mosaik die Krönung Mariens durch ihren Sohn Jesus Christus, wie ein deutlicher Hinweis darauf, daß die Kirche der Gottesmutter geweiht ist.

Fronleichnam

Ursprünglich war die Präsentation des Allerheiligsten außerhalb der Kirche nicht Teil des Festes Corpus Christi. Doch schon im 13. Jahrhundert wurde das segensbringende Heiligtum in der Monstranz in immer längeren Prozessionen dem gläubigen Volk außerhalb der Kirchenmauern gezeigt. Immer festlicher wurden diese sakralen Gänge. An jeweils vier nur für die Prozession aufgebauten Altären wurde gebetet, um Gott zu verherrlichen. Fürbitten wurden gen Himmel geschickt, Blasorchester intonierten Kirchenlieder, die von der Schar der Gläubigen gesungen wurden, und immer wieder wurde den am Rande der Prozession stehenden Personen das Allerheiligste in der Monstranz gezeigt. Es war auch eine Demonstration des Katholizismus in einer andersgläubigen Welt – gerade nach der Reformation –, und es war darüber hinaus auch eine Nachahmung des Einzuges Jesu Christi in Jerusalem. Die Straßen waren zwar nicht mit Palmwedeln belegt, aber mit bunten Blumen geschmückt, die Altäre waren eingerahmt mit frischen Birkenzweigen, Banner der verschiedenen kirchlichen Gruppen repräsentierten die tief verwurzelte Volksfrömmigkeit der Gemeinde. Die Kirche konnte in diesen Momenten das Private, in das sie hineingedrängt wurde, verlassen und ostentativ Teil der Öffentlichkeit werden.

Abschied von der tradierten Form

Das Zweite Vatikanum jedoch gab den Prozessionen ein neues, ein weniger feierliches Gesicht. Danach sollte die Feier der Eucharistie »als die stiftungsgemäße Hochform [der] Verehrung« erkennbar werden, wodurch die Prozessionen an Bedeutung verloren haben.

Die Feier wurde entweder reduziert oder sogar vollständig abgeschafft. In den Gemeinden, in denen die Prozessionen noch in der alten Tradition durchgeführt werden, sieht die Amtskirche die Gefahr, daß die Feiern ins Folkloristische abgleiten. Allerdings obliegt es dem Ortsbischof zu entscheiden, in welcher Form diese Art der Volksfrömmigkeit ausgeübt wird.[189]

Renaissance der Fronleichnamsprozessionen?

Nach dem Zweiten Vatikanischen Konzil wurde mehr und mehr Abstand von diesem Fest genommen, schließlich soll der Gründonnerstag das eigentliche Fest der Einsetzung der Eucharistie sein. An diesem Tag hat Jesus Christus sein Leiden und seinen Tod vorausgesagt – an diesem Tag setzte er den Grund, weswegen wir das Meßopfer, in dem der Tod Jesu und seine Auferstehung verherrlicht werden, feiern. Joseph Ratzinger kann sich nicht vom Fronleichnamsfest trennen, er möchte diesen besonderen Tag als eine hl. Messe verstehen, die als »Gottesfest ausgreift in die Straßen und Plätze unseres Alltags« – als einen Tag in der Öffentlichkeit, da die Messe nicht im privaten und geschlossenen Kreis in einem Kirchengebäude zelebriert wird, sondern in der Welt, »weil die Welt selbst Stadt Gottes geworden ist«.[190] Der fleischgewordene Herr soll nicht im Tabernakel eingeschlossen sein, um sich nur während der Eucharistie den Gläubigen in der Kirche zu zeigen, er soll »mitten unter uns, in unserem Alltag« leben. Die Welt des Alltags soll sein »Tempel« sein.[191] Diese Freude über die Einsetzung der Eucharistie in der Öffentlichkeit zu zeigen, sie den zweifelnden, abtrünnigen, ja, glaubensfernen Personen zu offenbaren, ist auch ein Akt der Mission. Allen Menschen die Freude über das Geschenk Gottes vorzuführen, ihnen dadurch die Frohe Botschaft zu verkünden, ist Teil des Auftrages, der uns durch die Evangelien erteilt worden ist – Teil des Missionsauftrages, den uns Jesus Christus aufgegeben hat. Wir sollen in alle Welt gehen, um das Wort Gottes unter den Menschen zu predigen, und dieser Auftrag umfaßt nicht nur, daß wir über das Evangelium sprechen, wir sollen es auch in der Welt leben, um als Vorbilder aufzutreten und auf diese Weise andere Personen mitzureißen – sie mit den Worten Jesu vertraut zu machen.

Abb. 1 · Die Christus-Figur unterhalb der Kuppel des Petersdomes zu Rom

Abb. 2 · Die Basilika Santa Maria Assunta von Aquileia

Abb. 3 · Die Teufelsbrücke über den Fluß Natisone mit der Kathedrale Santa Maria Assunta von Cividale

Abb. 4 · Der Dom Santa Eufemia und das Baptisterium in Grado

Abb. 5 · Abend am Hafen von Grado

Abb. 6 · Das Friedensdenkmal auf der Piazza Libertà in Udine, von Napoleon nach dem Friedensschluß von Campoformido (Campo Formio) 1797 in Auftrag gegeben und 1819 von Ferdinand von Habsburg eingeweiht

Abb. 7 · Der allgegenwärtige venezianische Löwe in Udine

Abb. 8 · Die Statue des Dante Alighieri vor der Kirche Santa Croce in Florenz

Abb. 9 · Die Kirche Santa Croce in Florenz

Abb. 10 · Der Raub der Sabinerin, Figurengruppe in der Loggia dei Lanzi auf der Piazza Signoria in Florenz

Abb. 11 · Der Ponte Vecchio in Florenz

Abb. 12 · Der Dom Santa Maria del Fiore von Florenz

Abb. 13 · Das Museum für die Madonna del Prato in Monterci

Abb. 14 · Das Kloster San Oliveto Maggiore

Abb. 15 · Die Kirche Santa Cristina in Bolsena

Abb. 16 · Die Stadt Orvieto, gelegen auf einem Tuffelsenmassiv

Abb. 17 · Klosteranlage San Francesco in Assisi

Abb. 18 · Die Kirche San Francesco in Assisi

Abb. 19 · Die Kirche Santa Maria degli Angeli bei Assisi

Abb. 20 · Die Fontana Maggiore vor dem Dom San Lorenzo in Perugia

Abb. 21 · Der Markusplatz in Venedig im Regen während der winterlichen Tagesneige

Abb. 22 · Der vor dem Markuslöwen kniende Doge auf der Porta della Carta des gotischen Hauptportals im Dogenpalast zu Venedig

Abb. 23 · San Giorgio Maggiore in Venedig

Abb. 24 · Der Magistral Palace des Malteserordens in Rom

Abb. 25 · Kolonaden am Petersplatz in Rom

Abb. 26 · Das Wappenschild von Papst Benedikt XVI. vor der Kirche auf dem Campo Santo Teutonico

Abb. 27 · Der Petersdom im abendlichen Licht

Abb. 28 · Die wiedergefundene Originalikone der Madonna vom Berg Philermos

Rom – Caput mundi

Am Ziel des Weges

Nach einer langen Strecke durch das nördliche Italien haben wir endlich Rom erreicht – auf Wegen, die bekanntlich alle nach Rom führen, aber vor allem auf Wegen, die es uns ermöglicht haben, viele Kunstwerke zu betrachten und zu versuchen, ein wenig das Geheimnis zu lüften, das sich hinter jedem Werk verbirgt. Dadurch konnten wir Möglichkeiten finden, tiefer in den Glauben einzudringen und auf die Gründe zu stoßen, die die Schönheit der Religion aufstrahlen lassen. Auch wenn die sichtbare Kirche eine menschliche ist, eine Kirche, die ebenfalls unter der Last der Erbsünde zu leiden hat, so gestattete uns dieser Gang aber auch, Blicke auf die unsichtbare Kirche zu werfen, auf die Kirche die Jesus Christus selbst eingesetzt hat. Und diese auf göttlichem Recht fußende Kirche ist unbehelligt von den Verwerfungen, die von Menschen verursacht worden sind. Sie ist rein, und sich dieser Reinheit zu nähern ist eine große Freude des Lebens.

Unseren langen Pilgerweg wollen wir abschließen mit einer Begegnung mit den barmherzigen Aufgaben des Malteserordens, durch eine weitere mit Kardinal Mindszenty aus Ungarn und durch eine letzte mit dem Campo Santo Teutonico, auf dem wir uns einer Facette des Werks von Papst Benedikt XVI. / Joseph Ratzinger widmen wollen, die eine hochpolitische Dimension aufweist. Sie greift die Intention des Fronleichnamsfestes auf, diesen Missionsauftrag, durch den uns aufgegeben worden ist, für das Christentum, für das Wort Christi zu kämpfen und es der Welt vorzuleben.

Der Malteserorden

Die kanonische und die völkerrechtliche Seite des Malteserordens

Unsere erste Station in Rom soll also der Malteserorden sein. Rom ist der Sitz vieler kirchlicher Orden, die der Jurisdiktion des Papstes unterstellt sind. Er bestimmt, ob eine Glaubensgemeinschaft als kirchlicher Orden zugelassen werden darf, auch darüber, welche Konstitution sich der Orden gibt. Darüber hinaus kann er nach dem kanonischen Recht Einfluß auf das Leben der Orden nehmen, diese sogar wieder aufheben oder ihnen eine neue Konstitution oktroyieren. Er kann gegenüber den kirchlichen Orden eine unumschränkte Macht ausüben, da diese Orden integraler Bestandteil der Weltkirche sind.

Allerdings hat in Rom auch ein kirchlicher Orden seinen Sitz, in dem die juristische Macht des Papstes eingeschränkt ist. Es ist der Souveräne Ritter- und Hospitalorden vom Heiligen Johannes von Jerusalem, genannt von Rhodos und genannt von Malta, der nicht nur ein kirchlicher Orden ist, sondern auch ein nichtstaatliches Völkerrechtssubjekt, das über eine staatsgleiche Souveränität verfügt, so daß er frei über seine eigenen Angelegenheiten entscheiden kann. Der jeweilige Papst hat zwar das Recht, sich regelnd in jene Angelegenheiten des Malteserordens einzumischen, die ausschließlich kirchliche und kirchenrechtliche Materien betreffen. Doch seine Jurisdiktionsberechtigung endet dort, wo die Souveränität des nichtstaatlichen Völkerrechtssubjekt berührt wird. Da diese Souveränität die Selbstverwaltung und Selbstregierung ermöglicht, ist es jedem Außenstehenden verwehrt, auf staats- und verfassungsrechtliche Materien bestimmend Einfluß zu nehmen. Entscheiden können nur die Gremien des Malteserordens, die nach der Konstitution, also nach der Verfassung, hierzu berechtigt sind. Den Status eines Staates hatte der Malteserorden zwar in dem Moment verloren, in dem General Napoleon Bonaparte den Ordensstaat Malta erobert und die Ritter verjagt hatte. Zu diesem Zeitpunkt büßte der Orden sein Staatsgebiet und damit seine völkerrechtliche Staatlichkeit ein und wurde zum nichtstaatlichen Völkerrechtssubjekt, wobei er seine Souveränität bewahrte. Ihm blieb nur das Staatsvolk – allerdings ein sehr kleines, kleiner als das vatikanische – und die Staatsgewalt, also die Legislative, die Exekutive und die Judikative. Protokollarisch steht damit der Malteserorden auf der gleichen Stufe wie die Europäische Union. Der französische Staatspräsident General de Gaulle empfahl dem Orden einst, eine kleine Insel zu kaufen und dort den Staat auszurufen, um erneut volle völkerrechtliche Anerkennung zu genießen. Sein Vorschlag wurde aber nicht aufgegriffen.

Allerdings hat sich im Jahr 2022 Papst Franziskus über die strikte Trennung, die zwischen dem kirchlichen Orden und dem nichtstaatlichen Völkerrechtssubjekt besteht, hinweggesetzt. Er berief als Außenstehender, der nicht Mitglied des gesetz- und verfassungsgebenden Gremiums des Ordens ist, die gesamte Ordensregierung ab und oktroyierte dem Orden eine neue Verfassung. Vorangegangen waren lange Diskussionen über den zukünftigen Weg des Ordens und damit über die Reform seiner Verfassung. Wenige Tage vor der Absetzung der Ordensregierung hatte der Papst diese, die gerade neu gewählt worden war, noch bestätigt und damit zum Ausdruck gebracht, daß er mit der Wahl einverstanden war, nur um sie dann ohne Abmahnung oder Andeutung abzusetzen. Auch wenn Franziskus bekannt war, daß der Malteserorden ein Völkerrechtssubjekt ist – was diesem im übrigen ermöglicht, in Ländern zu helfen, in denen Nichtregierungsorganisationen aus politischen Gründen nicht helfen dürfen –, gab ihm sein jesuitischer Confrater Kardinal Gianfranco Ghirlanda eine Entscheidung des Kardinalgerichtes aus dem Jahr 1953 an die Hand. Sie hatte festgelegt, daß »der Orden nicht dieselben Rechte habe wie andere souveräne Völkerrechtssubjekte, so daß der Papst durchaus in die Souveränitätsrechte des Malteserordens eingreifen könne«.[192] Aus dieser historischen Entscheidung zog der Papst den Schluß, daß er in jedem Fall eingreifen dürfe, wenn im Orden keine Einigung über das weitere Vorgehen erzielt werden könne.

Unbestritten hat er das Recht, einzugreifen, wenn keine Einigkeit in *kirchlichen* Angelegenheiten erzielt werden kann – wie in jedem anderen kirchlichen Orden. Freilich sind Verfassungsfragen und die Rechtmäßigkeit der Einsetzung der von ihm wenige Tage zuvor bestätigten Ordensregierung wahrlich nicht auch nur ansatzweise als kirchliche Materie zu bezeichnen. Auch können diese Rechtsmaterien nicht herangezogen werden, um die »Verwirklichung der Ziele des Ordens und seine Entwicklung in der Welt«[193] – wie die zitierte Entscheidung des Kardinalgerichtes anführt –, in Zweifel zu ziehen. Unabhängig davon, daß der Papst die neugewählte Ordensregierung wenige Tage zuvor bestätigt und damit öffentlich gemacht hatte, daß er mit der Wahl einverstanden sei, waren weder die Ziele noch die grundsätzliche Entwicklung des Ordens durch eine langwierige Verfassungsdiskussion beeinträchtigt. Da der Orden über eine gültige Verfassung verfügte, lag zu keinem Zeitpunkt ein verfassungsloser Zustand vor, so daß die Hilfstätigkeiten ordnungsgemäß organisiert und abgewickelt werden konnten. Auch wenn man nur die Stellungnahmen in der Presse kennt, sprechen die angegebenen Urteilsgründe aus dem Jahr 1953 dafür, daß damals ein Rechtsstreit über eine Materie entschieden werden mußte, die den Malteserorden als *kirchlichen* Orden betraf, nicht aber über eine Materie, die sich aus der *völkerrechtlichen Stellung* des Ordens ergab.

Da also durch die Verfassungsdiskussion im Orden keinerlei Beeinträchtigung seiner Hilfstätigkeiten und damit seiner Ziele und seiner Entwicklung entstanden war, wäre der Papst nicht berechtigt gewesen, die Ordensregierung abzuberufen und dem Orden seine mit diesem nicht abgesprochene Verfassung zu oktroyieren. Franziskus scheint seine Vollmacht überschritten und auf ein ihm fremdes Völkerrechtssubjekt eingewirkt zu haben, obwohl ihm diese

Einflußnahme rechtlich nicht zugestanden haben dürfte. Dies ist ein Regierungshandeln, das zumindest in den demokratischen Staaten des Westens nicht mehr üblich ist, da dort nicht mehr ein Herrscher der Souverän des Staates ist, sondern das Volk selbst. Setzt sich der Herrscher jedoch über dieses Souveränitätsverhältnis hinweg, so wie es in der voraufklärerischen Zeit üblich war, kann dieses Verhalten nur als absolutistisch bezeichnet werden. Natürlich ist ein solches Regierungshandeln, in dem sich der Regent über das Gesetz stellt, im Falle des Papstes, der in seinem weltlichen Staat eben souverän amtiert, nicht ohne weiteres nach demokratischen Maßstäben zu beurteilen.

Wie dem auch sei: Eine neue Ordensregierung ist eingesetzt, auch ist eine neue Ordensverfassung seitens des Ordens akzeptiert, so daß der Wille des Papstes sich durchgesetzt hat. Zumindest nach außen scheint wieder Ruhe im Orden eingekehrt zu sein.

La Madonna di viale del Policlinico

Bevor wir uns mit den barmherzigen Aufgaben des Ordens der Malteser und mit seinen Krankenwallfahrten nach Lourdes beschäftigen werden, wollen wir zuvor einen kleinen Gang zu einem sakralen Ort in Rom unternehmen, auf den der ungarische Botschafter beim Heiligen Stuhl und beim Malteserorden, Erzherzog Eduard von Habsburg-Lothringen, hingewiesen hat.[194] Er hat dadurch ein Sanktuarium in der Ewigen Stadt bekannt gemacht, das ein Ziel für viele Gläubige gewesen war, aber von der römischen Stadtverwaltung demoliert wurde. Es ist die »Mauer der Wünsche« – ein Ort des Gebetes, des Trostes und der Hoffnung, der durch die erfolgreiche Hollywoodromanze *Ein Herz und eine Krone* (*Roman Holiday*, 1953) sogar in die Filmgeschichte eingegangen ist. Hier konnte man eine Volksfrömmigkeit beobachten, die inzwischen immer mehr in Vergessenheit zu geraten scheint.

Die beiden Hauptfiguren des Films, eine Prinzessin, die dem strengen Hofzeremoniell für einen Tag unter falschem Namen entflohen ist und von Audrey Hepburn gespielt wird, und ein amerikanischer Journalist, den Gregory Peck verkörpert, unternehmen eine Fahrt durch Rom, verweilen vor der Aurelianischen Mauer am Castro Pretorio in der Nähe des Cimitero Campo Verano und sprechen über ihre Beziehung. Im Hintergrund erhebt sich, beinahe riesenhaft, die Mauer aus dem Jahre 270, die von einer Vielzahl weißer Votivtafeln bedeckt ist. Diese sind um ein kleines Sanktuarium herum angebracht, vor dem eine alte Frau, ganz in Schwarz gekleidet, betet. Sie bittet die auf der Wand abgebildete Madonna um Fürsprache. Die religiöse Facette dieser Szene ist für den Film kaum von Bedeutung, sie dient lediglich der Ausmalung einer typischen römischen Atmosphäre, ohne daß im Dialog der beiden Darsteller darauf Bezug genommen wird. Und doch hat im Laufe der Zeit gerade dieses Ambiente eine Entwicklung erfahren, die uns schmerzhaft vor Augen führt, wie inzwischen das religiöse Empfinden sogar in der Papststadt erodiert ist. Jene Szene bildet ungewollt ein Dokument dafür, wie in einem laizistischen Staat das religiöse Moment systematisch aus der Öffentlichkeit vertrieben wird.

Papst Pius XII.

Italien und damit auch Rom waren im Zweiten Weltkrieg, nachdem der Staat die Fronten gewechselt hatte, von der deutschen Wehrmacht besetzt worden. Um die Stadt befreien zu können, bombardierten die Alliierten die Transportzentren und Bahnhöfe. Dadurch sollte die Logistik der deutschen Truppen zerstört und der Nachschub unterbunden werden. Die Folge war, daß nicht nur an Gebäuden und Kunstgegenständen große Schäden angerichtet wurden, sondern auch die Zivilbevölkerung unter den Angriffen der verbündeten Truppen zu leiden hatte. Ein besonders schwerer Angriff fand schon am 19. Juli 1943 statt und legte den Stadtteil um die Kirche San Lorenzo fueri le Mura in Schutt und Asche. Papst Pius XII. erfuhr von den verheerenden Zerstörungen, bestellte sofort ein Fahrzeug, um sich zu den leidenden Menschen zu begeben. Er nahm sämtliches

Bargeld, das sich im Vatikan auftreiben ließ, mit und fuhr, noch während des laufenden Angriffs, in das betroffene Viertel – lange bevor die Vertreter der staatlichen und kommunalen Stellen eintrafen. Die geschädigten Personen begrüßten den Papst frenetisch, und in diesen Momenten eroberte Pius XII. selbst die Herzen der verstocktesten Atheisten. Er war Römer, und er wollte seine Römer in diesen schweren Stunden nicht allein lassen. Er scheute nicht die Gefahr und wollte an der Seite der römischen Bevölkerung stehen, auch auf das Risiko hin, selbst Opfer der Bomben zu werden.[195]

Maria breitet ihren Mantel aus

Während des Bombenangriffs vom März 1944, der viele Tote und Verletzte zur Folge hatte, suchte ein Mann mit seinen vier Kindern hinter der Aurelianischen Mauer an der Viale del Policlinico zwischen der Piazza della Croce Rossa und der Piazza Girolamo Fabrizio Schutz vor dem Bombenhagel. Er bat die Muttergottes, ihnen beizustehen und sie vor dem Tod zu bewahren. Wie durch ein Wunder entgingen der Mann und seine Kinder dem Tod. Als Dank brachte er eine kleine Tafel an der Mauer und machte damit öffentlich, daß die Gottesmutter an jener Stelle schützend ihre Hand über ihn und seine Kinder gehalten hatte. Dort hängt ein Marienbild, das in Rom als La Madonna di viale del Policlinico bekannt ist. Viele Gläubige haben vor diesem Gnadenbild gebetet und Maria in ihrer Not um Hilfe angefleht. Oft, ja, sehr oft wurden die Gebete erhört, und die dankbaren Gläubigen hefteten danach ebenfalls Votivtafeln an die Mauer. Wir kennen diese Votivtafeln aus den Kirchen, doch die Menge der Tafeln, die an der Aurelianischen Mauer den Dank der Gläubigen ausdrücken, war schier unermeßlich. Und diese Tafeln, diese unvorstellbaren vielen Dankesbezeugungen können wir in dem Film *Ein Herz und eine Krone* bewundern.

Diese Szene hat durch die spätere Entfernung der Votivtafeln eine doppelte Bedeutung erhalten. Italien ist ein laizistischer Staat, ihm ist das Eigentum an dem vormaligen Kirchenvermögen übertragen worden. Die römische Stadtverwaltung ließ in Vorbereitung auf die Olympischen Spiele 1960 in Rom die Votivtafeln entfernen, da sie befürchtete, daß die seit fast zweitausend Jahren stehende Mauer durch die Last der kleinen Tafeln zusammenbreche, wie die offizielle Begründung lautete. Es ist aber nicht ausgeschlossen, daß man damit nur zu camouflieren suchte, daß man Rom vor der Weltöffentlichkeit nicht als Stadt rückständiger Volksfrömmigkeit präsentieren wollte. Kirchen und andere sakrale Kunst konnte man freilich schlecht entfernen, also beschränkte man sich darauf, religiöse Zeichen zu demolieren, die keinen Anspruch erheben konnten, ein »Weltkulturerbe« darzustellen. Durch den Film können wir nicht nur eine das Herz berührende Szene erleben, sondern auch – en passent – einen Einblick in das italienische Leben erhalten, das sich seither allmählich verändert hat. Das religiöse Moment verflüchtigt sich mehr und mehr. Es wird aus der Öffentlichkeit verdrängt und ins Private abgeschoben, dorthin, wo es kaum noch Vorbild für die Mitmenschen sein kann.

Auch wenn die Votivtafeln entfernt worden sind, die Marienikone schmückt immer noch die Mauer. Ein kleines Gitter schützt sie vor allzu aufdringlichen Zeitgenossen. Eine Inschrift verweist auf die Geschichte dieses Ortes: Wir lesen, daß niemand vergessen solle, wie die Madonna hier im Schrecken des Krieges als einzige den Schutzlosen gelächelt habe. Ganz vergessen ist der Schutz, den Maria gewährt hat, nicht; vollständig ist ihre Hilfe nicht aus dem kollektiven Gedächtnis der Ewigen Stadt getilgt. Auch wenn sich bestimmt nicht mehr viele Zeitgenossen an die vormals öffentlich sichtbare Marienverehrung erinnern werden, jedes Mal aber, wenn wir uns den berühmten Film anschauen, wird uns vor Augen geführt, was für einen Stellenwert die Marienfrömmigkeit einmal in unserem Leben innehatte. Wir können beobachten, wie bedeutend es für die Gläubigen war, sich der Hilfe der Gottesmutter anzuvertrauen und sie immer wieder anzuflehen, daß sie ihrem Sohn gegenüber als Fürsprecherin auftreten möge.

Von Rom nach Bethlehem – Krankenfürsorge zwischen den Fronten

Eine Begegnung im Magistral Palace des Malteserordens

Ein Gang durch Rom führt uns immer auch in die Via Condotti – dorthin, wo der Souveräne Ritter- und Hospitalorden vom Heiligen Johannes von Jerusalem von Rhodos und von Malta seinen Sitz hat. Als ich diesmal wieder vor dem Magistral Palace stand, mußte ich an die Begegnung mit dem vormaligen Großkanzler des Ordens, Albrecht Freiherr von Boeselager, vor einigen Jahren denken, an das Gespräch, das wir über verfassungsrechtliche Fragen im Ordensrecht geführt hatten. Damals wurde der Orden durch eine Verfassungskrise erschüttert, die dann auch zum Rücktritt des Großmeisters führte. Obwohl wir uns verabredet hatten, um diese Krise zu erörtern, waren wir auch auf die Krankenwallfahrten nach Lourdes zu sprechen gekommen – auf die Begegnungen der Kranken und Behinderten mit der christlichen Hoffnung, mit der Hoffnung an sich. Es ist nicht die Hoffnung auf etwas oder auf jemanden, es ist die Hoffnung, die auf das Ziel des Lebens ausgerichtet ist und damit auf die Begegnung mit Gott in seiner Herrlichkeit. Es ist die spirituelle Hoffnung auf ein Ewiges Leben unter dem Schutz Gottes, frei von Sorgen, frei von Schmerzen und Todesangst. An dieses Gespräch erinnerte ich mich und an die Hoffnung, die die Gläubigen in Lourdes suchen und auch finden, wie ich es schon als Kind empfunden habe.

Die damalige Begegnung soll Anlaß sein, einmal über die tätige Barmherzigkeit nachzudenken, die als konstitutiv für den Malteserorden angesehen wird. Diese Barmherzigkeit zeigt sich einerseits in den weltweiten medizinischen und wohltätigen Verrichtungen des Ordens und auch in dem geistlichen Beistand, den der Orden den kranken und behinderten Personen gewährt. Wir wollen zuerst auf die medizinische Betreuung von Müttern und ihren Kindern im Westjordanland eingehen, um uns dann über die Krankenwallfahrten des Ordens nach Lourdes im Süden Frankreichs und die dortige Suche nach der Hoffnung auf Jesus Christus Gedanken zu machen. Dabei verlassen wir zwar die Grenzen Roms wieder, doch nur im tatsächlichen, nicht im übertragenen Sinn. Denn gespeist wird diese Intention ja durch das römische Christentum, dessen Glauben sich in der Nächstenliebe manifestiert und dadurch keine Grenzen kennt, keine politischen, aber auch keine, die in der Person des Patienten begründet sind.

Die Konstitution des Ordens

Im Magistral Palace hat der Malteserorden, der völkerrechtlich als ein nichtstaatliches Völkerrechtssubjekt angesehen wird, seine Regierungszentrale. Von hier aus werden die weltweiten Hilfsprojekte koordiniert und organisiert. Auf Grund jener staats- und völkerrechtlichen Stellung weist der Orden nicht den Status einer Nichtregierungsorganisation (NGO) auf und damit auch nicht den einer politischen Stiftung. Dadurch eröffnen sich dem Orden Möglichkeiten, in Ländern zu helfen, gerade in autoritär regierten Staaten, in denen die Arbeit von NGOs aus politischen Gründen nicht erwünscht ist und diese als Spione oder Terroristen angesehen werden. Der Orden nimmt durch seine völkerrechtliche Einstufung eine Stellung ein, die grundsätzlich mit keiner politischen Ausrichtung in Verbindung gebracht werden kann. Dadurch kann der Orden selbst in Ländern, die atheistisch ausgerichtet sind, nicht nur der Aufgabe, Hilfe zu leisten, nachkommen – er kann darüber hinaus durch seine Hilfeleistung den der Nächstenliebe zugrundeliegenden Glauben auch in glaubensfernen Ländern zumindest inzidenter aufzeigen und auf diese Weise den Hilfsbedürftigen beispielhaft das Eigentliche des Christentums vor Augen führen, aber nicht nur ihnen, auch den fremden Staatsorganen. In diesem Helfen und Unterstützen verbirgt sich auch der Missionsauftrag, der aus dem Evangelium hergeleitet wird. Wie kann dieser Auftrag besser erfüllt werden als durch die tätige Nächstenliebe, als durch das Helfen in Notlagen, das sich keinen politischen Vorteil erhofft oder erwartet. Das »do ut des« ist ausgeschaltet, die Hilfe wird seitens des Ordens nicht gewährt, um eine Gegenleistung einzufordern – es ist eine selbstlose Hilfe, die darauf gerichtet ist, im notleidenden Nächsten den »Herrn Kranken« zu sehen, dem geholfen werden muß, schließlich kann sich im Kranken, im Behinderten oder im Notleidenden Gott zeigen, so daß der Dienst am Nächsten auch immer als ein Gottesdienst angesehen wird.

Die Malteser-Geburtsklinik in Bethlehem

Wie die Mitglieder des Malteserordens ihrem Wahlspruch »Tuitio fidei et obsequium pauperum« (»Bezeugung des Glaubens und Hilfe den Bedürftigen«) nachkommen und sich um notleidende Personen jeglicher Glaubensrichtung kümmern, wollen wir beispielhaft an dem Betrieb der Malteser-Geburtsklinik in Bethlehem aufzeigen, wo auch muslimische Frauen und deren gerade geborenen Kinder medizinisch versorgt werden. Die Malteser Bethlehem-Beauftragte Caroline Freifrau Heereman von Zuydtwyck hat nach dreißig Jahren wieder einmal das vom Malteserorden betriebene Krankenhaus zur Heiligen Familie in Bethlehem, wo sie einst gut ein Jahr als Kinderkrankenschwester gearbeitet hat, aufgesucht und über die segensreiche Arbeit berichtet.[196] Es ist ein Krankenhaus, in dem Mütter mit ihren Kindern unabhängig von ihrer Religion und ihren finanziellen Mitteln behandelt werden. Deshalb auch bittet sie um Spenden, um den Krankenhausbetrieb aufrechterhalten zu können. Fast alle in den letzten dreißig Jahren geborenen Bewohner von Bethlehem sind in dieser Geburtsklinik zur Welt gekommen.

Doch nicht nur medizinisch werden die Frauen versorgt, der Orden unterhält auch mitten in einem Flüchtlingslager eine Nähstube, um den muslimischen Frauen wenigstens eine kleine Perspektive zu vermitteln. Der Orden betreibt aber nicht nur die Klinik in Bethlehem, seit 1995 hilft er auch durch eine mobile Klinik, um jene Teile der Bevölkerung, die weit verstreut in abgelegenen und isolierten Gemeinden leben, versorgen zu können. Ein Kinderarzt, ein Gynäkologe und eine Krankenschwester suchen mehrmals wöchentlich die Patienten auf. Über 2000 Personen kann dieses mobile Team jährlich versorgen. Nach einer ersten Untersuchung kann den Frauen und Kindern sofort geholfen werden oder sie müssen in das Krankenhaus eingewiesen werden.

Wie Frau von Heereman schrieb, erweisen sich diese Einsätze als eine riesige Hilfe in der wüstenhaften und einsamen Region. Die Arbeit der Malteser wird auch von der Bevölkerung als segensreich, hochprofessionell und lebenswichtig anerkannt. Es ist die Hilfe von Christen für die muslimische Bevölkerung. Unter dem Kreuz werden die Kinder geboren und – wie die Frühchen – am Leben erhalten. Es ist die Nächstenliebe, aus der heraus die Ärzte und Schwestern ihre Hilfe erbringen. Grenzen der Religion werden transzendiert. Jeder hat als Kind Gottes das Recht, daß ihm geholfen wird.

Die Bevölkerung nimmt die Hilfe dankbar an – auch wenn sie unter dem Malteserkreuz erbracht wird. Das Kreuz ist nicht das Zeichen des Gegners, es ist vielmehr das Zeichen Gottes, unter dem die Feindschaft in Freundschaft umgewandelt wird und der Welt die Gleichheit aller Menschen aufgezeigt wird – ja, es ist das Zeichen der Liebe! Die je individuelle Herkunft soll die Menschen nicht scheiden, im Namen des Kreuzes wird solche Gegnerschaft überwunden. Die Hilfe wird wie im Gleichnis vom armen Samariter zur Hilfe am Gegner, welcher auch nur in menschlicher Sicht ein Gegner ist, in der Sicht Gottes aber ein Bruder, dem geholfen werden muß.

Die Zweite Intifada von 2002

Doch nicht jeder Muslim im Heiligen Land ist Christen dankbar, wenn sie ihm Hilfe anbieten und gewähren – auch dann nicht, wenn er mit christlicher Hilfe vor Gefangenschaft oder sogar Tod bewahrt wird. Der damalige Korrespondent der *Frankfurter Allgemeinen Zeitung,* Jörg Bremer, hat der Nachwelt eine Episode überliefert, aus der deutlich erkennbar wird, daß der Kampf der radikalen Muslime im Heiligen Land nicht nur gegen die Juden gerichtet ist, sondern auch gegen das Christentum.[197] Während der sogenannten Zweiten Intifada verfolgten israelische Soldaten im Jahr 2002 mit ihren Panzern muslimische Terroristen bis nach Bethlehem. Etwa zweihundert bewaffnete palästinensische Kämpfer verschanzten sich am 2. April 2002 in der Geburtskirche von Bethlehem, um von dort aus den Kampf gegen die Israelis fortzuführen. Die Lage für die palästinensischen Kämpfer verschlechterte sich von Tag zu Tag, doch dank der internationalen Diplomatie konnten die letzten Terroristen am 9. Mai 2002 aus der Kirche abziehen.

Als aber die Christen danach wieder in ihre Kirche gehen konnten, wurden sie in verstörender Weise mit deren Entweihung konfrontiert, die zeigte, was die muslimischen Terroristen vom Christentum hielten. Wenn zweihundert Menschen über einem Monat in einem Gebäude hausen und kämpfen, ohne daß sie umfänglich versorgt werden, kann man sich leicht den Zustand des Gebäudes ausmalen. Doch die Kämpfer hatten sich vor allen Dingen gegen die Heiligkeit des Ortes gewandt und bewußt christliche Symbole genutzt, um ihrer Verachtung des Christentums Ausdruck zu verleihen. Die Seiten aus den liturgischen Büchern wurden als Toilettenpapier mißbraucht, nicht in irgendwelchen Ecken, sondern auf Altäre war uriniert worden, Ikonen waren zerschossen oder zerschnitten worden. Der katholische Patriarch hatte den Terroristen Asyl geboten, obwohl er nicht der Hausherr der Kirche gewesen war. Er hatte diesen Kämpfern das hochumstrittene Kirchenasyl gewährt. Die Israelis hatten sich an das Kirchenasylrecht, das völkerrechtlich seit Jahrhunderten nicht mehr als verbindlich anerkannt worden war, gehalten, um die Heiligkeit des Ortes zu akzeptieren. Doch die Palästinenser hatten es schändlich mißachtet. Anstatt froh zu sein, in der Kirche überleben zu können, hatten sie ihren Aufenthalt genutzt, um ihre tiefe Verachtung zu demonstrieren. Doch auch solche Mißachtung christlicher Nächstenliebe hindert die Malteser nicht, der Aufgabe eines helfenden Ordens nachzukommen.

Von Rom nach Lourdes – die Krankenwallfahrten des Malteserordens

Geistliche Hilfe: Hoffnung

Wir wollen uns nunmehr einem weiteren Aspekt der Krankenfürsorge zuwenden und uns einem Phänomen nähern, das tiefer Ausdruck der Frömmigkeit ist. Wir wollen auf die christliche Hoffnung, die Hoffnung an sich, eingehen – auf die Hoffnung, die es uns ermöglicht, Leiden zu ertragen, und uns den Tod als Durchgang zum eigentlichen Leben, zum Ewigen Leben erträglich macht. Über diese geistliche Krankenfürsorge im Rahmen der Krankenwallfahrten des Ordens nach Lourdes wollen wir eingehen und uns Gedanken über die Hoffnung schlechthin, die eine christliche ist, machen. Auf dieser Fahrt erfahren die kranken und behinderten Personen zwar keine medizinische Hilfe, doch eine viel weiter reichende – eine, die ihnen durch die unmittelbare Begegnung mit dem Herrn und seiner Mutter die Hoffnung gibt, ihr Schicksal zu ertragen. Es ist das Geheimnis dieses Wallfahrtsortes, daß er den Wallfahrern – ob gesund oder krank – Kraft vermittelt, das Leben als nicht mißlungen anzusehen. In der Begegnung mit Gott und der Madonna erwächst ihnen eine Zuversicht, die ihnen wieder Zukunft eröffnet und ihnen die Hoffnung an sich vermittelt. Es ist die Hoffnung, daß nicht das Leben das letzte Wort spricht, sondern das irdische Leben nur die Vorstufe des eigentlichen Lebens darstellt – des Lebens in der Herrlichkeit Gottes.

Rom und Lourdes gehören zusammen. In diesem südfranzösischen Wallfahrtsort wird der in Rom gedachte Glaube zur erfahrbaren Wirklichkeit. Dort verliert er seine abstrakte Ausgestaltung, seine theologische und philosophische Grundlage und wird zur

Realität, die gleichsam mit den Händen zu greifen ist. All das, was in Rom gedacht wird, wird in Lourdes umgemünzt in die Hoffnung auf Gott – auf ein erträgliches Leben, das hingenommen wird, um später in die Nähe Gottes zu gelangen.

Die Lourdes-Fahrten der Malteser

Dieser Dienst an den »Herren Kranken«, wie diese tätige Nächstenliebe seit alters her im Orden bezeichnet wird, zeigt sich auch in den Krankenwallfahrten nach Lourdes, die vom Orden regelmäßig durchgeführt werden – an den Gnadenort, »den die Mutter Gottes ganz besonders für die Kranken und Behinderten erwählt hat«,[198] als sie einigen Hirtenkindern im 19. Jahrhundert erschienen ist und diese aufgefordert hat, am Ort der Erscheinungen eine Kirche zu errichten, um dort Gott zu verherrlichen. Da in den Krankenwallfahrten nach Lourdes die eigentliche Aufgabe des Ordens aufscheint, dieses Kümmern um die Kranken und Behinderten und um die Notleidenden vor dem Hintergrund der Marienverehrung, wollen wir die Begegnung mit dem Malteserorden nutzen, um uns dem Phänomen »Lourdes« anzunähern – einem Phänomen, das jährlich mehr als eine Million kranke und gesunde Gläubige, aber auch Touristen wie magisch anzieht. Während gewiß manche Personen den in Südfrankreich am nördlichen Abhang der Pyrenäen liegenden Wallfahrtsort Lourdes nur aufsuchen, um an einer lediglich als Folklore empfundenen Gläubigkeit teilzuhaben, suchen die meisten Besucher jedoch ein spirituelles Erlebnis, um dadurch ihre Freundschaft mit Jesu Christo und dessen Mutter erahnen zu können.

Der Sohn und die Mutter, Jesus und Maria, gehören zusammen, viel enger als dies ansonsten üblich ist. Gott macht sich, wie es Joseph Ratzinger beschrieben hat, in Menschen »sichtbar, durch die sein eigenes Wesen hindurchblickt«, so daß er erkannt werden kann. Maria, seine Mutter, ist einer dieser Menschen, die es uns ermöglicht, sein Gesicht zu sehen. Dieses Aufscheinen Jesu Christi in Maria gibt uns die Möglichkeit, ihn zu erblicken, ohne ihn sehen zu können. Maria ist demzufolge der Abglanz Gottes, mit dem sich der Herr der Welt zeigen will. Dieses besondere Mutter-Sohn-Verhältnis verbindet beide so stark miteinander, »dass wir ihn [Jesus] nicht recht loben, wenn wir sie [Maria] auslassen«.[199] Gottesverehrung, die Verehrung Jesu Christi, kann folglich nur recht sein, wenn auch seine Mutter Maria verehrt wird. Deshalb ist die Marienverehrung etwas, was uns durch die Schrift befohlen worden ist. Unterbleibt die Marienverehrung, wertet Joseph Ratzinger diese Distanz als Entfernung vom biblischen Wort. Dadurch könne Gott auch nicht mehr in zureichendem Maß verherrlicht werden.[200] Die Krankenwallfahrten nach Lourdes schenken deshalb den Kranken und Behinderten durch die Begegnung mit Maria auch eine Nähe zu Gott. In der Verehrung von Maria erblicken sie Gott, die Verehrung Mariens wandelt sich im Gebet zu einer Verherrlichung Gottes. Die Kranken tragen ihre Sorgen und Nöte vor die Gottesmutter, und gleichzeitig werden sie zu Gott weitergeleitet.

In der nahezu unmittelbaren spirituellen und mystischen Begegnung mit dem Heiligen des Ortes und mit Maria wollen sie Gott kennenlernen, den wahren Gott, und »das bedeutet Hoffnung empfangen«,[201] wie Papst Benedikt XVI. in seiner Enzyklika *Auf Hoffnung hin gerettet* die christliche Hoffnung definiert hat. Über diese in Lourdes erfahrene Hoffnung wollen wir uns einige Gedanken machen und uns damit mit der Hoffnung an sich, mit der christlichen Hoffnung, auseinandersetzen – mit der Hoffnung, die unseren Tod übersteigt und uns, ob als Gesunde, Kranke oder Behinderte, das Ziel aufzeigt, das zu erreichen ein gelungenes Leben ausmacht.

Zur Geschichte der Marienerscheinungen in Lourdes

Am 11. Februar 1858 erschien dem Hirtenmädchen Bernadette Soubirous in der Grotte Massabielle in Lourdes eine »weiße Dame«, wie es Bernadette später formuliert hat. Diese weiße Dame erschien dem Mädchen bis zum 16. Juli 1858 insgesamt achtzehn Mal, immer an der gleichen Stelle. Bernadette wollte wissen, wer diese Dame sei. Am

25. März 1858 erklärte sich die Dame als die »Unbefleckte Empfängnis«. Dadurch wußte Bernadette, daß sie der Gottesmutter begegnet war. Maria forderte das Mädchen auf, den Rosenkranz zu beten, an einer bestimmten Stelle der Grotte aus einer Quelle, die Bernadette freilegen sollte, zu trinken und sich zu waschen, Buße zu tun, für die Bekehrung der Sünder zu beten und den Priestern zu sagen, daß an dieser Stelle eine Kirche gebaut werden solle. Durch diese Marienerscheinungen wurden die Schlüssel der Hoffnung in die Hände eines Kindes gelegt, wie es André Frossard[202] formuliert hat.

Diese Erscheinungen wurden bekannt. Viele Gläubige suchten den Ort der Marienerscheinungen auf. Es wurde offiziell durch den Bischof von Tarbes, in dessen Diözese Lourdes liegt, festgestellt, daß die Äußerungen von Bernadette Soubirous der Wahrheit entsprechen. Auch die Päpste Pius IX. und Leo XIII. genehmigten für die Kirchenprovinz diesen Ort als Wallfahrtsort. Pius X. erklärte Lourdes als einen Wallfahrtsort für die universale Kirche. Letztendlich wurde 1912 das Bistum Tarbes in Bistum Tarbes und Lourdes umbenannt.[203] Lourdes gilt als der weltweit am meisten besuchte Marienwallfahrtsort.

Das Wallfahrtserlebnis

Früher war es ein nicht unerhebliches Unterfangen, sich mit den Kranken und Behinderten auf den weiten Weg nach Lourdes mit der Eisenbahn zu machen, doch jetzt bietet sich die Möglichkeit, mit dem Flugzeug anzureisen. Die Fahrt dauert auf diese Weise nur ein paar Stunden, was für die pflegenden Begleiter eine große Entlastung ist. An der Wallfahrt nehmen oft schwerkranke und schwerbehinderte Personen teil, die während der Fahrt versorgt werden müssen. Marie-Sophie von Lobkowicz hat in berührender Weise über den von ihr geleiteten Kinderzug berichtet. Sie beschreibt das Zusammenleben mit den Kranken und Behinderten während der Wallfahrt als ein beglückendes Erlebnis, das auch die Helfer verwandelt. »Alle kommen ein Stück reicher und froher wieder nach Hause«,[204] alle, die Kranken und Behinderten, aber auch die Helfer. Es seien anstrengende Fahrten, doch die Begegnungen mit der Gottesmutter und mit Jesus Christus wögen alles auf. Auch wenn das ständige Kümmern um die Kranken und Behinderten für die Helfer kaum Zeit ließe, um sich mit eigenen Gedanken Gott und der Muttergottes zu nähern, schließlich haben »Kranke und Schwache absolute Priorität«[205] in Lourdes, so blieben gleichwohl immer ein paar Momente, um sich der Kontemplation hinzugeben. Doch schon allein der Dienst an den Kranken wird von den Begleitern wie eine besondere Form der Kontemplation angesehen. Diese Form sei kaum in Worte zu fassen, wie die Autorin bekennt. Selbst wenn man nach Rückkehr aus Lourdes von den Begegnungen mit den Kranken und Behinderten erzähle, »kann man doch kaum vermitteln, was hier geschieht«.[206]

Lourdes im Jahr 1956

Als Kind suchte ich Lourdes zusammen mit meinen Eltern und meinen Geschwistern auf. Meine Mutter verehrte die Gottesmutter sehr stark und wollte endlich, nachdem wir der »Insel« Berlin den Rücken gekehrt hatten, diesen Ort im Süden Frankreichs kennenlernen. Mein Vater packte seine Familie in das Fahrzeug, und wir begaben uns auf die sehr lange Fahrt. An den Aufenthalt in Lourdes habe ich nur noch vage Erinnerungen, nur noch Fetzen von Gedanken. Doch diese Überbleibsel, diese rudimentäre Vorstellung von einem intensiven Glaubenserlebnis ist mir geblieben. Ich sehe noch die vielen Krückstöcke oder Gehhilfen, wie man heute sagen soll, die an der Felswand der Grotte hingen, habe immer noch die Empfindung, als Teil einer Menge durch die Grotte geschleust zu werden, um die feuchten Felswände berühren zu können, sehe noch das Badehaus, in dem die Kranken ins Wasser getaucht wurden, und ich habe eine schwache Erinnerung an die Kreuze auf den Umhängen, die ich allerdings erst später als Malteserkreuze habe ansprechen können. Tief eingeprägt haben sich mir freilich in besonderer Weise die wie selig anmutenden Gesichter der Kranken und Behinderten, die ich in den Messen und anläßlich der Prozessionen habe beobachten können. Erst nach Jahren meinte ich, im Ausdruck dieser Gesichter, die oft von der Krankheit, vom Schmerz und vom Leid gezeichnet waren, eine Trance erkannt zu haben – einen Zug, der mich an die in der Kunst dargestellte Verklärung denken ließ. Ein wie überirdisch anmutender Abglanz schien sich auf den Gesichtern der leidenden Personen zu spiegeln. Viel später, während meines Studiums der christlichen Philosophie konnte ich dann diesen Eindruck in Worte fassen: In den Gesichtern wurde die christliche Hoffnung, diejenige auf eine Begegnung mit der Herrlichkeit Gottes, sichtbar, diese Hoffnung, die uns das Leid erträglich macht und uns die Angst vor dem Sterben und vor dem Tod nimmt.

Ein Pastoralbesuch

Als Papst Benedikt XVI. Frankreich besuchte, begab er sich auch nach Lourdes, um mit den Kranken und Behinderten zu beten. Im französischen Fernsehen verfolgten wir diesen Besuch, und wieder sah ich in den Gesichtern der Kranken und Behinderten diesen wie überirdisch anmutenden Ausdruck – so als ob diese Personen schon in einem »Zwischenreich« angekommen wären, im Vorhof des Reiches Gottes. Der Widerschein der Herrlichkeit Gottes schien auf diesen Gesichtern zu liegen, und in ihm offenbarte sich die Kraft, die nur Jesus Christus zu geben vermag – diese Kraft, um die Mühsal, die Schmerzen und das Leid, das unser Menschsein mit sich bringt, überschreiten zu können, um das wahre Glück in Gott selbst zu erkennen und bereitwillig anzunehmen.

Das Phänomen Lourdes hat mich seit so vielen Jahren immer begleitet. Auch in den dunklen Monaten der Gottesferne standen mir immer wieder diese wie überirdisch verklärten Gesichter vor Augen, nicht als ein individuelles Gesicht, sondern wie eine Chiffre für ein Gottvertrauen und für den Weg, den ich damals kaum noch wahrnahm, den ich aber nie vollständig verlassen habe. Immer wieder habe ich seit Jahren nach Möglichkeiten gesucht, mich diesem Phänomen nähern zu können. Durch die Begegnung mit dem Großkanzler des Malteserordens, Albrecht Freiherrn von Boeselager, kam mir die Idee, im Nachdenken über die Krankenwallfahrten des Ordens das Geheimnis der Nähe Gottes in Lourdes zu suchen.

Aufnahme der Malteserwallfahrten nach dem Krieg

Aus kleinsten Anfängen heraus haben die Malteser nach dem letzten Weltkrieg die Wallfahrten nach Lourdes aufgebaut und auf diese Weise erreicht, daß auch deutschen Kranken und Behinderten die Möglichkeit eröffnet wurde, die marianische Spiritualität an dem Ort zu erfahren, an dem einem Hirtenkind die Gottesmutter erschienen ist. Der Zweite Weltkrieg hatte den damaligen Strom der betenden Wallfahrer zum Versiegen gebracht. Durch den Krieg gegen Frankreich trat eine Separation auf, die in der deutsch-französischen Geschichte immer wieder erfolgte. Wiederholt versuchten die beiden Staaten, nach einem jeden Krieg erneut, zueinander zu kommen, fast immer fand ein Ausgleich statt, auch dann, wenn der oktroyierte Ausgleich nicht versöhnte, sondern den nächsten Krieg vorhersehbar machte. Schließlich sind sie enge Geschwister, die zwar schon seit tausend Jahren ein eigenes Leben führen, doch eine vollständige Emanzipation vom jeweils anderen hat noch nicht stattgefunden. Der Rekurs auf den Ahnherrn Karl den Großen ist nicht aus der deutsch-französischen Geschichte zu verbannen – er ist immer präsent. Die Gedächtnisorte Rom und Aachen verbinden diese beiden Nationen – untrennbar. In diesen Orten wurde eine Reichseinheit zelebriert, die – unvergessen – hinter jeder Desintegration die Versöhnungsbereitschaft aufleuchten ließ. Dieses, tief in der deutsch-französischen Geschichte verwurzelte Wissen bewegte kurz nach dem Ende des Zweiten Weltkrieges den damaligen Bischof von Tarbes und Lourdes, die deutschen Malteser zu bitten, wieder die Krankenwallfahrten nach Lourdes aufzunehmen.[207] Dadurch könnten wiederum viele Gläubigen die besondere Spiritualität der marianischen Frömmigkeit erleben – so die inständige Bitte des Bischofs –, und es wäre auch ein Dienst an der Versöhnung des französischen und des deutschen Volkes.

Ernst Prinz von Lobkowicz

Um dem Geheimnis, das Lourdes umgibt, näherzutreten und um das Eigentliche dieser Krankenwallfahrten zu ergründen, habe ich mit dem Präsidenten der Deutschen Assoziation des Souveränen Malteserordens, Dr. Ernst Prinz von Lobkowicz, sprechen können.[208] Er hat viele Wallfahrten mitgemacht, er hat dort viel Elend gesehen, aber auch viele Menschen, die zutiefst von der Begegnung berührt waren. Und er hat erleben können, wieviel Lebensmut und Kraft selbst stark behinderte und kranke Personen in Lourdes haben schöpfen können.

Zuerst stellte ich dem Präsidenten der Deutschen Assoziation einige praktische Fragen zu den Krankenwallfahrten, um in Erfahrung zu bringen, wie sie organisiert werden. Wer also organisiert die Krankenwallfahrten nach Lourdes?

»Vereine aus ganz Europa und aus vielen Teilen der Welt« – so Prinz Lobkowicz – »bringen seit dem 19. Jahrhundert Kranke und Behinderte zur Muttergottes nach Lourdes. In Deutschland ist es der Deutsche Lourdes Verein Köln e.V., der die meisten Wallfahrten organisiert; fast jede Diözese organisiert darüber hinaus eine eigene Krankenwallfahrt. Viele von diesen werden von Maltesern betreut. Es gibt aber auch einige Wallfahrten, die komplett von Mitgliedern des Ordens organisiert sind, von der Bestellung des Flugzeuges und des Hotels bis zum letzten Detail des Ablaufes«.

Joris-Karl Huysmans verbrachte in den Sommern der Jahre 1903 und 1904 einige Wochen in Lourdes, um nicht als Tourist das Besondere dieses Ortes zu erleben, sondern als Teil der aus vielen Ländern herbeigeströmten Gläubigen.[209] Er nahm an den Messen teil, besuchte die Kranken und Behinderten in ihren Unterkünften, ließ sich die Akten über die eingetretenen Wunderheilungen vorlegen und betete mit den Tausenden von kranken und gesunden Gläubigen, wenn im Rahmen der Prozessionen die Priester mit dem Allerheiligsten in der Monstranz die Pilger segneten. Huysmans war aber auch Teil der Menschenmasse, die sich durch den Ort wälzte, fern jeglicher Spiritualität zwar, doch immer auf der Suche nach Andenken, um sich anhand von Figürchen der Gottesmutter, an Kerzen mit ihrem Konterfei oder Bildchen und Bücher dieser wundersamen Begegnung mit der Mystik erinnern zu können. Die Erlebnisse von Huysmans liegen über ein Jahrhundert zurück. Deshalb wollte ich von dem Präsidenten wissen, wie viele Krankenwallfahrten jährlich durch die verschiedenen Organisationen des Malteserordens durchgeführt werden.

Dazu erklärte er, daß es in Deutschland derzeit von Mai bis Oktober vierzehn Malteser-Wallfahrten nach Lourdes gäbe. »Von den 47 Assoziationen des Malteserordens weltweit organisieren fast alle eine jährliche Lourdes-Wallfahrt, die meisten kommen zur großen Malteser-Ordenswallfahrt am ersten Mai-Wochenende.« Dazu kommen noch die Wallfahrten anderer Orden und Organisationen, so daß der Bedarf an Hilfskräften sehr hoch sein dürfte. Deshalb stellt sich die Frage, ob für Personen, die weder Ritter noch Mitarbeiter des Malteserordens sind, die Möglichkeit gegeben ist, als Helfer an den Krankenwallfahrten teilzunehmen. Und können Interessierte von sich aus an den Orden oder dessen Organisationen herantreten, um sich als ehrenamtlicher Helfer anzubieten?

»Ja, diese Möglichkeit bietet sich interessierten Personen«, führt Prinz Lobkowicz aus: »Es ist in allen deutschen Diözesen möglich, sich bei entsprechender Gesundheit und Qualifikation als ehrenamtlicher Begleiter für die Lourdes-Wallfahrten anzubieten. Bei den Malteser-Zügen selbst sind meistens genug Helfer aus den Reihen des Ordens angemeldet.«

Die Krankenwallfahrten müssen vorbereitet werden. Es muß nicht nur die medizinische Ausrüstung angeschafft werden, auch Proviant und die Uniformen. Darüber hinaus hat man auch die Korrespondenz mit den Krankenhäusern und Pflegeheimen zu führen. Letztendlich ist viel Zeit für den Aufenthalt in Lourdes einzuplanen, und der Orden kann auch nicht die Kosten für die helfenden Ritterbrüder und Ordensangestellten sowie ehrenamtlichen Helfer übernehmen.

Dazu erklärt Präsident von Lobkowicz: »Je nach Transportmittel und Diözese liegt der Beitrag für die Helfer zwischen 400 und 800 EUR, und die Wallfahrten dauern zwischen fünf und zehn Tagen. Der Kontakt wird am besten über die jeweilige Diözese hergestellt.«

Für den Präsidenten der Deutschen Assoziation liegen die Gründe, aus denen die Kranken und Behinderten nach Lourdes wallfahren, gerade in der nicht einfachen Lage, in die sie durch ihr Schicksal geraten sind: »Für viele Kranke und Behinderte gibt es wenig Möglichkeiten zu reisen, auch wenn diese inzwischen doch sehr zugenommen haben. Bei der ersten Wallfahrt sind die Gründe für die Reise also breit gestreut, von schierer Reisefreude bis hin zur Hoffnung auf eine Heilung. Wenn Kranke, Behinderte und Helfer dann aber dreißig und vierzig Jahre jedes Jahr zur Muttergottes nach Lourdes kommen, geht es zunehmend um etwas anderes, nämlich um die nahe Begegnung mit der Mutter unseres Herrn.«

Lourdes ist ein Ort der Kontemplation. Suchen deshalb all die Kranken und Behinderten, aber auch die gesunden Pilger an der Grotte von Lourdes eine Begegnung nur mit der Gottesmutter oder auch mit Gott selbst?

»Die Muttergottes als große Fürsprecherin der Christenheit«, meint Prinz Lobkowicz, »ist für viele Menschen zugänglicher, weil sie auf Erden gelebt und gelitten hat, wie wir alle. Ihr Sohn sagt in der Heiligen Schrift oft: ›Wer mich sieht, sieht den Vater‹, und so ist die Bewegung von Maria zu Christus und von Christus zum Vater gleichzeitig ein großes Mysterium und aber auch die natürliche Bewegungsrichtung des katholischen Betens.«

In Lourdes konnten viele Wunderheilungen beobachtet und auch von Amts wegen festgestellt werden. Ist es deshalb nicht allzumenschlich, ja, ist es nicht eine allzumenschliche Hoffnung der

Kranken und Behinderten, in Lourdes eine wundersame Heilung zu erfahren? Liegt hierin der Grund, die Wallfahrt mitzumachen oder doch eher die Hoffnung, durch die Begegnung mit Gott, Kraft zu gewinnen, die Leiden besser ertragen zu können?

Der Präsident rekurriert zuerst auf die menschliche Eigenschaft, auch einen Strohhalm zu ergreifen, um eine Rettung aus einer mißlichen Lage und Krankheit zu ermöglichen. Doch diese allzumenschliche Attitude wird in Lourdes überschritten hin zu einem transzendenten Ziel.

»Alle Menschen hoffen auf Heilung. Natürlich besonders, wenn sie an einen wundersamen Ort der Heilung wallfahren, wie Lourdes. Wenn Sie Kranke und Behinderte fragen, die über dreißig Jahre nach Lourdes reisen, was für sie die stärkste Motivation ist, immer wiederzukommen, so wird einmal die Gemeinschaft der Pilgernden genannt, die sehr fröhlich und innig ist, aber dann eben auch diese so besondere Begegnungsart mit der Muttergottes, mit ihrem Sohn, und natürlich damit auch mit Gottvater.«

Mit Lourdes wird auch die irdische Hoffnung auf Gesundung durch ein medizinisches Wunder verbunden. Schon Joris-Karl Huysmans hat in seinem Buch *Lourdes. Mystik und Massen* auf die Enttäuschungen hingewiesen, die darin bestehen, daß nur wenigen die Gnade widerfahre, durch ein Wunder geheilt zu werden.[210] Führt deshalb das Ausbleiben eines Wunders zu Verwerfungen oder treten die Kranken und Behinderten allein durch die in Lourdes erfahrene Gläubigkeit den Heimweg seelisch gestärkt an?

Prinz Lobkowicz möchte es nicht Enttäuschungen nennen: »In den vierzig Jahren, in denen ich Lourdes-Wallfahrten begleiten durfte, ist mir niemand begegnet, bei der oder dem das Ausbleiben eines Wunders große Enttäuschung ausgelöst hätte. Natürlich hoffen wir immer! Als ich vor Jahren meinen Neffen nach Lourdes begleiten durfte, der an einem sehr gefährlichen Gehirntumor litt, war ich überzeugt, daß die Muttergottes ein Einsehen haben würde. Aber Gottes Wege sind nicht unsere Wege, und als Joseph dann bald darauf starb, waren wir alle tieftraurig. An unserer Einstellung zu Lourdes hat dies nichts geändert.«

Prinzessin Marie-Sophie Lobkowicz, eine Nichte des Präsidenten, hat in ihrem Bericht über die Kinderwallfahrten, *Es fühlt sich an wie Gott. Mit Kindern nach Lourdes pilgern*, darauf hingewiesen, daß auch Kinder, die nicht katholisch getauft wurden, ja sogar solche, die dem Islam anhängen, an den Wallfahrten teilgenommen hätten.[211] Besteht deshalb die Möglichkeit, durch diese Krankenwallfahrten nach Lourdes der christlichen Aufgabe der Mission nachzukommen?

Diese Möglichkeit der Mission bestätigt der Onkel der Autorin: »Jeder Glaubensvollzug hat einen missionarischen Aspekt. Auch das Wallfahren, denn es bleibt sehr selten geheim. Der missionarische Aspekt von Lourdes richtet sich aber mehr an jeden einzelnen von uns, die wir Umkehr und Vergebung genauso brauchen wie alle anderen auf der Welt. Lourdes wühlt die Herzen der Christen auf, Lourdes gibt ihnen die Möglichkeit, Vergebung zu erfahren. Dies in Verbindung mit dem Dienst an unseren Herren Kranken zu erleben, ist eine große Gnade.«

Der Mythos von Lourdes gründet auch in den Wundern, die wir dort immer wieder erleben können. Deshalb frage ich Prinz Lobkowicz, ob nicht vielleicht doch in erster Linie die Erwartung oder zumindest die Hoffnung, daß der Herr gerade an ihnen eine Wunderheilung vollziehen würde, die Kranken und Behinderten veranlaßten, die Wallfahrt nach Lourdes mitzumachen.

»Diese Fälle wird es gewiß geben«, räumt er ein und fährt ergänzend fort: »Der HERR sagt ja selbst, als die Brüder das Dach der Hütte abdecken, in der er sitzt, um von oben ihren gelähmten Bruder herunterzulassen, und als er diesen heilt: ›Ihr Glaube hat Dir geholfen‹. Das ist ein wichtiger Aspekt. Der feste Glaube derer, die mit auf die Wallfahrt gehen, an die Bereitschaft der Muttergottes zu helfen, ist ein wichtiger Teil und eigentlich fast Voraussetzung für eine Heilung. Oft heißt es in der Heiligen Schrift doch auch: ›Steh auf und geh, Dein Glaube hat Dir geholfen.‹ Anders gesagt, an einem, der nicht bittet, nicht hofft und nicht auch etwas daran glaubt, ist noch selten ein Wunder geschehen. Aber diese Erwartungshaltung ist nicht anders als die Erwartungshaltung aller, die mitreisen, Hoffnung auf Heilung, Vergebung, Wiederherstellung und Frieden.«

Das Erleben eines Wunders dürfte ein grundstürzendes Erlebnis sein, da durch dieses die Gesetze der Welt außer Kraft gesetzt werden und eine andere Gesetzmäßigkeit gilt, die Gesetze Gottes, und uns durch das Wunder auch Gottes Herrschaft über die Welt vor Augen geführt wird. Dadurch werden wir mit einer Macht konfrontiert, die überirdisch und aus der Transzendenz zu uns gekommen ist. Das Wunder ist wie die Manifestation eines Phänomens, das von den Atheisten strikt verneint und aus dem gesellschaftlichen Diskurs verbannt wird. Es ist immer Ausdruck und Auswirkung der Metaphysik und damit der Beweis, daß die Metaphysik Teil unseres Seins ist. Nach dem Zweiten Weltkrieg hat Philipp Freiherr von Boeselager in Lourdes ein Wunder miterleben können und war dadurch zutiefst erschüttert. Seine erste Fahrt führte die deutschen Malteser dazu, wieder nach Lourdes zu wallfahren, um den Kranken und Behinderten die Möglichkeit zu bieten, dort die Begegnung mit der Gottesmutter und die Vereinigung mit Gott anzustreben.

»Haben Sie ebenfalls schon einmal ein Wunder erlebt?«, frage ich. Hierauf antwortet der Präsident: »Dazu möchte ich sagen, daß ich schon sehr viele Wunder in Lourdes erlebt habe, auch noch nach der Wallfahrt. Aber diese Wunder, und auch das Wunder, das Philipp Boeselager erlebt hat, stehen nicht in den offiziellen Listen der medizinisch untersuchten Lourdes-Wunder. Das macht sie nicht weniger wunderbar.«

Hieran schließt sich die Frage, die sich aus der damaligen Empfindung Boeselagers anläßlich seiner unmittelbaren Konfrontation mit der Macht Gottes ergibt. »Haben Sie ebenfalls den Wunsch, nicht noch ein weiteres Mal Zeuge eines Wunders zu werden, da ›ein Wunder uns arme Menschen fast vernichtet‹, wie Boeselager es ausgedrückt hat?«

Dem kann Prinz Lobkowicz nicht beipflichten – »Im Gegenteil. Alle Wunder, die ich erlebe, alles Wunderbare, das ich erlebe, alle deutlichen Zeichen Gottes, die ich erlebe, stärken meinen Glauben und wärmen mein Herz.«

In Lourdes können wir die Nähe der Gottesmutter und die ihres Sohnes erleben. In der Erinnerung an die Erscheinungen der Gottesmutter wird aus der Nähe zu ihr eine Realität, die uns Maria viel intensiver begegnen läßt. Die damaligen Erscheinungen lassen uns eine Unmittelbarkeit spüren, die die Distanz zwischen den Menschen und ihr zu überbrücken scheint. In unserer Imagination könnte die Grenze zwischen der Immanenz und der Transzendenz aufgehoben werden und die gläubigen Pilger könnten im Gebet eine mystische Nähe zu Gott und seiner Mutter empfinden. Doch der Trubel und die Hektik in Lourdes könnten dem entgegenstehen. Deshalb fragten wir den langjährigen Lourdes-Fahrer, ob trotz der Hektik und den vielen Ablenkungen, die in Lourdes während der Zeit der großen Wallfahrten herrschen, dort ein kontemplatives Leben geführt werden kann?

Prinz Lobkowicz hat andere Erfahrungen gemacht: »Bemerkenswerterweise ist dies sehr wohl so. Zum Schlaf ist in Lourdes wenig Zeit. Aber der Tag hat immer stille Momente – eindringliche Momente tiefer Ruhe, die zur Betrachtung und dem Gebet einladen.«

Den mitreisenden Helfern und Rittern des Malteserordens obliegt es, sich um die Kranken und Behinderten ihres jeweiligen Krankenzuges zu kümmern, was sehr zeitaufwendig ist. Es stellt sich infolgedessen die Frage, ob die begleitenden Personen neben ihrem aufreibenden Dienst an den Kranken und Behinderten noch ein wenig Zeit erübrigen können, um sich dem Charisma dieses besonderen Ortes hingeben zu können. Sind diese Krankenwallfahrten nach Lourdes auch für die mitfahrenden Malteserhelfer und Ritter ein spirituelles Erlebnis?

Begeistert geht der Präsident auf diese Frage ein: »Durchaus, durchaus. Unvollkommen, sündig und umkehrungsbedürftig sind ja die Helfer meist mehr als die Kranken. Und hier bietet Lourdes große Chancen. Hier stehen die Pforten des Himmels in besonderer Weise offen.«

Als Ritter- und Hospitalorden haben die Malteser nicht nur die Aufgabe, sich den Kranken und Behinderten zuzuwenden – ihnen ist auch seit alters her die Aufgabe zugewiesen, sich als Zeugen des Glaubens an die Dreifaltigkeit Gottes in der Welt zu zeigen. Wird deshalb durch den Dienst am Kranken seitens der Malteserritter und der vielen Helfer auch der Dienst erfüllt, der dem Malteserorden konstituierend aufgegeben ist, nämlich die Verteidigung des Glaubens?

Prinz Lobkowicz bezieht sich in der Beantwortung dieser Frage auf das Motto, das dem Malteserorden zugrunde liegt: »›Tuitio fidei‹, die Bewahrung des Glaubens, die Behütung des Glaubens, gewiß auch die Verteidigung des Glaubens. In frühen Zeiten des Ordens auch mit dem Schwert. Als reiner Pflegeorden gegründet, gingen die Ritter bald zur Verteidigung der Pilger über, die geschunden, ausgeraubt und verletzt in Jerusalem ankamen. Wie könnte dies heute besser geschehen als auf einer Wallfahrt mit Kranken zur Muttergottes. Das ist sichtbarer Glaubensdienst, das erregt Anstoß, das fordert zum Widerspruch heraus. Vielfach kommt man so ins Gespräch über den Glauben.«

Lourdes kann für beide Seiten ein spirituelles Erlebnis sein, für die Kranken und Behinderten, aber auch für die Gesunden, und dadurch zu einer mystischen Begegnung mit Gott und der Gottesmutter werden. Da wir Menschen als sündige in die Welt geworfen wurden, ist uns ebenfalls der Zweifel innewohnend – der Zweifel auch an Gott, selbst wenn wir meinen, daß wir Gottessucher seien. Den Versuchungen zu widerstehen ist oftmals sehr schwer, und nicht jeder ist in seinen Vorstellungen so gefestigt, daß er, wie durch ein Bollwerk geschützt, durch das Leben gehen kann. »Haben Sie es erlebt, daß durch die in Lourdes erfahrene Spiritualität Kranke, Behinderte, aber auch gesunde Begleiter eine Bekehrung hin zu Gott erfahren haben?«

»Auf Ihre Frage möchte ich zweifach antworten. Bekehrung brauchen wir alle, und immer von neuem. Und Lourdes ist dafür ein sehr guter Ort für die Helfer und für die Betreuten. Aber auch Bekehrung, wie Ihre Frage sie suggeriert, haben wir oft erlebt. Daß der Kirche und dem Glauben sehr Fernstehende in Lourdes entweder erstmals zum Glauben gefunden haben oder aber zurückgefunden haben zum Glauben ihrer Jugend.«

Dem Menschen ist die Hoffnung immanent. Immer hofft er, etwas erreichen zu können – ob etwas Materielles oder etwas Immaterielles. Der Blick des Menschen ist in die Zukunft gerichtet, da er meint, nur dort könne er das erlangen, wonach er sich sehnt. Allerdings ist die Zukunft nur eine Fiktion, eine Utopie, da die Zukunft nie eingeholt werden kann. Hat man sie eingeholt, wird sie für eine logische Sekunde zur Gegenwart, um dann gleich in der Vergangenheit zu versinken. Doch wir müssen die irdische Hoffnung von der überirdischen unterscheiden. Es gibt Hoffnungen, die sich auf Weltliches beziehen, etwas, was auf unserer Welt zu erlangen ist. Diese Hoffnung ist aber nur auf den Tand ausgerichtet, nur auf etwas Vergängliches. In der Begegnung mit Gott freilich kann sich uns die Hoffnung erschließen, die das weltliche Moment transzendiert. Gott kann uns Hoffnung schenken, die unabhängig von weltlichen Zuständen ist. Sie verweist auf das eigentliche Leben – das Leben in der Herrlichkeit Gottes. Es ist das Leben, das wir als die Ewigkeit bezeichnen. Die Hoffnung hierauf vermittelt uns etwas, was uns kein Mensch nehmen, was durch kein Leid verdrängt werden und was uns kein Neid, keine Mißgunst streitig machen kann. Es ist die Begegnung mit dem Herrn, mit dem dreifaltigen Gott, der uns annimmt, wie wir sind – gesund oder krank oder behindert. In ihm erreichen wir das Absolute, das unserem Leben den Sinn gibt und das unser Dasein als ein gelungenes ansehen läßt. Diese christliche Hoffnung vermittelt uns den göttlichen Trost, der uns das Leiden ertragen und das Sterben erleichtern läßt. Oft plagt den Menschen Hoffnungslosigkeit, da er erhoffte weltliche Güter nicht erreichen kann.

»Kann er deshalb seine Hoffnungslosigkeit durch den Glauben an Gott überwinden«, fragten wir den Malteserritter?

»Eine interessante Frage«, entgegnete er, »objektiv hoffnungslos oder subjektiv? Eine hoffnungslose Situation oder die Verzweiflung eines Depressiven, dem äußerlich nichts fehlt? Wer an Gott glaubt, glaubt letztlich daran, daß die Schöpfung gut ist. Sie ist von Gott gewollt. Hoffnungslosigkeit, Verzweiflung, abgrundtiefe Trauer sind vor diesem Horizont immer nur vorläufig. Das Ende und das Ziel sind in der Wirklichkeit Gottes ein großes Glück.«

Der Philosoph Robert Spaemann hat sich immer wieder Gedanken darüber gemacht, wie ein gelungenes Leben geführt werden kann. Deshalb drängt sich die Frage an den Philosophen von Lobkowicz auf, ob er überzeugt sei, daß die Aussicht, den Abglanz der Herrlichkeit Gottes schon im irdischen Leben zu erahnen, diesem erst seinen eigentlichen Sinn vermittele.

Er wolle mit einer Frage antworten, meinte er: »Erleben Sie das nicht auch so? Jede Blume, jeder sonnige Morgen, jeder Blick über wundervolle Landschaft in die Weite der Berge, jede Begegnung mit einem gütigen Menschen, jede Geschichte mit einem glücklichen Ende, all das verweist doch auf die Herrlichkeit Gottes. Dem Glaubenden, so schreibt Augustinus, bestärkt alles, was er erlebt, seinen Glauben.«

Ein Leben könnte als ein gelungenes angesehen werden, wenn die im Vaterunser ausgesprochene Bitte »Dein Reich komme« als Ausdruck dessen aufgefaßt wird, im Reich Gottes, das wir in der Herrlichkeit Gottes in der Ewigkeit erleben können, die Erfüllung des Lebens zu erblicken.

Prinz Lobkowicz kann diese Aussagen auch für sein eigenes Leben bestätigen: »Das scheint mir durchaus wahrscheinlich.« Dabei bezieht er sich auf eine Textstelle im Brief an Titus, wo vom »Bad der Wiedergeburt und Erneuerung im Heiligen Geist« gesprochen wird, den Gott »über uns reichlich ausgegossen hat [...], damit wir, durch seine Gnade gerecht gemacht, das ewige Leben erben, auf das wir unsere Hoffnung gesetzt haben« (Tit 3,5–7). »Im Titus-Brief geht es ja darum, daß keiner selbst sein Heil bewirken kann, sondern daß es Gottes Gnade braucht. Das glauben wir, und es ist gewiß weise, darauf auch das Leben auszurichten.«

Wir haben schon über die Unterscheidung zwischen weltlichen Hoffnungen und göttlicher Hoffnung gesprochen. Während die weltlichen Hoffnungen nur auf das irdische Leben begrenzt sind, reichen die göttlichen viel weiter – bis in die Ewigkeit hinein. Das Zusammenspiel dieser beiden Formen der Hoffnung setzt aber immer den Glauben an Gott voraus. Kann deshalb die christliche Hoffnung auf ein Zusammentreffen mit Gott die profanen Hoffnungen als begrenzte erscheinen lassen und damit als rein menschliche, die den Tod nicht transzendieren können?

»Die christliche Hoffnung«, fährt der Präsident fort, »prägt alles, was wir tun, und hilft uns auch mit dem Vaterunser-Gebet zu sprechen ›Dein Wille geschehe‹. Also nicht der unsere. Als wir Kinder waren, dachten und hofften wir wie Kinder, heißt es in der Schrift. Den eigenen Willen am Willen unseres Gottes auszurichten ist eine lebenslange Übung.«

Den Christen wird immer wieder von ihren Gegnern entgegengehalten, daß sie sich durch die Hoffnung auf ein ewiges Leben in der Herrlichkeit Gottes in eine Weltenferne flüchten, um den drängenden Problemen der Welt aus dem Weg zu gehen und ihr Glück auf ein Leben projizieren, das naturwissenschaftlich nicht nachweisbar und verifizierbar ist. Den Christen wird deshalb oft Weltflucht vorgeworfen. Besteht in dem Vertrauen auf die christliche Hoffnung und damit auf ein Zusammentreffen mit Gott in der Ewigkeit die Gefahr, das Glück der Existenz nur in der Ewigkeit zu suchen?

»Wo Du Deine Schätze hast, da wird auch Dein Herz sein, heißt es in der Heiligen Schrift, und das ist so. Und das Wissen darum, daß der Christ zur Auferstehung berufen ist, darf uns doch schon hier auf Erden froh und glücklich machen. Unglück tapfer ertragen, wird aber der gewiß besser und leichter bewältigen, der um seine ewige Bestimmung weiß.«

Mit unserer letzten Frage wollen wir uns noch einmal dem speziellen Charisma von Lourdes zuwenden und auf die Kraft eingehen, die den Kranken und Behinderten durch die Begegnung mit Gott und der Gottesmutter erwächst: »Schenkt die christliche Hoffnung den Kranken und Behinderten in Lourdes die Kraft, um ihr desintegriertes Leben ertragen zu können?«

Aus der Erfahrung vieler Krankenwallfahrten heraus kann Prinz Lobkowicz urteilen: »Wir stellen fest, daß die konfessionelle Bindung und auch die christliche Prägung der Lebenshaltung in allen Schichten der Bevölkerung rapide verdunstet. Diese Entwicklung macht auch vor den Kranken und Behinderten nicht Halt. Für jeden Menschen gilt, daß ein wohlfundierter christlicher Glaube froh macht. Freude gibt. Und Hoffnung. Dies ist gewiß für unsere Herren Kranken genauso wahr wie für uns. Und Lourdes ist ein Ort des Glaubens und daher natürlich in besonderer Weise auch ein Ort der christlichen Hoffnung.«

Klassenlose Gesellschaft in Lourdes

Die Herren Kranken ermöglichen durch ihr Leiden in Lourdes die Struktur einer Gesellschaft, die nur in der Hingabe an die Kranken und Behinderten geschaffen wird. In dem Dienst an den Kranken und Behinderten, in diesem Dienst am Nächsten verschwinden die Unterschiede, die die Gesellschaften unserer Welt prägen, ja, die sie konstituieren. In dem Dienst an den Notleidenden tritt eine völlige Gleichheit auf den Plan. Die Prinzessin bedient den Ärmsten der Armen, der Vorstandsvorsitzende einer bedeutenden Kapitalgesellschaft schiebt Krankenstühle und säubert Gläubige, die ans Bett gebunden sind und die Kranken nehmen diese Hilfe an. In der Nächstenliebe läßt der Glaube an Gott das Menschliche hinter das Göttliche zurücktreten. Durch die Nächstenliebe wird der Gläubige zum Menschen an sich, zum »Imago Dei«, und kennt nach Gottes

Willen keinen Unterschied mehr. In diesen Momenten wird der Mensch, ob krank oder gesund, zum Kind Gottes, das wir alle sind. Durch ihre Erscheinung hat die Gottesmutter für die Menschen, die an ihrem Erscheinungsort beten wollen, das Urchristentum wieder auferstehen lassen, wie es Huysmans feststellen konnte – eine Form des Christentums, das ein »Aufblühen liebevoller gegenseitiger Zuwendung«[212] ermöglicht. In der Gemeinschaft aller Hoffenden, in dem Verschmelzen der Klassen,[213] kann die gemeinsame Hoffnung gen Himmel steigen, hin zu Gott.

Auch wenn im Dienst an den Kranken und Behinderten die Herkunftsklassen in den Hintergrund treten und das Wohl der Kranken im Vordergrund steht, ganz und vollständig können diese Schranken nicht überwunden werden. Jeder bleibt, ob er will oder nicht, seiner Herkunft verpflichtet, jeder kann nicht sein Herkommen aufgeben, ohne nicht in die Beliebigkeit zu verfallen. Die durch die Krankenfürsorge gezeigte tätige Nächstenliebe, dieser Dienst am Nächsten, wird von nicht wohlmeinenden Zeitgenossen gerne als Beweis der moralischen Überlegenheit gedeutet, damit sich die Dienenden zur Elite des christlichen Abendlandes zählen können.[214] Wenn der tätige Einsatz der Malteser auf diese Weise gedeutet wird, wird die Intention ins Gegenteil verkehrt und die Nächstenliebe als ausschließliche Eigenliebe verstanden. Wer Tage mit schwerstkranken Personen verbracht, wer über viele Tage behinderte Frauen und Männer versorgt und dabei Erfahrungen gemacht hat, die sonst den Bereich der Pflegeeinrichtung oder des Krankenhauses nicht verlassen, stellt schwerlich sein eigenes Ego in den Vordergrund, um seine Wohltätigkeit vor aller Welt zu präsentieren und sich dabei als der moralisch Höchststehende zu gerieren. Im Gegenteil: Die Konfrontation mit dem Elend ist für ihn eher ein spirituelles Erlebnis, das ihm gleichzeitig die Nähe Gottes erspüren läßt. Es ist auch die Dankbarkeit dem Schöpfer gegenüber, daß er der Helfende sein kann – daß er durch die Gnade Gottes anderen Menschen helfen kann und nicht auf die Hilfe Dritter angewiesen ist.

Viele Begleiter dieser Krankenzüge, die oft Erfahrungen machen müssen, die sie in Grenzbereiche ihres Verstehens führen, empfinden diese Fahrten, die auch immer Ausbrüche aus ihrem normalen Leben sind, als unvergeßlich. Sie haben sie in ihrem Glauben und in ihrer Spiritualität gestärkt und sich als große Hilfe für den Alltag gezeigt.[215]

Großkanzler Albrecht Freiherr von Boeselager

Als Beispiel dafür, wie die Krankensorge die Malteserritter verändern kann, sei auf den Entschluß des vormaligen Großkanzlers des Malteserordens hingewiesen, der durch eine Lourdes-Krankenwallfahrt die eigentliche Berufung fand. Die Versorgung der Kranken und Behinderten faßte er als einen Dienst auf, den er auch als Gottesdienst empfand. Im Rahmen seiner ersten Krankenwallfahrt leistete er seinen Dienst vor den Bädern – dort, wo die Schwerstkranken in das Lourdeswasser gelassen werden, um durch die metaphysische Kraft, die der Quelle in der Grotte zu eigen ist, Linderung erfahren zu können. Er konnte und wollte nicht sehen, wenn die Kranken und Behinderten, ihrer Kleidung entledigt, unverhüllt ihre Gebrechen und Verletzungen offenbarten. Doch er wurde von einem Pfleger, der im Bad den Kranken und Behinderten half, gebeten, doch in das Badehaus zu kommen, um ihn zu unterstützen. Als er das Badehaus betrat und sah, wie dort zwei Patres »liebevoll die Kranken pflegten, die Wunden wuschen, Verbände anlegten, die kranken Körperstellen küßten«, da habe es ihn gepackt, wie er selber bekannte.[216] Es war eine Bekehrung, die ihn veranlaßte, sich in den Dienst der Nächstenliebe zu stellen und in den Kranken und Behinderten Gott zu erahnen, um dadurch Jesu Christi nachzufolgen. Er hat sich seit diesem ersten Erlebnis neben seinen Aufgaben als Land- und Forstwirt sowie als Jurist ganz dem Orden verschrieben. Sein Einsatz für die Notleidenden der Welt erfuhr auch eine institutionalisierte Form, als er in die Ordensleitung als Großhospitalier gewählt wurde, um sich für fünf Amtszeiten um die weltweiten barmherzigen Werke der

Malteser zu kümmern, bis er dann zum Großkanzler gewählt wurde. Aus dem Glauben heraus erbringen er und die anderen Ritter den nicht leichten Dienst an den Kranken und Behinderten. Eine moralische Überlegenheit durch den Dienst zu dokumentieren, ist ihnen fremd. Um eine Überlegenheit zeigen zu wollen, hätten sie andere Möglichkeiten, die sie aber im Regelfall nicht nutzen. Der Glaube an Gott und der uns allen aufgegebene Missionsauftrag lassen sie demütig werden, der Standesdünkel und Überlegenheitsgefühl nicht aufkommen läßt. Der Dienst am Nächsten wird nicht durch Geld entgolten, sondern ausschließlich durch die Liebe Gottes. Und der Dienst verschafft den Rittern eine Möglichkeit, die Freundschaft Gottes anzustreben und deshalb haftet diesem Dienst auch ein mystisches Moment an – ein Moment, der vielleicht die Nähe zu Gott ermöglicht.

Nicht nur die Kranken und Behinderten kommen als andere Menschen aus Lourdes zurück, auch die Betreuer. Im Anblick des ganz anderen verändert sich der Mensch, die Maßstäbe, mit denen man durch das Leben geht, werden neu austariert und lassen eine Dankbarkeit dafür aufkommen, daß man auf der Seite der Helfer stehen kann. Es ist eine Dankbarkeit, die jedes Standesdenken hinter sich läßt – es ist die Dankbarkeit über das Geschenk des Glaubens.

Der Seligsprechungsprozeß für Kardinal József Mindszenty, den letzten Fürstprimas von Ungarn

Pontificium Collegium Germanicum et Hungaricum

Den Vormittag verbrachten wir noch in der Bibliothek des Malteserordens, um in dessen Geschichte einzudringen, ja, wir genossen diese Welt der Tradition, in der die Bücher über zwei Geschosse hinweg bis zur Decke aufgestellt sind. Ein schmales Fenster läßt etwas Licht in diesen Raum der Geschichte und der Gelehrsamkeit – gerade soviel, daß die Leser nicht vom Studium abgelenkt werden. Eine tiefe Stille erfüllte diesen Ort, nur ab und an war ein leises Flüstern zu hören, nichts lenkte uns ab, als wir uns in die alten Bücher vertieften. Ab und an wiesen Namenseintragungen in den Büchern auf längst verstorbene Großmeister hin, die ihre Büchersammlungen dem Orden vermacht hatten, um mitzuhelfen, die Ordensbibliothek seit der zweiten Hälfte des 19. Jahrhunderts zur bedeutendsten Büchersammlung über den Orden aufbauen zu können. Über 10 000 Bücher wurden bisher gesammelt, dazu noch viele Manuskripte und Autographen sowie Inkunabeln. Ehrfürchtig glitten unsere Blicke über die vielen Buchreihen, ehrfürchtig und wißbegierig zugleich. Doch unsere Zeit war begrenzt, waren wir doch im Päpstlichen Collegium Germanicum et Hungaricum zum Mittagessen eingeladen. Den Ort des Wissens mußten wir wieder verlassen, um uns in das Gewühl der vielen Menschen, Autos und Motorroller einzufädeln und uns den Weg durch die großstädtische Geschäftigkeit zu bahnen. Doch als wir in die Via di S. Nicola da Tolentino einbogen und den leichten Anstieg zum Kolleg nahmen, erfaßte uns wieder die Ruhe, die uns nahezu unwirklich vorkam. Wie eine Insel inmitten des Lärms und des Trubels wirkte die Straße, und als wir das Tor zum Kolleg hinter uns gelassen hatten, betraten wir eine Welt für sich – eine deutsch-ungarische kulturelle Enklave, in der seit über 500 Jahren Priester leben und studieren, um in der jeweiligen Heimat die Kirche gegen die Einflüsse der Welt zu verteidigen und sich gleichzeitig um die Seelen der Gläubigen zu kümmern. Das Collegium – das älteste nationale Kolleg in Rom – wird von Anfang an von Jesuiten geführt und deshalb war es nur zu natürlich, daß wir uns unter dem Porträt von Ignatius von Loyola trafen, um dann gemeinsam mit dem Rektor Stefan Dartmann den Speisesaal zu betreten.

Da wir das Kolleg am Ende des Semesters aufgesucht hatten, waren viele Studenten schon in ihre Heimat abgereist, so daß die Reihen merklich gelichtet waren. An unserem Tisch hatten auch zwei ungarische Priesteramtskandidaten Platz genommen, und durch sie konnten wir einiges über die Schwierigkeiten hören, vor denen die Kollegleitung steht. Da die Unterbringungskosten für die Seminaristen im Regelfall von den jeweiligen Ortsbischöfen übernommen werden, die ungarischen und die anderen osteuropäischen Bischöfe aber große finanzielle Schwierigkeiten haben, muß sich der Rektor um anderweitige Finanzierungsmöglichkeiten umschauen, was ihm auch immer gelingen konnte. Auf diese Weise ist gesichert, daß auch aus den vormals atheistischen osteuropäischen Ländern ein hochqualifizierter Priesternachwuchs ausgebildet werden kann. Doch nicht nur über finanzielle Fragen sprachen wir, auch über die Kirche San Stefano Rotondo, die ebenfalls im Eigentum des Kollegs steht und die für die Ungarn die Nationalkirche darstellt. Darüber hinaus erwähnten die ungarischen Studenten auch den vormaligen Titelinhaber dieser Kirche, Kardinal Mindszenty, von dem viele ungarische Gläubige hoffen, daß er seliggesprochen wird. Dieser Hinweis veranlaßte uns, diese Kirche wiederum aufzusuchen, um dort eine imaginäre Begegnung mit dem Widerstandskämpfer und bedeutenden Glaubenszeugen Kardinal Mindszenty zu suchen.

San Stefano Rotondo
Als wir durch das Tor der Umgrenzungsmauer traten, wurden wir mit einer der ältesten Kirchen in Rom konfrontiert. Es ist eine Rundkirche, die auf der Vorstellung erbaut worden ist, durch die Architektur ein gleichschenkliges griechisches Kreuz zu symbolisieren. Die Enden der Kreuzesachsen wurden durch Kapellen markiert, die den Kreis durchstoßen hatten, so daß auch von außen die Kreuzesform zu sehen war. Im Inneren wurden ursprünglich drei Kreise um den in der Mitte stehenden Altar gebildet, abgetrennt durch Säulen, um nicht nur das Kreuz und die sich in ihm aufscheinende Theologie abzubilden, sondern auch durch die heilige Dreizahl auf die Dreifaltigkeit hinzuweisen. Allerdings wurde die Kirche im 11. und 12. Jahrhundert stark beschädigt, so daß der äußere Kreis abgerissen wurde. Die Säulen des äußeren Kreises wurden danach in die Außenmauer integriert. Diese wurde innen mit Szenen aus dem Leben der Missionare bemalt, um den Priesteramtskandidaten immer wieder vor Augen zu führen, daß ihre missionarische Aufgabe gefährlich ist und durch Folter und Qualen gewaltsam beendet werden könnte.[217]

Kardinal Mindszenty als Titelinhaber
Hier in dieser Kirche fand Kardinal Mindszenty wieder ein neues geistliches Zuhause, nachdem er gezwungenermaßen sein Budapester Exil in der amerikanischen Botschaft hatte verlassen müssen und dazu auch noch seinen Titel als »Fürstprimas von Ungarn« verloren hatte, obwohl ihm dieser auch nach dem Verlassen Ungarns versprochen war. Er war als Erzbischof von Esztergom (Gran) der letzte Fürstprimas von Ungarn. Seine Nachfolger führen nur noch den Titel »Primas von Ungarn«. Als Erzbischof Mindszenty zum Kardinal erhoben worden war, wurde ihm seitens des Papstes die Kirche San Stefano Rotondo in Rom als Titelkirche zugewiesen. Damit erhielt diese ungarische Nationalkirche wieder einen Titelkardinal, der aus Ungarn stammte.

Das Leben von Kardinal Mindszenty war von Verfolgung, Folter und Haft sowie langen Jahren des Exils, die er in der amerikanischen Botschaft in Budapest verbrachte, geprägt. Durch seinen Widerstand gegen den Nationalsozialismus und dann gegen den Kommunismus wurde er zum Glaubenszeugen par excellence und zum Glaubensvorbild für viele Katholiken. Deshalb erwuchs nicht nur im ungarischen Klerus, sondern auch bei den ungarischen Gläubigen der Wunsch, Kardinal Mindszenty seligsprechen zu lassen. Der Antrag wurde in Rom gestellt, das Verfahren wurde in Gang gesetzt, doch mit einem erfolgreichen Ende können die Antragsteller noch nicht rechnen – noch ist die zuständige Kongregation nicht davon überzeugt, daß die vorgelegten Gründe die Seligsprechung rechtfertigen würden.

Wer die *Erinnerungen* von Kardinal Mindszenty[218] gelesen und dadurch von all den Qualen erfahren hat, die der Kardinal für den Glauben erleiden mußte, wer mitverfolgt hat, wie der Kardinal den Versuchungen widerstand, durch Zusammenarbeit mit den Kommunisten ein Ende der Grausamkeiten und der schier unerträglichen Schmerzen herbeizuführen, wer sich also mit diesem Bekenntnis eines äußerst standfesten Glaubenszeugen beschäftigt hat, der kann nicht verstehen, was die Kongregation daran hindern könnte, die Seligsprechung zu erklären. Da Kardinal Mindszenty nicht nur ein katholischer Glaubenszeuge ist, sondern auch ein Widerstandskämpfer, wollen wir auf sein Leben und auf den Prozeß der Seligsprechung eingehen – auch um aufzuzeigen, mit welcher menschlichen Größe und mit welchem Mut Kardinal Mindszenty sich während der nationalsozialistischen Okkupation und dann während der kommunistischen Herrschaft für die Kirche und für Gott eingesetzt hat.

Für ihn waren die beiden Totalitarismen unvereinbar mit den Lehren Jesu Christi, und in den Vertretern jener Ideologien sah er die Schergen des Antichrist, die ihn und die anderen Christen auslöschen wollten. Wer nicht für sie sei, müsse liquidiert werden, damit ihr Sieg nicht gefährdet werde – so kann die Doktrin zusammengefaßt werden. Um diesen Sieg herbeizuführen, war den Machthabern jedes Mittel recht: Gewalt, Drogen, Folter. Der Zweck, Macht und Herrschaft, rechtfertigten jedes Mittel. Diese Maxime wurde zur Grundlage eines Staatssystems, das sich zum Ziel gesetzt hatte, das Paradies auf Erden zu schaffen, allerdings den Staatsbürgern nur die Hölle bereitete. Kardinal Mindszenty[219] hingegen vertrat das Prinzip der Legitimität als Grundlage des Staates – das Prinzip, das einen Rechtsstaat konstituiert und mit dem totalitären Prinzip der Gewalt nicht vereinbar ist. Bischof Mindszenty erkannte, daß das Prinzip der Gewalt sich nicht aus dem Naturrecht, das dem Menschen die Grund- und Menschenrechte als intrinsische Rechte zuweist, ohne daß es eines menschlichen Aktes bedürfte, herleiten läßt. Das Prinzip der Gewalt fußt vielmehr auf dem Willen von Menschen, durch den die Grund- und Menschenrechte außer Kraft gesetzt werden können, wenn im Rahmen der Nutzung eigener Rechte die eigenen Vorstellungen beeinträchtigt werden könnten.

Allerdings zeigte sich am Ende des Nationalsozialismus und in den Umwälzungen der Jahre 1989/1990, durch die der Kommunismus und der Sozialismus als untauglich bloßgestellt wurden, der Abgrund menschlichen Seins: Millionen ermordeter und gefallener Menschen, Legionen von vertriebenen und entrechteten Personen, Hunderttausende vergewaltigter Frauen, die Armut von Millionen.

Kaum aus dem nationalsozialistischen Gefängnis befreit, mußte Kardinal Mindszenty die Erfahrung machen, daß mit Hilfe der sowjetischen Besatzungstruppen der Kommunismus sowjetischer Prägung in Ungarn Fuß fassen konnte. Dabei war den Kommunisten jedes Mittel dienlich, um ihre Ideen durchzusetzen. In Abkehr von christlichen Wertvorstellungen sollte nur noch das gelten, was die Partei für richtig hielt, schließlich habe die Partei, wie ein Slogan der damaligen Zeit den Menschen eintrichterte, immer Recht. Die Entscheidungen der Partei wurden als »unumstößliche Lehrsätze« betrachtet, »die keiner Beweise bedürfen«, wie der Kardinal in seinen *Erinnerungen* festgehalten hat. Gott hatte in diesem kommunistischen

System keinen Platz, die Religion wurde als Opium für das Volk verunglimpft. Die Partei und damit die Ideologie sollten die Religion ersetzen. An den Kommunismus mußte geglaubt werden, er mußte als Erlösungstheorie hingenommen, ja, innerlich akzeptiert werden. Sollte keine Akzeptanz durch Überredung erreicht werden, mußte der Ungläubige durch Folter dazu gebracht werden. Die christliche Religion wurde ins Private abgeschoben, um sie dann liquidieren zu können. Die Konsequenz der Verbannung der Religion aus dem politischen Diskurs zeigte sich für Mindszenty – luzide und schrecklich zugleich – in den Konzentrationslagern der Nationalsozialisten und den Gulags der Kommunisten.

Immer wieder ergriff Kardinal Mindszenty das Wort gegen die Totalitarismen und führte die Gottlosigkeit der Nationalsozialisten und der Kommunisten in seinen Predigten und öffentlichen Stellungnahmen der Bevölkerung vor Augen. Er wußte, daß seine Predigten in der Welt gehört werden und damit auch die Anklagen gegen die jeweiligen Machthaber. Er machte die Weltöffentlichkeit auf Verfolgungen, Rechtsverletzungen und Verbrechen der jeweiligen Machthaber aufmerksam – unerschrocken, ohne Rücksicht auf seine Gefährdung. In seinen *Erinnerungen* führt er aus, daß er auch bereit gewesen sei, »mit Gottes Hilfe im Kampf auszuharren, selbst um den Preis meines Lebens«. Er verfolgte nicht nur als Erzbischof und Fürstprimas Ungarns seine christlichen Prinzipien, er machte seine Mahnungen, Vorwürfe und Anschuldigungen auch als ungarischer Patriot geltend.

Er ließ sich nicht einschüchtern und folgte dem Auftrag des Christentums. Selbst als er – wortwörtlich – unter Beschuß geriet und wie durch ein Wunder von den Kugeln nicht getroffen wurde, blieb er bei seiner Meinung. Sein Mut, ja, seine Verachtung der Todesgefahr, die ihm seitens der kommunistischen Herrscher latent drohte, ließ ihn sein Ziel verfolgen, das Wort Christi zu verkünden und dabei gleichzeitig die Unterdrückung durch die Herrschenden zu verurteilen. Er machte sich nicht mit den sowjetischen Kommunisten gemein, wie so viele andere Ungarn, die oft in der stalinistischen Sowjetunion geschult worden waren. Er war nur bereit, vor Gott die Knie zu beugen, nicht aber vor einer weltlichen rechtswidrigen Herrschaft. Immer wieder brandmarkte er die Verbrechen der Kommunisten, immer wieder unterrichtete er die Weltöffentlichkeit über die Bedrängnis, unter der sein Heimatland Ungarn und seine ungarischen Landsleute zu leiden hatten. Selbst König Georg VI. von Großbritannien unterrichtete er über die Unterdrückung durch die Kommunisten, er schrieb ihn an, um ihn darauf hinzuweisen, daß die Mitglieder der UNO zwar feierlich in der Erklärung der Menschenrechte von 1948 deren Geltung als universal und auf jeden Menschen zutreffend verkündet hätten, doch die Augen vor den Menschenrechtsverletzungen an den Ungarn in der Slowakei verschlössen – vor dem Schicksal der dort seit Jahrhunderten lebenden Ungarn, die unter Verlust ihres Eigentums vertrieben worden seien, wobei viele den Tod gefunden hätten.

Auch wenn die drei Siegermächte, die USA, Großbritannien und die Sowjetunion, auf der Konferenz von Potsdam die völkerrechtswidrige Vertreibung der Sudetendeutschen gutgeheißen und damit die Beneš-Dekrete, die Grundlage der Auslöschung deutschen Lebens im Sudetenland war, akzeptiert hatten – eine Vertreibung der ungarischen Bevölkerung aus der Slowakei wurde hingegen nicht genehmigt, ihnen war ein Bleiberecht zugebilligt worden. Nach Auffassung der kommunistischen Regierung der Tschechoslowakei sollten aber in deren Staat nur Tschechen und Slowaken leben. Alle anderen Volksgruppen sollten das Land verlassen. Die drei Siegermächte hatten zwar nicht gestattet, auch die ungarnstämmige Volksgruppe zu vertreiben, doch hieran fühlte sich die kommunistische Regierung in der Tschechoslowakei nicht gebunden, schließlich hat das Recht in einem Unrechtsstaat keine Bedeutung. Die ungarische Volksgruppe, die 650 000 Mitglieder umfaßte, sollte ebenfalls aufgelöst werden. 200 000 Personen sollten »reslowakisiert« werden, 100 000 sollten gegen Slowaken, die in Ungarn lebten, ausgetauscht und die restlichen 350 000 Ungarn sollten unter primitiven Lebensumständen in der gesamten Tschechoslowakei verstreut angesiedelt werden. Um dieses Vorhaben verwirklichen zu können, wurde vor aller Welt – auch vor den beiden Signatarstaaten USA und Großbritannien – und nicht geheim diese »Auslöschungspolitik« trotz der zuvor feierlich beschlossenen Erklärung der Menschenrechte von 1948 exekutiert. Den ungarischen Staatsbürgern wurde die Staatsangehörigkeit entzogen, sämtliche Ungarn wurden aus dem Staats- und Gemeindedienst entlassen, Gehälter, Pensionen und Renten wurden nicht mehr ausgezahlt, landwirtschaftliche und industrielle Betriebe, einschließlich der Handwerksbetriebe wurden entschädigungslos enteignet. Personen, die sich zur ungarischen Kultur und Tradition bekannten, durften sogar noch nicht einmal in der Industrie oder im Handel tätig sein. Ungarische Priester wurden ausgewiesen und letztendlich wurde auch die ungarische Sprache verboten. Die ungarische Kultur sollte vollständig ausgelöscht werden. Obwohl die Vertreibung der Ungarn aus der Tschechoslowakei von den Siegermächten nicht gestattet worden war, wurden sie gleichwohl verjagt. Die westlichen Siegermächte sahen zu, wie ihre Werte durch die Sowjetunion dekuvriert, ja, wie sie vor der Weltöffentlichkeit ad absurdum geführt wurden. Die Sowjetunion wollte es, und die beiden westlichen Siegermächte ließen die Kommunisten in der UdSSR und in der Tschechoslowakei gewähren, um keinen neuen Krieg zu riskieren.

Dankbar erinnerte sich später Kardinal Mindszenty der Hilfe, die dem ungarischen Volk durch die US-amerikanischen Gläubigen zu teil geworden war. Kardinal Spellman sammelte Geld für die notleidende ungarische Kirche und wollte es den Gläubigen in Ungarn zukommen lassen. Obwohl der sogenannte Klassenfeind das Geld zur Verfügung gestellt hatte, behielten die ungarischen Kommunisten einen Teil und leiteten dann den Rest an die Kirche weiter. Später sollten Mindszenty von den Kommunisten wegen dieser Zahlungen Devisenvergehen vorgehalten werden. Er mußte sich in einem erniedrigenden Schauprozeß zur Wehr setzen, in dem nach dem Willkürrecht der Partei entschieden wurde. Es war ein Prozeß, fern rechtstaatlicher Prozeßordnungen, eine kommunistische Zurschaustellung, daß die Partei immer recht habe, und der nur deshalb durchgeführt wurde, um immer wieder und an jedem Prozeßtag der Welt die vermeintlichen Vergehen des Kardinals aufzeigen zu können. Das Urteil jedoch war schon vor Prozeßbeginn fertig geschrieben. Das war die stalinistisch/kommunistische Rechtsprechung, die die in Moskau geschulten ungarischen Kommunisten nahezu in Perfektion imitierten.

Schauprozeß und Haft

Obwohl Kardinal Mindszenty wußte, daß in diesem Schauprozeß das Urteil schon vor Beginn des Verfahrens festgelegt war, vertrat er im Prozeß und auch danach unbeirrt seine christlichen Prinzipien und stellte sich gegen den Kommunismus. Er ließ sich nicht durch die harte Strafe, die ihm drohte, und durch die Folterungen einschüchtern oder in seinen Auffassungen verunsichern. Eine nahezu übermenschliche Glaubenskraft ermöglichte es ihm, trotz der täglichen Folterungen und der Versuche, durch Drogen seinen Willen zu brechen, dem Staat zu widerstehen und den Glauben an Gott zu bewahren.

Aus dem Gefängnis heraus konnte Mindszenty beobachten, wie die Herrschaft der Kommunisten immer unerträglicher wurde und wie der Unmut der Bevölkerung über die ideologische Fremdherrschaft wuchs. Die Wut über die Herrschenden brach sich 1956 im Ungarischen Aufstand Bahn. Durch sowjetische Truppen und Panzer wurde der Aufstand allerdings blutig niedergeschlagen. Kardinal Mindszenty erwähnt in seinen Erinnerungen, daß nach unbestätigten Informationen in den acht Tagen des Aufstandes etwa 5000 Ungarn gefallen seien, bei 20 000 Verwundeten. Außerdem habe es viele Deportationszüge nach Sibirien gegeben. Viele der abtransportierten Personen seien Jugendliche zwischen zehn und achtzehn Jahren gewesen.

Befreiung und Botschaftsexil

Während des Aufstandes wurde Kardinal Mindszenty zwar aus dem Gefängnis befreit und konnte vier Tage in Freiheit leben. Nach der blutigen Niederschlagung des Aufstandes drohte ihm wiederum Haft und schwerste Folter. Er floh deshalb in die US-amerikanische Botschaft in Budapest, wo ihm auch Asyl gewährt wurde. Dort verbrachte er die nächsten Jahre, bis ihm 1971 Papst Paul VI. mitteilen ließ, daß es doch besser wäre, »wenn ich mich jetzt zum Verlassen der amerikanischen Botschaft entschließen könnte«, so der Kardinal in seinen *Erinnerungen*.[220] Er wollte sich weigern, empfand gleichwohl den Hinweis des Papstes als Befehl, dem er zu gehorchen habe. Allerdings meinte der Kardinal in dem päpstlichen Wunsch auch zu erkennen, daß er inzwischen für die Kirche und für ihre Ostpolitik als eine erhebliche Belastung angesehen werde, die einer weiteren Entspannung im Wege stünde. Seinen Widerstand gegen die Kommunisten hat er als nicht mehr gewünscht empfunden, zumal er aus einer sehr dezenten Bemerkung von Präsident Nixon, daß er – der Kardinal – sich in sein Schicksal fügen möge, herauslesen mußte, die amerikanische Regierung würde auch eine Beendigung seines Asyls begrüßen, um ein Hindernis für die weitere Entwicklung der Annäherung zwischen Ost und West zu beseitigen. Nach langen Verhandlungen, die wegen des künftigen Status des Kardinals geführt werden mußten, verließ er die Botschaft und ging nach Wien in die »Verbannung«. So bezeichnete er sein Leben in Österreich und im Westen. Er nahm Quartier im ungarischen Priesterseminar Collegium Pazmanianum in Wien. Er hatte seine Heimat in dem Bewußtsein verlassen, daß er niemals wieder ungarischen Boden betreten würde, aber auch in der Überzeugung, seinen Prinzipien treu geblieben zu sein. Zwar war ihm seitens des Vatikans zugesichert worden, daß er auch im Ausland den Titel eines Fürstprimas von Ungarn behalten und Erzbischof von Esztergom bleiben würde, doch wurde ihm durch die Kirche der Titel später entzogen, genauso wie er als Erzbischof von Esztergom abgesetzt wurde. Dadurch habe er sich endgültig »auf den Weg in die Abgeschiedenheit einer totalen Verbannung« begeben, wie er resignierend feststellen mußte. Er fühlte sich von der Kirche hintergangen, ja, er meinte, seine Opfer sinnlos erbracht zu haben.

Exil in Wien

József Mindszenty starb 1975 in Wien, in der »Verbannung«, und wurde in Mariazell in der Steiermark beigesetzt. Letztwillig hatte er verfügt, daß seine sterblichen Überreste erst dann nach Esztergom überführt werden dürfen, wenn in seinem Heimatland wieder die Freiheit herrsche. Nach dem Untergang der kommunistischen Herrschaft fand er dann seine letzte Ruhe im Dom von Esztergom. Mit ihm starb der letzte Fürstprimas von Ungarn. Der Titel »Primas von Ungarn« hingegen wurde nie aufgehoben. Der Titel bedeutet einige spezielle Rechte für den Inhaber. Der Primas hat einen autonomen klerikalen Gerichtshof, der zwischen dem bischöflichen und dem päpstlichen Gerichtshof angesiedelt ist. Der Primas von Ungarn hat darüber hinaus das Recht, das Nationalkonzil einzuberufen, und das Patriarchenkreuz in den festlichen Prozessionen vor sich hertragen zu lassen. Im Jahr 1951 sind von Papst Pius XII. einige profane Titel, die an den kirchlichen Titel angeschlossen waren, aufgehoben worden. Ein solcher Titel war derjenige des »Fürstprimas«. Dieser stammte noch aus der Zeit des Heiligen Römischen Reiches Deutscher Nation und stand dem jeweiligen Erzbischof von Esztergom zu.

Der Glaubenszeuge

Kardinal Mindszenty war ein Mann des Glaubens, der sich auch nicht durch schreckliche körperliche und geistige Folterungen von seinem Weg zu Gott abbringen ließ. Der Glauben gab ihm die schier übermenschliche Kraft, trotz der Qualen und Schmerzen an der Seite Gottes zu stehen, unbeirrt, felsenfest; allen Sirenengesängen des Staates, ihm die Freiheit für den Preis der Gemeinmachung mit dem Kommunismus zu schenken, widerstand er. Trotz der Qualen hat er Gott den Herrn nie verraten. Selbst als er wieder und wieder halb totgeschlagen wurde, stand er zu Jesus Christus. Er war ein Glaubenszeuge, der durch sein unerschrockenes Einstehen für den Glauben zum Vorbild wurde.

Kardinal Mindszentys unbedingtes Glaubenszeugnis erweckte in den ungarischen Gläubigen den Wunsch, ihn seligsprechen zu lassen. Es wurde ein Kuratorium gebildet, das sich in Rom für die Seligsprechung einsetzt. Das Mitglied dieses Kuratoriums, Botschafter Imre von Ugron, der inzwischen neben S. K. K. H. Erzherzog Dr. Eduard von Habsburg-Lothringen zum Co-Vorsitzenden der Kardinal-Mindszenty-Stiftung gewählt worden ist, verwies darauf, daß Papst Franziskus im Jahr 2019 als ersten Schritt im Seligsprechungsprozeß den Kardinal zum »Ehrwürdigen Diener Gottes« erhoben habe. Papst Franziskus habe Kardinal Mindszenty in einem Gespräch als Märtyrer bezeichnet, doch hat die Kongregation für Seligsprechungen dieses vorgetragene Argument für nicht ausreichend erachtet. Nach Auffassung der Kuratoriumsmitglieder sei darüber hinaus ein Wunder erforderlich, um die Seligsprechung verkünden zu können. Ein Wunder ist nach Auffassung des Kuratoriums zwar geschehen und es wurde auch der Kongregation gemeldet, doch wurde dieses nicht akzeptiert. Über eine Millionen Ungarn und viele Gläubige weltweit beten für die Anerkennung der Seligsprechung, doch bisher vergeblich.

Der Seligsprechungsprozeß

Das für Kardinal Mindszenty eingeleitete Verfahren soll uns den Anlaß geben, uns näher mit der Seligsprechung eines Glaubenszeugen zu beschäftigen, schließlich soll hierdurch das Leben und der Glauben in einer besonderen Weise nicht nur in der Kirche, sondern auch in der Gesellschaft gewürdigt werden. Durch die Heiligsprechung wird seitens der zuständigen römischen Kongregation die Verehrung des Heiligen weltweit ermöglicht, während durch die

Seligsprechung die Verehrung lokal begrenzt ist. Das Glaubenszeugnis, das Kardinal Mindszenty abgelegt hat, soll nach Auffassung der ungarischen Diözesen ausreichend sein, um die Möglichkeit der Verehrung – erst einmal – in Ungarn zu gestatten. Aus diesem Grund hat der Postulator bei der römischen Kongregation für die Heilig- und Seligsprechung den Antrag gestellt, das Seligsprechungsverfahren zu eröffnen. Als Postulator wurde von der Diözese Gergely Kovács[221] bestellt, ein Lehrer für Geschichte und Italienisch, der auch eine Ausbildung als Religionslehrer durchlaufen hat. Darüber hinaus ist er durch die Kongregation für die Heiligsprechungen als Postulator ausgebildet worden und hat seitdem mehrere Verfahren begleitet.

Da das Verfahren inzwischen vor der römischen Kongregation anhängig ist, wird es nunmehr in erster Linie von einem Kleriker, Monsignore Paolo Rizzi, geführt, während der ursprüngliche ungarische Postulator Kovács das Amt des Vizepostulators bekleidet. Die Postulatoren müssen das Verfahren vorbereiten und begleiten sowie alle Tatsachen zusammentragen, um den Antrag zu begründen. Darüber hinaus müssen sie auch die Öffentlichkeit durch Vorlesungen, Aufsätze und Bücher über das Verfahren aufklären, damit der Kandidat bekannt gemacht werden kann. Dadurch soll erreicht werden, daß weitere Gläubige den Kandidaten verehren können. Nach erfolgter Seligsprechung obliegt dem Postulator die Aufgabe, die Zeremonien durchzuführen und Reliquien zu beglaubigen, damit die Verehrung dem kanonischen Recht entsprechend erfolgen kann. »Nach dem erfolgreichen Abschluß des Seligsprechungsverfahrens«, so der Postulator Kovács, »wird der Selige als ›örtlicher‹ Heiliger – also in einer Diözese oder in einem Orden – verehrt.«

Über die Gründe für die Beantragung der Seligsprechung gab der Postulator Kovács Auskunft. Danach kann ein Seligsprechungsverfahren initiiert werden, »wenn der Kandidat von den Gläubigen verehrt wird und wenn ihm der Ruf der Heiligkeit anhaftet, auch, wenn er ein heiligmäßiges Leben geführt hat oder aber, wenn er Opfer des Glaubens oder das Martyrium wegen seines Glaubens hat auf sich nehmen müssen. Letztendlich wird das Verfahren eröffnet, wenn durch die Fürsprache des Kandidaten ein Wunder bewirkt wurde«.

Im Rahmen der Antragsbegründung muß auch die Person beschrieben werden. Dies bot uns die Möglichkeit, vom Postulator etwas über die Person von Kardinal Mindszenty zu erfahren und dabei auch gleichzeitig in Kenntnis darüber gesetzt zu werden, was einen Gläubigen auszeichnen muß, um verehrt zu werden – was er für Gott und die Kirche erbracht haben muß, um in den Ruf eines Seligen zu geraten. Für den Postulator wird die Person Kardinal Mindszentys am besten »durch die Worte charakterisiert, die im Seligsprechungsgebet aufgeführt sind. Danach wird gebetet, daß er ›der treueste Pastor bis zum Tod in der Zeit der Verfolgung, Zeuge der Wahrheit und der Liebe‹ gewesen sei«.

Weiterhin verweist Postulator Kovács auf das vatikanische Dekret über die Anerkennung der heldenhaften Tugenden. Danach ist festgestellt worden, daß Kardinal Mindszenty »die vollständige Ergebenheit an Christus und an seine Wahrheit sowie das vollkommene Vertrauen auf die göttliche Vorsehung aufweise«. Dann führt der Postulator aus, daß Kardinal Mindszenty »eine mächtige Hoffnung, eine Liebe für das ungarische Volk, die leidenschaftliche pastorale Tätigkeit, der Eifer für das Einverständnis und den Frieden, Klugheit und Kraft, Verachtung der profanen Dinge, die stetige Bestrebung, die evangelischen Ideale zu erreichen« attestiert werden könne. Für den Postulator zeichnet das Dekret sehr gut das spirituelle Porträt von Kardinal Mindszenty, der – wie er weiter ausführt – »das Kardinalspurpur mit seinen Tugenden verziert und sein ganzes Leben dem Glauben an Christus und an die Kirche gewidmet hatte«.

Im weiteren Verfolg der Beantragung hat der Postulator auch auf das Engagement Mindszentys als Priester und Seelsorger hingewiesen, welches er in außergewöhnlicher Weise ausgeübt hat. Er hält deshalb »das tiefe Durchleben des Priesteramtes, die Tiefe seiner pastoralen Berufung und seine Verantwortlichkeit für die ihm anvertrauten Personen« für überaus wichtig. Darüber hinaus habe ihn »seine lebenslang herausragend geübte Nächstenliebe« ausgezeichnet, auch »sein tiefes Sakramental- und Gebetsleben, seine treue Liebe für die Kirche und für das ungarische Volk während der nationalsozialistischen und kommunistischen Verfolgung wie auch in seinem ganzen Leben, sein heroischer Opfergang, die erlittene Tortur und die unmenschlichen Umstände im Gefängnis, das Exil, was er sowohl in der amerikanischen Botschaft als auch in Wien für den Glauben und für die Verkündigung des Evangeliums erlitten hat, seine Nachfolge Christi, sein Vertrauen in Gott und seine unzerbrechliche Hoffnung an die göttliche Vorsehung, seine Tapferkeit, die Güte und die Klarheit seines Herzens, seiner Absichten und seiner Taten. Er hat sich immer für Dritte eingesetzt, hat immer geholfen, wenn er konnte und hat nie für sich das Beste angestrebt«.

»Ehrwürdiger Diener Gottes«

Auch wenn das Seligsprechungsverfahren noch nicht erfolgreich abgeschlossen werden konnte, hat Papst Franziskus aber Kardinal Mindszenty im Jahr 2019 zumindest den Titel »Ehrwürdiger Diener Gottes« verliehen, um anzudeuten, daß er den Kardinal als Glaubenszeugen ansieht und deshalb die Glaubensfestigkeit und Überzeugungskraft auch öffentlich anerkennt. Dieser Titel, der ja Ausfluß des Seligsprechungsprozesses ist, deutet darauf hin, wie der Papst das Lebenswerk Mindszentys einordnet. Auch nährt diese Auszeichnung die Hoffnung, daß das ungarische Volk mit einem erfolgreichen Ausgang rechnen könne. Formal entscheidet jedoch nicht der Papst, sondern die Kongregation, so daß sich die Antragsteller noch in Geduld fassen müssen.

Postulator Kovács erläutert, was dieser Titel bedeutet. Danach sei er als äußeres Zeichen anzusehen, »daß der Heilige Stuhl die heldenhaften Tugenden des Kardinals – also seine Lebensheiligkeit – anerkannt hat. Jetzt brauchen wir ›nur‹ ein Wunder für die Seligsprechung. Im Allgemeinen gilt, daß alle durch den Heiligen Stuhl anerkannten Märtyrer und die Bekenner, deren Tugenden schon anerkannt sind, den Titel ›Ehrwürdiger Diener Gottes‹ oder ›Ehrwürdige Dienerin Gottes‹ erhalten.«

Die Antragsteller haben ein Wunder aktenkundig gemacht. Danach soll eine unheilbare Krankheit durch die Anrufung Mindszentys geheilt worden sein. »Allerdings wurde diese Heilung seitens der Kongregation nicht als Wunder im kanonischen Sinn anerkannt.« Nach den aktuell geltenden medizinischen Dokumentationsvoraussetzungen von Heilungen habe diese Heilung nicht als Wunder eingestuft werden können. Deshalb habe die Kongregation diese Heilung nicht als Wunder angenommen und folglich abgelehnt, wie der Postulator ausführte. Allerdings, die Antragsteller geben nicht auf, die Seligsprechung einzufordern. »Andere Heilungen sind in der Phase einer vorläufigen Untersuchung. Wir haben einige ungarische Ärzte gebeten, die Dokumentation der eventuellen Heilung zu prüfen und dann ein Gutachten zu erstellen.«

Es wurde seitens der Antragsteller der Versuch unternommen, die Begründung zu erweitern und vorzutragen, daß der Antrag auch mit dem Hinweis auf das von Mindszenty unstreitig erlittene Martyrium gestützt werde. »Das Martyrium von Kardinal Mindszenty – so der Postulator – wurde jedoch von der Kongregation nicht geprüft. Er wird in dem Seligsprechungsverfahren als Bekenner behandelt. Es gibt noch eine andere Möglichkeit, die zur Seligsprechung führen könnte: das »Martyrium ex aerumnis carceris«, wonach der Kandidat als Märtyrer angesehen wird. In diesem Fall ist das Vorliegen eines Wunders nicht Tatbestandsvoraussetzung, um die Anerkennung des heroischen Tugendgrades zu erreichen. Es reicht vielmehr aus, wenn bezeugt wird, daß die im Gefängnis erlittenen Torturen und unmenschlichen Behandlungen oder Krankheiten eine wichtige Rolle für seinen nach den Gefängnisjahren erlittenen Tod gespielt haben. Jetzt stehen alle erreichbaren Materialien für diese eventuelle Möglichkeit zur Verfügung.« Doch Kardinal Mindszenty wird in dem Seligsprechungsverfahren antragsgemäß als Bekenner eingestuft, und dies hat zur Folge, daß die kirchlichen Behörden diesen Sachverhalt nicht untersuchen. Möglicherweise wird der Einwand der Verspätung geltend gemacht, da der Antrag auf das Vorliegen eines Martyriums nicht von Anfang an gestützt worden ist.

Die Ungarn erhoffen sich einen baldigen glücklichen Ausgang des Verfahrens. Inzwischen hat Papst Franziskus zweimal Ungarn besucht, ohne aber die Erhöhung Kardinal Mindszenty als Seliger bestätigen zu können. Es bleibt den Antragstellern deshalb nur die Hoffnung, daß sich die römische Behörde doch noch entschließt, dem Antrage stattzugeben. Gelitten unter dem Nationalsozialismus und dem stalinistischen Kommunismus hat Kardinal Mindszenty ungemein.

Trotz der unerträglichen Qualen ließ er sich indes nie von seinem Glauben an Gott abbringen und ist damit ein wahrer Glaubenszeuge, mehr noch, ein treuer Verteidiger des Glaubens.

Papst Benedikt XVI. und die Begründung der Menschenrechte

Die Römische Bibliothek Benedikt XVI.

Der Abschluß unseres Ganges durch Rom sollte uns noch einmal zum Werk von Benedikt XVI. / Joseph Ratzinger führen. Es soll ein Rendezvous mit der Gedankenwelt dieses Theologen und Philosophen sein – eine Begegnung, durch die wir in die Diskussion, ja, in den Kampf um die Zukunft unserer Gesellschaften hineinversetzt werden, und gleichzeitig ein Nachdenken über einen intellektuellen Diskurs, der über den Wandel des Menschenbildes geführt wird – er kumuliert in der Frage: Was ist ein Menschenrecht? In dieser Diskussion zeigt sich der Kampf des Christentums gegen den modernistischen atheistischen Gedanken des Evolutionismus. In dieser Auseinandersetzung wird über den Menschen an sich gestritten – über seine Rechte, über seine Qualifikation als Rechtsobjekt oder Rechtssubjekt. Muß er als »Sache« oder aber als Träger von Menschenrechten angesehen werden? In diesem Streit entscheidet sich unsere Zukunft. Wie werden wir künftig als Menschen leben können? Für Joseph Ratzinger ist der Evolutionismus mehr als ein naturwissenschaftliches Modell. Er wird vielmehr als ein Denkmodell angesehen, »das mit dem Anspruch auf Erklärung des Ganzen der Wirklichkeit auftritt und so zu einer Art von ›erster Philosophie‹ geworden ist«.[222] Alles soll auf die Evolution zurückgeführt werden, alles soll sich aus der Evolution ergeben. Dadurch sollen auch Erkenntnisse, Ethos und sogar Religion abgeleitet werden können.[223] Da die Metaphysik nicht akzeptiert wird, spiele sich alles nur noch in der Physik ab und deshalb werde nur das als wahr angesehen, was falsifiziert oder verifiziert werden kann. Auch wenn momentan noch nicht jedes Welträtsel gelöst worden ist, habe aber – so die atheistisch-evolutionistische Theorie – die Vergangenheit gezeigt, daß immer mehr Geheimnisse der Natur aufgedeckt worden seien, so daß die Gewißheit bestehe, daß à la longue alle Welträtsel erklärt werden können. Dadurch habe sich die Metaphysik selbst aufgelöst und ad absurdum geführt. Der Rekurs auf Gott als Chiffre für das Unentdeckbare sei somit als obsolet abgetan worden.

Ein Treffen mit dem Direktor des Römischen Instituts der Görres-Gesellschaft auf dem Campo Santo Teutonico, Prof. Dr. Stefan Heid, konfrontierte mich mit diesem für unsere Gesellschaften zukunftsweisenden menschenrechtlichen Problem. Wir traten aus seinem Büro und gelangten entlang der langen Bücherreihen in die eigentlichen Bibliotheksräume, in denen eine Wand freigehalten ist, um dem Porträt von Papst Benedikt XVI. den Raum zu bieten, der diesem Gelehrten gebührt. Lächelnd blickt Benedikt XVI. auf die unter ihm sitzenden lesenden und studierenden Wissenschaftler, die sich mit seinem Werk beschäftigen. In den Bücherregalen stehen die Bände, die der Papst aus seinen eigenen Beständen zur Verfügung gestellt hat, eigene Werke und Bände, in denen er gearbeitet hat, auch solche, die ihm von Autoren geschenkt worden sind. Allerdings werden die mit einer Widmung versehenen Bücher aus rein vorsorglichen Gründen gesondert unter Verschluß aufbewahrt. Ergänzt wird dieser Grundbestand, durch die vielen Bücher, in denen sich Schriftsteller und Wissenschaftler mit dem Werk von Benedikt XVI. / Joseph Ratzinger auseinandergesetzt haben, und weiter durch die bisher erschienenen Bände der *Gesammelten Schriften* Joseph Ratzingers. Neben den deutschen, inzwischen fast vollständig erschienenen Bänden füllten auch fremdsprachige Ausgaben die Reihen, die Zeugnis von der internationalen, ja, weltweiten Bedeutung dieses Gelehrten ablegen. In dieser Bücherstube verdichtet sich die Beschäftigung mit dem Werk Ratzingers, hier konnte ich das römische Zentrum der theologischen und philosophischen Auseinandersetzung mit dem

Werk eines der bedeutendsten Geisteswissenschaftler unserer Zeit betreten. Ehrfürchtig schaute ich auf die vielen Bände und während ich ein wenig photographierte, schweiften die Gedanken zurück – zurück zur Rede von Benedikt XVI. anläßlich seines Deutschland-Besuchs 2011, als er im Deutschen Bundestag vor den fast vollständig versammelten Abgeordneten sprach und die Mitglieder des Hohen Hauses daran erinnerte, daß Europa auf dem Christentum aufgebaut sei und daß diese Tradition nicht dem Vergessen anheimfallen dürfe.

Zur Begründung und Entwicklung der Menschenrechte

Der Anblick des Porträts von Benedikt XVI. führte mir wieder diese Momente vor Augen, diese bewegenden Momente, in denen Benedikt XVI. in seiner weißen Soutane, die das vollkommene Gegenteil zu den dunkel gekleideten Abgeordneten und Vertretern der vier höchsten deutschen Staatsorgane markierte, das Wort ergriff und seine Vorstellungen einer staatlichen Grundlage erläuterte, die sich in vielen Jahrhunderten entwickelt hat – jene Rede, in der er sich mit der Begründung des Rechts auseinandergesetzt hat und die Natur, die von Gott geschaffene Natur, als Maßstab grundlegender politischer Entscheidungen einforderte.[224] Jetzt, einige Jahre nach dieser Rede führt mir die Entwicklung der europäischen Werte vor Augen, daß diese seinen Vorstellungen entgegengesetzt verläuft und folglich auch das Recht eine nicht gewünschte Entwicklung nimmt. In der Annahme des *Matic-Berichts*[225] seitens des Europäischen Parlaments zeigte sich, daß die Mehrheit der Parlamentarier generell ein Menschenbild vertritt, das sich vom tradierten christlichen Menschenbild abkoppelt, die Mehrheit eine neue Art von Menschenrechten erdenkt und diese auch im parlamentarischen Gesetzgebungsprozeß durchsetzen will. Menschenrechte sollen sich danach nicht mehr aus der christlichen Vorstellung ergeben, wonach diese intrinsisch angelegt sind und damit allen Menschen, ob im Zustand des geborenen oder noch ungeborenen Lebens, ob behindert oder krank, zugeordnet sind, ohne daß es dazu eines Rechtsaktes seitens einer politischen Elite bedürfe. Dadurch sind alle Menschen als Ebenbilder Gottes gleich im Sinne des Rechts, also gleichwertig. Vielmehr sollen Menschenrechte nun erst durch eine politische Elite zugeordnet und somit nur noch als positives Recht angesehen werden, das sich an den jeweiligen gesellschaftlichen Überzeugungen orientiert. Menschen sollen anderen Menschen Menschenrechte zuordnen, schließlich wird Gott negiert, mit der Folge, daß niemand sonst außer Menschen diese Rechte anderen Menschen zuordnen können und auch dürfen.[226]

Wir wollen uns für ein paar Momente mit dieser Entwicklung beschäftigen, um einen Blick in die Zukunft der Rechtsentwicklung zu werfen – freilich eine Entwicklung, die nichts Gutes verheißt. Da mit dem Wandel der Begründung des Menschenbildes auch ein Paradigmenwechsel bezüglich der Begründung der Menschenrechte vollzogen wird, der eine Abkehr von christlichen Vorstellungen beinhaltet, wollen wir aufzeigen, daß nur das christliche Menschenbild und die sich hieraus ergebenden Menschenrechte geeignet sind, der Menschheit Zukunft zu eröffnen.

Die Rede vor dem Bundestag

Die Ansprache vor dem Bundestag hat Benedikt XVI. zum Anlaß genommen, seine rechtsphilosophischen Vorstellungen nicht nur den Abgeordneten, sondern auch der Welt kundzutun. Er hat das Auditorium daran erinnert, daß es die vornehmste Aufgabe sei, dem Recht zu dienen und der Herrschaft des Unrechts zu wehren.[227] Mit dem Rekurs auf das Recht hat Benedikt XVI. nicht ausdrücken wollen, daß der Bundestag in die Gefahr geraten könne, Unrecht zu beschließen. Seine Intention war vielmehr, die Abgeordneten darauf aufmerksam zu machen, daß nicht jede Entscheidung, die durch eine Mehrheit erzielt worden ist, auch als gut und mit der Menschenwürde vereinbar angesehen werden muß. Für Benedikt gibt es auch Gesetze, die zwar formell korrekt verabschiedet worden sind, die aber gleichwohl gegen das Sittengesetz verstoßen. Mit diesem Hinweis hat er sein

Plädoyer für das Naturrecht als Grundlage jeglichen Rechts eröffnet. Den Abgeordneten führte er vor Augen, daß die christliche Religion sich aus dem Erfahrungswissen und dem Offenbarungswissen, aus der Ethik und dem Glauben, zusammensetzt und daß sie gleichwohl niemals Vorgaben an die Politik gemacht habe, die sich lediglich aus dem Glauben, aus der Offenbarung Jesu Christi, herleiten. Wenn die Kirche Vorschläge unterbreite, dann nur aus der Ethik, aus der kirchlichen Moral heraus. Im Gegensatz zu anderen großen Religionen hat das Christentum dem Staat nicht vorgegeben, daß er sich auf ein Offenbarungsrecht zu stützen habe.[228] In diesem Verzicht zeigt sich die Forderung, daß dem Kaiser das zu geben sei, was ihm gebühre und ebenso sei Gott das zu geben, was ihm zustehe (Lk 20, 25). Dadurch ist ausgeschlossen, daß sich das Christentum zum Knecht der Politik machen kann. Allerdings besteht das Christentum darauf, daß Grundlage des Rechts die Natur und die Vernunft sein müsse und damit hat der Papst die Rechtsgrundlage aufgezeigt, daß alle Menschen, ob geboren oder ungeboren, ob krank oder gesund, welche Hautfarbe und andere individuellen Eigenschaften sie auch haben mögen, als gleich im Sinne des Rechts anzusehen sind. Danach hat jeder Mensch die gleichen Rechte und darf nicht gegenüber anderen Menschen benachteiligt werden. Aus diesem Grund steht für Benedikt XVI. fest, daß nur durch den Rekurs auf die Natur und auf die Vernunft Recht gerecht sein kann und daß deshalb positives Recht – Recht, das der Mensch durch eine Mehrheitsentscheidung selbst setzen kann – immer nur die momentane Auffassung widerspiegelt, die jederzeit wieder geändert werden kann, und deshalb auf der Grundlage der herrschenden Ideologie beliebig zugeordnet oder auch aberkannt werden kann.

Die große Errungenschaft in der Entwicklung des Rechts ist durch die Abkehr der Menschen vom Götterglauben erfolgt, so daß vermeintliche göttliche Offenbarungen aus dem Recht verbannt worden sind. Diese Verbannung hatte zur Folge, daß das Recht auf das Fundament gestellt worden ist, das die Vernunft bildet, die aus der Natur des Menschen erwächst. Auch wenn die Vernunft nicht in jeder Kultur in gleicher Weise gedeutet wird, so ist sie gleichwohl in gleicher Weise existent. Nur aus der Vernunft heraus war es möglich, die Existenz von Menschenrechten zu denken, die allen Menschen zustehen und deshalb die Gleichheit aller Menschen indizieren. Diese allgemeine Gleichheit aller Menschen ist der eigentliche Fortschritt der Menschheit – dieses gewachsene Bewußtsein, daß sich kein Mensch über den anderen erheben darf, um Rechte zuzuordnen oder zu entziehen. Dadurch waren Menschen gezwungen, die Sklaverei aufzugeben, sind Männer und Frauen rechtlich gleichgestellt worden, ebenso dürfen die Zugehörigkeiten zu Ethnien, Religionen, sexuellen Orientierungen, Alter, um einige Beispiele zu nennen, nicht herangezogen werden, um Unterschiede in der rechtlichen Behandlung zu konstruieren. Es ist der Triumpf des Christentums über jegliche Ideologien, die letztlich nur dem Zweck dienen sollen, die eigene Stellung in der Gesellschaft zu stärken, um dadurch Macht über Menschen ausüben zu können. Das Judentum und das Christentum, die Religionen des Alten und des Neuen Testamentes sind die einzigen Religionen die den Menschen als Ebenbild Gottes denken und damit von der Gleichheit aller Menschen ausgehen.

Die Abkehr von der Gleichheit aller Menschen

Und doch: Trotz des Fortschritts, daß alle Menschen gleich sind, wird darüber nachgedacht, wie das rechtliche Gleichheitsprinzip aufgelöst werden kann, um Rechte zu formulieren, die zwar als sogenannte Menschenrechte deklariert werden, aber aus ihrer Entstehung heraus nur positivistische Rechte, die jederzeit änderbar sind, sein können. Damit können sie auch nicht die Qualität von Menschenrechten aufweisen. Das Eigentliche der Menschenrechte ist es ja gerade, daß ihre Begründung und Zuordnung dem Willen der Menschen entzogen sind. Im Gegensatz zu Grundrechten, die vom staatlichen Gesetzgeber positivistisch festgelegt werden, bestehen Menschenrechte »vor jeder staatlichen Festlegung und unabhängig davon, ob ein Staat sie anerkennt oder nicht«,[229] sie sind jedem Menschen intrinsisch und damit der Regelungsbefugnis des Staates entzogen. Sie bestehen aus sich selbst heraus und können deshalb nicht beliebig vermehrt werden, da der Mensch abschließend geschaffen worden ist. Sie gelten ewig, überall auf der Welt, sie entstammen der Natur des Menschen und haben deshalb »den Charakter der Heiligkeit und Unverbrüchlichkeit«.[230]

Im Gegensatz zu den Naturrechten reicht es im Positivismus, dem Formalismus zu genügen, während der materiale Inhalt der Regelung beliebig sein kann. Nicht mehr die Idee von der Menschenwürde ist konstituierend für den Positivismus, nicht mehr der Rekurs auf die Vernunft oder Natur und damit auf unveräußerliche Rechte der menschlichen Person, auf Regelungen, die dem Recht vorgehen. Lediglich eine »Grundnorm« müsse eingehalten werden, wie es Eberhard Schockenhoff formuliert hat, eine Norm, die nichts anderes aussagt, als daß sich der Staatsbürger so verhalten müsse, »wie es die Verfassung vorschreibt«.[231] Moral soll nicht mehr den Inhalt der Norm bestimmen. Vorherrschend ist der ethisch-moralische Relativismus, da der Positivismus befürchtet, daß die Aufnahme moralischer Elemente in den Rechtsbegriff die Gefahr in sich berge, ein Richter könnte am Ende »nach seiner beliebigen Privatmoral Recht sprechen«.[232] Durch die Ausklammerung moralischer Elemente will der Positivismus erreichen, daß Rechtssicherheit herrscht, daß also Lösungen erfolgen und daß dadurch Streite geschlichtet werden. Allerdings wird nur vordergründig eine formale Rechtssicherheit erreicht, die Diskussion über den moralischen Gehalt der Entscheidung bleibt; denn nur eine letztgültige moralische Entscheidung kann nicht nur die streitenden Parteien befrieden, sondern auch die Gesellschaft – nur, wenn die Staatsbürger erkennen, daß die politische Entscheidung vernünftig und nach Prinzipien gefällt ist, die gleichsam naturgegeben sind, kann Rechtsfrieden einkehren. Der Staatsbürger weiß, daß positivistisch ergangene Entscheidungen relativ und jederzeit wieder aufhebbar sind. Sie können folglich nicht endgültig sein und nicht auf Vorstellungen basieren, die dem Recht vorgehen und der menschlichen Beliebigkeit entzogen sind. Positivistische Entscheidungen sind Ausdruck einer politischen und ideologischen Elite, die ihre momentanen Vorstellungen politisch und rechtlich durchsetzen will. Damit sind es Entscheidungen, die in keinem Fall als allgemein anerkannt werden können.

Der Matic-Bericht des Europäischen Parlamentes

Und doch wird aus ideologischen Gründen versucht, dem positiven Recht den Charakter eines Menschenrechtes und damit eines intrinsischen Rechts zuzuordnen, um es als unhintergehbar erscheinen zu lassen. Als das Europäische Parlament im Sommer 2021 den sogenannten *Matic-Bericht*[233] mehrheitlich verabschiedet hat, wurde zwar noch nicht Recht als Gesetz beschlossen, aber das Parlament zeigte vor aller Welt auf, wie die neuen europäischen Werte ausgestaltet sein sollen, nach denen sich die europäische Politik zu richten habe. Danach wurde ein neuer Menschenrechtskatalog vorgelegt, der die Umkehrung der Werte fordert. Das Recht auf Abtreibung wird als ein neues Menschenrecht eingestuft und damit wird das Recht auf Leben zu einem Menschenrecht auf Töten. Daß dieser Paradigmenwechsel weitreichende Konsequenzen haben wird, ist evident. Deshalb wollen wir auf diesen Prozeß eingehen, auf diesen Prozeß vom christlichen Humanismus zum atheistischen Humanismus. Dieser Prozeß zieht auch einen Wandel des Menschenbildes nach sich und gleichzeitig den Wandel der Begründung von Menschenrechten, der sich in der Abkehr vom Naturrecht hin zum positiven Recht vollzieht. Der »Schutzwall« gegen den Positivismus und ein »Führer zur Wahrheit«,[234] die sich der Beliebigkeit der Rechtssetzung entgegenstellen, sollen geschleift werden, um den eigenen politischen und ideologischen Vorstellungen die Qualität als Menschenrecht und damit als Verfassungsrecht zu verschaffen. Positivistisch begründete Menschenrechte entbehren jeglichen Bezuges auf die Transzendenz[235] und damit auf den Gedanken Gottes, wonach alle Menschen als Kinder Gottes gleich sind.

Die Folgen

Die Konsequenz wird sein, daß nicht nur ungeborenen Menschen das Recht auf Leben entzogen werden kann, sondern auch weiteren Personengruppen, so daß der gesellschaftliche Friede aufgekündigt wird: Der Mensch wird zum Wolf der Menschen, schließlich weiß dann niemand mehr, ob einem noch das Recht auf Leben von der politischen Elite zugeordnet wird.

Durch die Abstimmung über den *Matic-Bericht* wurde offenkundig, daß sich das Wertegerüst der Mitglieder der EU gewandelt hat. Nicht mehr die am Christentum orientierten Werte werden mehrheitlich vertreten – Werte, die den Anspruch erheben, da sie dem Menschen innewohnen, ewig und absolut zu sein –, sondern Werte, die als positivistische relativ und damit jederzeit abänderbar sind. Allerdings sind diese positivistischen Werte in der EU nicht allgemein akzeptiert. Gerade osteuropäische Staaten sperren sich, von ihren christlich geprägten ethischen Ansichten Abschied nehmen zu müssen und sich den relativistischen Ansichten einer Mehrheit unterzuordnen. Zwar versucht sich die EU als Wertegemeinschaft darzustellen, doch zeigt sich in fundamentalen ethischen Fragen wie Ehe, Sexualität, Migration, um nur einige zu nennen, daß die Union gespalten ist. Eine Staatengemeinschaft, die die echte Würde des Menschen nicht achtet, gereicht nach Papst Benedikt XVI. niemandem zum Wohl.[236] An diesem Scheideweg sind wir angekommen. Falls ein Staat wie Ungarn nicht möchte, daß schon Kleinkinder über sämtliche sexuelle Praktiken aufgeklärt werden, wird ihm entgegengeschleudert, es sei eine »Schande«,[237] wenn sie davon nichts erfahren dürften. Die Differenz in derartigen Fragen bildet den Keim der Spaltung und damit den Beginn der Auflösung, zumindest der Änderung der Mitgliederstruktur der EU.

Die Würde des Menschen

Durch die Abstimmung des Europäischen Parlaments hat sich also gezeigt, daß die Mehrheit nicht mehr das Christentum als Grundlage des menschlichen Seins akzeptiert, sondern neue Wege sucht, um ein Fundament zu etablieren, das der jeweils herrschenden Auffassung entspricht. Noch in der Erklärung der Menschenrechte der UNO aus dem Jahr 1948 hatte sich bekundet, daß die Würde als Ausgangsrecht jeglicher Menschenrechte durch einen Rekurs auf das christliche Moment begründet werde, um aufzuzeigen, daß diese als intrinsisch anzusehen seien. Damit sind also Rechte gemeint, die nicht vom Staat gewährt werden, »sondern [...] bereits vor dem Staat existiert haben und von diesem respektiert werden müssen, wenn er dem Menschen gerecht werden will«.[238] Diese Menschenrechte haben ihre Rechtfertigung im Naturrecht, »das in das Herz des Menschen eingeschrieben und in den verschiedenen Kulturen und Zivilisationen gegenwärtig ist«, wie es Papst Benedikt XVI. in seiner Ansprache vor der UNO am 18. April 2008 herausgestellt hat,[239] schließlich können diese Regelungen »auf Grund des gemeinsamen Ursprungs der Menschen angewendet werden«.[240] Der Mensch ist nach dem Bilde Gottes geschaffen, so daß jeder Mensch auch als Person angesehen wird. Der Mensch ist nicht bloß etwas, sondern jemand, der imstande ist, sich selbst zu erkennen, über sich selbst zu bestimmen, sich in Freiheit hinzugeben und als Gemeinschaftswesen mit anderen Personen zu leben.[241] Doch diese Begründung wird mehr und mehr für obsolet erklärt und soll durch den Rekurs auf die Evolutionstheorie ersetzt werden. Danach werden die Menschen nicht mehr als Geschöpfe Gottes angesehen, sondern als »Zufallsprodukte physikalischer, chemischer und biologischer Prozesse«, die sich selbst schaffen und darüber entscheiden, was als richtig oder falsch zu gelten habe, was als gut und böse, welchem Geschlecht man angehören möchte, wie sich ihre Beziehungen zu dritten Personen ausgestalten lassen, wem das Recht auf Leben zugebilligt werden könne. Ist das christliche Menschenbild »gottzentriert«, wandelt es sich im atheistisch-evolutionistischen in ein »menschenzentriertes« Menschenbild.[242]

Die Natur und damit die Vernunft soll nicht mehr das Menschenbild prägen, sondern der sich aus der Evolutionstheorie hergeleitete Gedanke, daß Geist und Körper getrennt sind, mit der Folge, daß der Körper noch dem tierischen Bereich zugeordnet wird und das Tier »Mensch« erst durch den Geist zur Person wird, die dann auch Träger von Rechten sein kann. Das Problem kann nur angerissen werden, es kann nur angedeutet werden, um dem Leser auf diesen Paradigmenwechsel hinzuweisen, der in aller Stille, von den meisten Staatsbürgern unbeachtet, durchgesetzt werden soll, um selbst Menschenrechte, die nicht intrinsisch sind, positivistisch begründen zu können.

Das Subjekt der Menschenwürde

Auch wenn die Würde des Menschen allgemein als Grundlage und Ausgangspunkt der Menschenrechte angenommen wird, erhitzt sich allerdings die Diskussion an der vorgelagerten Frage, was der Mensch sei. Aus der Antwort auf diese Frage ergibt sich das Menschenbild, das dann zur Grundlage der Bildung der Menschenrechte führt. In dem Streit über das Menschenbild stehen sich zwei Auffassungen unversöhnlich gegenüber: die der christlichen Anthropologie des Humanismus, wonach der Mensch als Person angesehen wird und der Körper und der Geist als Einheit gedacht werden und das Menschenbild des Transhumanismus, wonach Geist und Körper als getrennt, als Dualismus angenommen werden und nur der Geist Träger der Würde und damit der Menschenrechte sein kann, nicht aber der Körper. Daß aber dieser Dualismus Tür und Tor öffnet, um beliebig Menschenrechte, einschließlich der Würde, zuzuordnen, liegt demnach auf der Hand.

Anthropologie und Naturrecht

Die Frage nach dem, was der Mensch sei, führt uns zur Naturrechtslehre, da in ihr auf der Grundlage einer christlichen Anthropologie die Antwort gefunden werden kann. Daß diese Lehre auf der Vorstellung der Einheit von Geist und Körper basiert, hat den unschätzbaren Vorteil, daß sie unaufhebbar die Gleichheit aller Menschen annimmt, unabhängig davon, ob der Körper »Mensch« Geist aufweist oder eben nicht. Nur durch das Naturrecht wird jedem Menschen, ob geboren oder ungeboren, ob intelligent oder dement, ob im Koma oder im Vollbesitz seiner geistigen Kräfte, das Menschenrecht auf Würde attestiert. Es bedarf nicht eines menschlichen Aktes, um dem Menschen jeweils die Qualität eines Rechtssubjektes zuzuordnen.

Eine von Fleisch und Blut losgelöste Würde?

Der Mensch an sich unterscheidet sich vom Tier durch seine Geistbegabung. René Descartes hat diesen Gedanken in die Worte »cogito ergo sum« – »Ich denke, also bin ich« – gefaßt. Er hat damit zum Ausdruck gebracht, daß der Mensch durch den Geist – ausschließlich durch diesen und folglich losgelöst vom Körper – eine Person darstelle. Durch diesen Rekurs auf die souveräne Instanz des Geistes verwirft er die Einheit von Körper und Geist und erklärt einen Dualismus von Geist und Körper zur Grundlage des Menschenbildes.

Indem der Mensch die Fähigkeit hat, über sich selbst nachzudenken, indem er über Selbstbewußtsein verfügt, unterscheide er sich vom Tier. Deshalb wird dem Geist in der Zuteilung der menschlichen Würde eine überragende und entscheidende Rolle beigemessen. Das Tier kann nicht über Menschenrechte verfügen, und aus dieser Vorstellung abgeleitet, soll auch dem Tier »Mensch«, der Sache »Körper« – wie bei Tieren übereinstimmend angenommen wird – auch kein Menschenrecht verliehen werden. Erst wenn das menschliche Tier durch den Geist im Rahmen der Evolution die niedrige tierische Stufe überschreiten kann, hin zu einer geistbegabten, erwächst ihm auch die Möglichkeit, Träger der Menschenwürde zu sein. Erst der Geist könne demnach Träger der Würde sein. Körper und Geist sollen infolgedessen zwei vollkommen unterschiedliche Bedeutungen in der Entwicklung des Menschen haben – zwei Stufen, die das Rechtsobjekt zum Rechtssubjekt werden läßt. Diese Aufteilung mißt deshalb dem Menschen ohne Geist keine Rechte zu, der Mensch mit Geist hingegen kann Rechte geltend machen. Der menschliche Körper wäre nach dieser Theorie lediglich eine geistlose Materie, über die wie eine Sache verfügt werden könnte, erst der Umfang des Geistes böte die Möglichkeit, die Würde und damit die Menschenrechte nach dem Umfang des Geistes zu erteilen, so daß die Menge des Geistes Maßstab für das Ausmaß der Würde wäre. Dieser Vorstellung können wir schon bei Platon begegnen, der Sokrates ausführen läßt, daß »solange wir noch den Leib haben und unsere Seele mit diesem Übel im Gemenge ist, wir nie befriedigend erreichen können, wonach uns verlangt, und dieses, sagen wir doch, sei das Wahre«.[243] In diesen Worten scheint eine Vorstellung auf, die den Körper als Gefängnis des Geistes betrachtet, als »Hemmschuh«, weshalb sich der Geist nicht vollkommen frei entwickeln könne. Erst wenn der Geist den Körper hinter sich gelassen habe, könne er sich – nach Platon – in Freiheit entfalten und zur Größe aufsteigen.

Immer wieder wurde im Laufe der Philosophiegeschichte darüber gesonnen, wie ein Menschenbild jenseits des Christentums gedacht werden könnte, um sich von der Idee des Christlichen zu emanzipieren. Nach dem letzten Weltkrieg hat sich der Biologe und Atheist Julian Huxley, ein Bruder von Aldous Huxley und Enkel von Thomas Huxley, der ein Freund Charles Darwins und ein Anhänger von dessen Vorstellungen war, mit dieser Frage beschäftigt. Er wurde der erste Generaldirektor der 1946 gegründeten UNESCO – zu einem Zeitpunkt, in dem er durch seine Publikationen schon weltweit bekannt war. In dieser Funktion unterbreitete er seine Vorstellungen vom Menschen, die dann verständlicherweise weltweit wahrgenommen wurden.

Als Atheist war es für ihn unvorstellbar, daß der Geist »Ausfluß des Schöpfungsgeschehens« Gottes sein könne. Er betrachtete den Geist vielmehr als »Ausfluß der Evolution«, der sich deshalb durch eine geeignete Zuchtauswahl habe weiterentwickeln können. Da der Fortschritt in der Evolution auch Eigenschaften erzeuge, die dem geplanten Fortschritt entgegenstehen könnten, stand für ihn die Frage, ob »das Ziel nicht sein müßte, das Säugetier in uns sterben lassen zu müssen, damit der Mensch in uns um so erfolgreicher leben«[244] könne. Auch wenn Huxley – wie im Christentum angelegt – von der Beziehung von Geist und Körper ausgeht, zwischen Intellekt und Materie, vertritt er aber einen atheistischen Ansatz, um diese Dependenz zu begründen. Höheren Lebewesen spricht er Geistiges zu, »worunter wir ihr subjektives Bewußtsein verstehen«.[245] Doch dieses geistige Moment erwachse nicht aus der Vernunft und aus der Natur. Der Geist sei eine Folge der Evolution. Auch wenn Huxley noch nicht wußte, »wie die funktions- und bedeutungslosen geistartigen Anlagen undifferenzierter Zellen und Organismen durch jene spezifischen Systeme, die wir Gehirn nennen, so summiert und verstärkt werden können oder konnten, dass sie in der Evolution ihre Wirkung entfalten konnten«,[246] so steht für ihn aber fest, daß »der Geist im Zuge der Evolution wirkkräftig wird«,[247] Mit diesem Verweis bezeichnet Huxley den Unterschied zur christlichen Begründung des Geistes. Für ihn hat er sich im Laufe der Zeit entwickelt und hat immer mehr an Umfang zugenommen. Dieser Prozeß ist nach seiner Auffassung allerdings nicht abgeschlossen, so daß eine weitere Entwicklung erfolgen werde. Grundlage dieser Entwicklung sollen auch die wissenschaftlichen Erkenntnisse sein, die dann allerdings nicht die Menschheit in toto weiterentwickelt, sondern nur die Menschen, die durch neue Erkenntnisse das Ausmaß des Geistes vergrößern können.

Zur atheistischen Begründung der Würde

Für Huxley findet die Würde eines jeden Menschen nicht ihre Rechtfertigung im Menschsein an sich, sondern ausschließlich durch den Geist.[248] Danach wird die Würde eines Menschen nicht mehr mit dem Körper und Geist, die ja nach christlicher Auffassung eine Einheit bilden, verbunden. Die Folge ist, daß auch der Umfang des Geistes den Umfang der Würde indiziert. Deshalb verfügt der Mensch über um so mehr Würde, je mehr der Geist ausgeprägt ist. Nach dieser Theorie kann der Mensch, der über keinen Geist verfügt, auch nicht über Würde und damit auch über kein weiteres Menschenrecht verfügen. Peter Singer und Helga Kuhse[249] haben diesen Gedanken aufgegriffen, und nur denjenigen Menschen Würde zuerkannt, die über ein Selbstbewußtsein verfügen. Ausdrücklich haben diese beiden Philosophen festgestellt, daß ungeborene Menschen kein Bewußtsein über sich selbst besitzen und zwar auch nicht in den ersten Wochen nach der Geburt, so daß sie während dieser Phase noch nicht über das Menschenrecht auf Leben verfügen können. Wie wir erwähnt haben, spricht schon Platon davon, daß der Körper lediglich das Gefängnis des Geistes sei, und der Geist sich des Leibes bediene wie sich ein Seefahrer seines Schiffes bediene, um an sein Ziel zu gelangen.[250]

Evolution und Würde

Wie nun der Geist dem Menschen ermöglichte, vom Tier zum vernunftbegabten Menschen zu werden, wie sich also der Geist gebildet hat, das unterscheidet die christliche und die evolutionistische Denkrichtung von Grund auf. Während das Christentum den Geist als Teil der Gottesebenbildlichkeit des Menschen ansieht, als Konsequenz der Natur und der Vernunft, erklärt die Evolutionstheorie ihn als eine Folge der menschlichen Entwicklung, da sie die Wirklichkeit als einen einzigen Evolutionsvorgang deutet.[251] Der Mensch habe seit zweieinhalb Milliarden Jahren kontinuierlich eine biologische Verbesserung auf der Grundlage einer natürlichen Auslese erfahren. Dadurch soll sich auch im Laufe der Zeit der Geist gebildet haben, der das Tier »Mensch« immer mehr über die Tierwelt erhoben habe. Der Geist soll demnach nicht aus der dem Menschen innewohnenden Vernunft hervorgebracht worden sein, sondern durch eine Ausmerzung schlechter Ausprägungen, so daß sich eine Verbesserung nach der anderen durchgesetzt haben soll – bis dann der Geist so umfangreich geworden sei, daß er die Trennung vom Tier markiert habe. Weil der Mensch geistbegabt sei, wurde er »das dominierende Element dieses Planeten und die verantwortliche Wirkkraft seiner zukünftigen Entwicklung«.[252] Die Dominanz des Menschen soll sich deshalb durch eine kontinuierliche Auslese vollzogen haben, wobei der Geist auf jede äußere Hilfe verzichtet habe und auch zukünftig verzichten könne. Da die Evolutionstheorie keine Metaphysik kennt, kann sich demnach auch die Auslese durch keine überirdische Hilfe vollziehen. Gott ist vollständig aus dem Entwicklungsprozeß ausgeblendet. Durch den fortdauernden Prozeß des Wachsens des Geistes der Individuen, ist das Ausmaß des Geistes in den jeweiligen Individuen unterschiedlich. Allerdings muß die »Qualität das Hauptkonzept unseres Glaubenssystem sein«,[253] wie es Huxley konstatierte. Die Qualität des Geistes korrespondiert deshalb mit dem Umfang der Würde, die dem Individuum zugebilligt wird – eine vom Fleisch und Blut losgelöste Würde, wie es Grégor Puppinck formuliert hat.[254]

Neue Menschenrechte?

Als Grundlage der Menschenrechte wurde noch in der Erklärung der Menschenrechte seitens der UNO die Vorstellung herangezogen, daß der Mensch als »Imago Dei« geschaffen worden ist. Mit dieser Gottesebenbildlichkeit verbindet sich untrennbar die Annahme, daß der Mensch von der Konzeption im Mutterleib an über Rechte verfügt. Diese Rechtsbegründung findet allerdings keine Beachtung im Evolutionismus. Danach sollen die Menschenrechte durch Auslese erwachsen und lediglich mit dem Geist verbunden werden. Die

Einheit von Körper und Geist ist damit aufgehoben, mit der Folge, daß dem Menschen keine Rechte mehr zustehen können, die ihren Ursprung in der Natur des Körpers finden. Dadurch ist ausgeschlossen, daß intrinsische Rechte anerkannt werden, so daß ihm deshalb nur positivistische Rechte zugeordnet werden können.[255] Gleichwohl wird im Evolutionismus von Menschenrechten gesprochen, obwohl diese Rechte von politischen Eliten vorgegeben worden sind und aus diesem Grund rechtsdogmatisch nur als positivistische Grundrechte angesehen werden können. Im schon zitierten *Matic-Bericht* wird von einem Menschenrecht auf Abtreibung gesprochen, also auf Tötung ungeborener Menschen, um Frauen ein einklagbares Recht auf Abtreibung im Rahmen der »Reproduktionsgesundheit«, wie die Tötung genannt wird, zur Verfügung zu stellen. Damit wurde das intrinsische Recht auf Leben umgewandelt in ein Recht auf Töten. Diese Schlußfolgerung war möglich, da der ungeborene Mensch noch nicht über Geist oder Selbstbewußtsein verfügt und damit noch nicht das tierische und damit sachenrechtliche Stadium verlassen hat, so daß er wie eine Sache beseitigt werden darf. Julian Huxley räumt zwar ein, daß auch ungeborene Menschen potentiell über Geist verfügen könnten, doch diese reine Möglichkeit soll nicht ausreichen, die Geistbegabtheit anzuerkennen. In einer modernistischen Diktion werden ungeborene Menschen deshalb camouflierend, wie schon ausgeführt, als »Zellhaufen«, sogar als »parasitäre Zellhaufen« oder »Schwangerschaftsgewebe« apostrophiert, um vor aller Welt anzuzeigen, daß sie lediglich Objekte, Sachen seien, denen keine Rechte, insbesondere kein Menschenrecht auf Leben zustünden. Offensichtlich haben selbst die ärgsten Verfechter dieser Ideologie erkannt, daß es noch nicht opportun ist, ungeborene Menschen expressis verbis als »Sache« zu bezeichnen.

Menschenrechtliches Wunschdenken?

Wie wir gezeigt haben, finden im Rahmen des christlichen Menschenbildes die Würde des Menschen und weitere Menschenrechte ihre Begründung in der Vorstellung, daß der Mensch das Ebenbild Gottes sei.

Wenn aber jede Metaphysik und Transzendenz aus dem Denken herausdifferenziert wird, wenn dem Menschen nichts Übernatürliches übergeordnet sein soll, ergeben sich Möglichkeiten, neue Rechte zu denken, die zwar nicht intrinsisch sind – dieser Kanon ist durch die Natur und die Vernunft abschließend geregelt –, doch wird das Wunschdenken zur neuen Rechtsgrundlage.[256] In diesem Wunschdenken offenbart sich allerdings die Ideologie, in die Zeitströmungen einfließen und der gerade herrschende Zeitgeist herangezogen wird, um den Wünschen scheinbaren Ewigkeitscharakter angedeihen zu lassen. Durch ihn soll das intrinsische Moment nachgeahmt werden, um der Definition der Menschenrechte zu genügen. Doch obwohl diese neuen Rechte als Menschenrechte deklariert werden – sie bleiben von Menschen gemachte, also positive Rechte, die jederzeit geändert und dem jeweiligen Mainstream angepaßt werden können. Allerdings soll durch die Qualifikation dieser positiven Rechte als scheinbarer Menschenrechte die Möglichkeit eröffnet werden, diese wie Menschenrechte als nicht hintergehbar und damit als ewig und angeboren erscheinen zu lassen. Dadurch soll ihnen eine Durchsetzungskraft vermittelt werden, die in der politischen und gerichtlichen Auseinandersetzung garantiert, daß diese Rechte beachtet werden müssen.

Allerdings: Die Menschenrechte aus dem Kontext von Natur und Vernunft herauszureißen, würde bedeuten, daß sie die Reichweite der allgemeinen Geltung begrenzen, da sie von den politischen Eliten erst akzeptiert werden müssen, um rechtliche Wirkungen erzielen zu können. Dadurch unterliegen sie dem Relativismus, durch den sie jederzeit neu formuliert, geändert oder ergänzt werden können und somit keine allgemeine Gültigkeit erwarten können.[257] Der eigentliche Fortschritt in der Entwicklung der Menschenrechte zeigt sich ja gerade darin, daß sie nicht Ausfluß des Positivismus sind. Menschenrechte sollen ja gerade dem Willen der Menschen entzogen sein, um auszuschließen, daß sich eine politische Elite erhebt, um diese nach ihren eigenen Vorstellungen zu formulieren und dann auch durchzusetzen. Menschen können das Recht zwar in Worte fassen, doch schaffen können sie es nicht. Aus diesem Grund ist es undenkbar, daß es Recht ohne den Rekurs auf die Transzendenz geben soll. Menschenrechte sollen ja gerade dem Relativismus entzogen sein, um zu verhindern, daß sie aberkannt werden können. Unabhängig vom politischen Denken und dem Willen einer Elite sind diese Rechte eben untrennbar mit dem Menschen verbunden und Ausdruck seiner Natur. Deshalb können Menschenrechte, die auf dem Naturrecht basieren, nicht vermehrt oder gekürzt werden, ohne in die Beliebigkeit und den Relativismus abzugleiten und somit die Einzigartigkeit der Menschenrechte aufzugeben.

Das Selbstbestimmungsrecht

Das Wunschdenken ist darauf gerichtet, jenseits der Moral eine Regelung zu finden. Da die tradierte christlich fundierte Moral überwunden werden soll, zeigt sich als Charakteristikum der neuen Moral, daß sie im Gegensatz zur christlichen steht. Für Friedrich Nietzsche ist die Moral selbst sogar »ein Spezialfall der Unmoralität«.[258] Er bezeichnet die Moral deshalb auch als »Hemmschuh«, »als Gegenbewegung gegen die Bemühungen der Natur, es zu einem höheren Typus zu bringen«.[259] Er verurteilt die christlich-jüdische Moral, da er in dem Widernatürlichem das Höhere erkennt.[260] Die Natur kann für ihn nicht die Werte vermitteln, die er als gültig ansehen kann. Es müsse die Umwertung der Werte erfolgen, denn erst nach der Umwertung, erst nach der völligen Loslösung von den aus der Religion erwachsenen Werten könne eine neue ethische Grundlage gefunden werden – eine Grundlage jenseits von Natur und Gott.

Neue moralische Regelungen

Durch die Umwertung der Werte ist die menschliche Entwicklung nicht mehr an die tradierten Werte gebunden. Es kann ein neues

Wertesystem aufgebaut werden, das auf Freiheit basiert und demzufolge nicht mehr an Grenzen, die die Natur und die Vernunft vorgeben, gebunden ist. Es werden Freiheiten eingefordert, die nach der tradierten Moral verboten waren. In dieser neuen Moral vollzieht sich ein Paradigmenwechsel. In ihm sollen nicht mehr die Werte, die sich aus dem Dekalog oder dem Sittengesetz ergeben, gültig sein, sondern diejenigen, die jenseits der christlichen Moral im jeweiligen Moment gewünscht und gewollt werden. Es soll nur noch das Selbstbestimmungsrecht über den eigenen Körper bestimmend sein, nur noch das eigene Ich. Was der Mensch selbst als gut empfindet, hat demzufolge auch vor der Rechtsordnung als gut zu erscheinen. Das, was der Mensch will, findet seinen Ausgang im Geist, und, da der Geist der Sitz der Menschenwürde ist, unterliegt alles der Menschenwürde, was der Geist will. Die ontologischen Voraussetzungen werden umgewertet, so daß jetzt einige Handlungen, die ursprünglich dem Sittenkodex zuwiderliefen, wie – um einige Beispiele zu nennen – gewisse gewalttätige oder widernatürliche Sexualpraktiken, die von Sartre und seiner »Bande« für Rechtens erklärte Pädophilie, die Folter mit Einwilligung des Opfers (Sadomasochismus), die Sterilisation, den Wechsel des Geschlechts, die Abtreibung oder Selbstmord,[261] die als Ausfluß des menschlichen Geistes angesehen werden. Damit sollen sie in den Rang von sogenannten Menschenrechten und Teil der Würde erhoben werden, um nicht nur eine Rechtfertigung zu erfahren, sondern auch sie gerichtlich durchsetzen zu können.

Diese moralische Vorstellung zielt nur darauf ab, die eigene Auffassung als rechtmäßig zu erklären und infolgedessen das eigene Ich in den Vordergrund zu rücken. Mit dieser Forderung wird ein Gedanke von Hans Kelsen aufgegriffen, der in seinem Hauptwerk *Reine Rechtslehre*[262] den Abschied von der Moral als Grundlage der Gesetze propagierte und jedes Gesetz als richtig ansah, wenn es den Formalien entsprechend verabschiedet worden ist, wobei der Inhalt keinen Einfluß auf die Richtigkeit eines Gesetzes haben könne. Es ist eine Rechtslehre, die mit der gesamten Rechtstradition gebrochen hat, beinhalten doch im Regelfall Gesetze – gerade Strafgesetze – kodifizierte Moral, die wiederum ihre Grundlage im Sittengesetz findet und dieses gründet auf den nicht göttlichen Vorschriften des Dekalogs.

Nach wie vor wird diese reine Rechtslehre vertreten, um die Moral, die ja letztendlich eine christliche ist, zu vermeiden. Als Ersatz wird jetzt das Selbstbestimmungsrecht des Individuums als Kriterium herangezogen. In diesem Argument scheint der Gedanken von Siegmund Freud[263] auf, daß der Mensch keine Instanz über sich zu dulden habe, so daß er selbst entscheiden könne, was gut und was schlecht sei. Das Ich, die eigenen Vorstellungen und Wertentscheidungen stehen mithin im Vordergrund. Der Mensch darf und soll selbst bestimmen, welche Rechte ihm zustehen. Diese Wertentscheidung hat kaum noch eine Ähnlichkeit mit der verfassungsrechtlich gebotenen Praktischen Konkordanz,[264] wonach die Rechtsgüter gegeneinander abgewogen werden müssen, um zu erreichen, daß beide Parteien – wenn auch eingeschränkt – ihre Menschen- und Grundrechte geltend machen können. Wird aber diese Güterabwägung durch den Rekurs auf das Selbstbestimmungsrecht außer Kraft gesetzt, obsiegt der Stärkere. Exemplarisch hat sich das Bundesverfassungsgericht auf diese Systematik bezogen, als es darum ging, das Gesetz über das Verbot der geschäftsmäßigen Beihilfe zum Suizid auf seine Verfassungsmäßigkeit zu überprüfen. Der Spruchkörper stellte nicht mehr die Moral in den Vordergrund, wonach die vielfache Beihilfe zur Tötung als verwerflich angesehen wird. Triumphiert hat vielmehr das Recht des Individuums, über sein Leben selbst entscheiden zu können. Da der Suizid als straffrei angesehen wird, also nicht als eine Straftat, dürfe das Recht, sich selbst zu töten, nicht dadurch eingeschränkt werden, daß der Helfer dem Todeswilligen hilft.[265] Das Recht über sein eigenes Leben zu bestimmen, steht über der Moral.

Diesen Gedanken greift der Evolutionismus auf, negiert moralische Wertvorstellungen, zieht das Ego in den Vordergrund und verlangt deshalb, daß der einzelne darüber zu bestimmen habe, wie er sich entscheiden kann. Diesen Gedanken wollen wir an Hand der Abtreibungsregelung erläutern und damit aufzeigen, wie sich das Menschenbild von der Natur entfernen soll und teilweise auch schon hat.

Die Abtreibung

Im Akt der Tötung von ungeborenen Menschen kollidieren das Menschenrecht auf Freiheit über den eigenen Leib der Mutter mit dem Menschenrecht des ungeborenen Menschen auf Leben. Nach christlicher Auffassung, die sich auch im profanen Sittengesetz wiederfindet, wird der ungeborene Mensch als Rechtssubjekt angesehen, dem das Recht auf Leben intrinsisch ist. Geist und Körper bilden eine Einheit, auch wenn der Geist erst potentiell angelegt ist. Der ungeborene Mensch ist kein »unerwünschtes Nebenprodukt sexueller Betätigung, das keinen Wert an sich hat«[266] und jederzeit, wenn es nicht dem Wunschdenken entspricht, wieder beseitigt werden darf.

Die Qualifikation als Rechtssubjekt ergibt sich aus dem Menschsein des Embryos. Die Gesamtheit der Informationen, die den Menschen ausmachen, ist in der gerade befruchteten Eizelle vorhanden. Denn nach dem Moment der Befruchtung kann keine weitere Information in die Eizelle eindringen, wie der französische Mediziner und Genetiker Jérôme Lejeune, der durch die Erforschung der genetischen Anomalie Trisomie 21 weltberühmt wurde, immer wieder betonte.[267] Alle Eigenschaften des Menschen sind in der befruchteten Eizelle gespeichert, weitere können nicht auf natürlichem Weg hinzukommen. Durch die Befruchtung der Eizelle ist der Mensch komplett angelegt und bildet dadurch das Leben, das deshalb nicht wird, sondern ist. Dieses Leben nimmt sofort Einfluß auf das Leben der Mutter und kann den mütterlichen Organismus steuern.[268] Auch wenn der Embryo nicht bewußt den Leib der Mutter beeinflußt, so geschieht diese Steuerung immer – ohne Ausnahme. Die

Möglichkeit, einen Dritten zu steuern oder zu beeinflussen, ist ein Charakteristikum des Menschseins.

Da aber die Sexualität inzwischen losgelöst von der Reproduktion der Familie und damit auch der Gesellschaft gedacht wird, wird die Entstehung eines neuen Menschen durch die befruchtete Eizelle nicht hingenommen. Auch wenn nach jetziger Rechtslage die Abtreibung nach Beratung in den ersten drei Monaten straffrei sein soll, so ist aber nur die Bestrafung ausgeschlossen, nicht aber die Tatsache, daß die Abtreibung den Straftatbestand der Tötung eines Menschen erfüllt. Denn schon die erste befruchtete Zelle hat die Macht, den Organismus der Mutter vollkommen umzustellen. Diese sendet sofort Befehle aus, die den Körper und den Geist der Mutter von Grund auf verändern. Die Funktion des Körpers wird zum Wohle des Embryos angepaßt und auch der Geist der Mutter stellt sich zwangsläufig auf den ungeborenen Menschen ein.

Wird folglich der Embryo als Sache gedacht, wäre die Abtreibung lediglich eine Handlung, die strafrechtlich völlig irrelevant wäre. Freilich würde das Selbstbestimmungsrecht nicht im Abtreibungsrecht seine Grenze finden, es könnte ausgeweitet und auch auf andere Sachverhalte ausgedehnt werden. Wenn es am Anfang des menschlichen Lebens von Bedeutung sein soll, wieso nicht dann auch am Ende. Damit würden wir uns in den Bereich der Euthanasie begeben, in dem darüber nachgedacht werden könnte, inwieweit geborenen Menschen, die wegen einer Krankheit oder Behinderung, eines Unfalles oder auch wegen kriegerischer Folgen über keinen Geist mehr verfügen können, ein Lebensrecht zustehen soll. Wenn die Pflege dieser Personen die finanziellen Möglichkeiten der Angehörigen stark belasten oder sogar übersteigen, müßten diese Patienten befürchten, nicht mehr als Rechtssubjekte, sondern als Rechtsobjekte angesehen zu werden, schlicht und einfach ausgedrückt: als Sachen, so daß ihnen kein Lebensrecht mehr zugebilligt würde und sie getötet werden dürften. Sollte noch ein wenig Geist vorhanden sein, könnte sich das Selbstbestimmungsrecht der Angehörigen dadurch manifestieren, daß der kranke oder versehrte Mensch gezwungen wird, assistierten Suizid zu begehen, um die Angehörigen von einer Last zu befreien.

Es ist eine »slippery lane«, auf die man sich begibt, wenn der Mensch begrifflich in eine »Sache« und in eine »rechtsfähige Person« aufgeteilt wird. Schon soll darüber nachgedacht werden, die Strafbarkeit der Abtreibung bis zur letzten logischen Sekunde der Schwangerschaft zu entkriminalisieren, doch würde sich dieser Paradigmenwechsel nicht begrenzen lassen. Das Recht ist auf Prinzipien aufgebaut, die Teil einer Systematik darstellen. Entweder wird das Prinzip angewandt oder eben nicht. Wenn es angewandt wird, dann aber auch für andere Sachverhalte. Wenn also aus der Aufspaltung des Menschen in Geist und Körper die Erlaubtheit der Abtreibung insgesamt eingefordert wird, dann ist es nur ein kleiner Schritt, daß weitere Tötungshandlungen entkriminalisiert werden. Als nächsten Schritt würde dann erlaubt werden, geistlose Menschen als Sache behandeln und sie deshalb töten zu dürfen.

Ausblick

Folgt man der Auffassung, daß sich Geist und Körper in einem Dualismus gegenüberstehen und daß nur der Geist den Menschen als Rechtssubjekt und damit als Träger von Rechten bestimmt, so daß – weitergehend – der Umfang des Geistes auch den Umfang der zugebilligten Rechte umfaßt, scheint am Horizont dieser Entwicklung auch die Überwindung des Prinzips »one man, one vote« auf. Damit würde die Staatsform der Demokratie in Frage gestellt. Dieser Gedanke ist keiner Verschwörungstheorie entsprungen, sondern nur einer Schlußfolgerung aus dem Argument, daß nur der Geist, sollte er vorhanden sein, Rechte begründen könne. Durch quantitative Zuteilung der Rechte könnte deshalb auch der Umfang der Partizipation am staatlichen Prozeß zugeteilt und beschnitten werden. Die christliche Erkenntnis der Moderne, daß jede Stimme gleiches Gewicht haben muß, könnte für obsolet erklärt werden. Das Gewicht der Stimme könnte sich demnach nach dem Umfang des Geistes bestimmen. Danach bestünde die Möglichkeit, geistig behinderte oder kranke Menschen vom Prozeß des Wählens auszuschließen oder – in harmloser Form – die Wirkkraft ihrer Stimme zu beschneiden. In jedem Fall würde die sich aus dem Christentum ergebende Festlegung überwunden, daß jeder Mensch als gleichwertig anzusehen ist. Darüber hinaus würde auch der Gedanke überwunden, daß Menschenrechte als intrinsisch angelegt sind, sie jedem Menschen zustehen, wie auch immer dieser sich gibt oder ist. Sollten Menschen bestimmen, wem Rechte zustehen dürfen, würde der Durchsetzung der Ideologie Tür und Tor geöffnet. Die regierende Gruppe oder Partei könnte festlegen, wem Rechte und in welchem Umfang zugeordnet werden – was ja in den kommunistischen, faschistischen und nationalsozialistischen Diktaturen des 20. Jahrhunderts üblich war. Die Konsequenzen sind bekannt und brauchen nicht näher dargestellt werden.

Wer meint, daß diese Gedanken lediglich als utopistisch einzustufen sind oder als Verschwörungstheorie – ein vermeintliches Totschlagargument, mit dem die Gegner des christlichen Weltbildes die Diskussion gerne im Keim ersticken wollen –, der mag sich vor Augen führen, daß darüber nachgedacht werden soll, die Abtreibung vollständig zu entkriminalisieren, obwohl der Mensch eine Sekunde vor der Geburt und eine Sekunde nach der Geburt identisch ist. Aber bis zur letzten Sekunde der Schwangerschaft soll er als Sache beseitigt – getötet – werden können, was dann eine Sekunde später – noch – strafbar wäre.

Wenn wir die Entwicklung der Diskussion über die Euthanasie verfolgen, müssen wir feststellen, daß das Verbot der aktiven Sterbehilfe seit dem Ende der nationalsozialistischen Herrschaft einem Wandel unterzogen ist. Was nach dem Ende des Zweiten Weltkrieges verboten, ja, undenkbar gewesen wäre, eine Form von Euthanasie zu betreiben, ist inzwischen in einigen europäischen Staaten erlaubt. In gleicher Weise wird sich der Prozeß um die Geltung der

Menschenrechte nur für geistbegabte Menschen entwickeln. Noch wird er als kaum vorstellbar empfunden, doch die Stimmen werden immer lauter, die Einschränkung hinzunehmen, um beispielsweise für sogenannte Transmenschen die Geschlechtszuweisung ausschließlich an den Geist zu knüpfen, losgelöst von rein biologischen Kriterien. Dieser Prozeß der Deutungshoheit wird in der gewollten Eliminierung der Begriffe Vater und Mutter deutlich. Da Väter auch Frauen sein können und Mütter auch Männer, sollen diese Begriffe gegebenenfalls durch »gebärender Vater« und »zeugende Mutter« ersetzt werden. Aufhalten können wir diese Entwicklung nur, wenn wir uns gegen das atheistisch-evolutionistische Weltbild wenden und das christliche verteidigen – und darauf bestehen, daß die Wissenschaft vom Menschen nicht von der Ideologie ersetzt wird.

Schlußbemerkung

Der lange Weg vom Friaul bis nach Rom war ein Wandern von Frage zu Frage, von Kunstwerk zu Kunstwerk. Es sollte mich dem Sinn näherbringen, der Intention, die hinter den Bauwerken, Bildern und Skulpturen aufscheint. Und dieser Gang sollte es mir ermöglichen, ein wenig in die Welt der Religion einzutauchen, um etwas von dem Abglanz des Lichtes zu erahnen, das uns der Dreifaltige Gott zu schenken bereit ist. Dieses Wagnis wollte ich eingehen. In all den Gegenständen, die mir Anlaß gaben, der Geschichte zu lauschen, die ihr Urheber ausdrücken wollte, offenbarte sich Gott auf verdeckte Weise und ließ mich seine Herrlichkeit wähnen. Es war mir, als ob seine Größe präsent und greifbar sei, und ich erkannte, daß Gottvater, Jesus Christus und der Heilige Geist nicht nur das Fundament der europäischen Kunst darstellen, sondern das kulturelle Fundament insgesamt, auf dem Europa und die christliche Welt aufgebaut sind und das daher noch heute konstituierend für unser aller Leben ist. Wohin wir auch schauen, in welches Jahrhundert seit Christi Geburt auch immer, überall begegnet uns das christliche Momentum, überall stoßen wir auf christliche Überzeugungen, die ob ihrer Einzigartigkeit, gipfelnd in der Auffassung vom Menschen als Ebenbild Gottes, den Anspruch erheben können, ja müssen, die einzige Grundlage des Menschseins zu bilden.

Auch wenn diese Grundüberzeugungen immer mehr für obsolet erklärt werden, auch wenn viele nichts mehr von der Geschichte wissen wollen, von dem Grund, auf dem unsere Gesellschaften seit Jahrhunderten ruhen, – uns, denjenigen, die noch im Glauben stehen, ist aufgegeben worden, die Lehre Christi weltweit zu vertreten und für sie einzustehen. Diesem missionarischen Auftrag, den uns

Jesu Christi selbst verkündigt hat, sollen wir nachkommen – jeder an seinem Ort. Das Christentum aus der Gesellschaft und dem Staat zu verbannen – dies hätte zur Folge, die eigenen Wurzeln zu kappen und als geschichtsloser Zeitgenosse durch das Dasein zu wanken – ohne jenen Rückhalt, der uns davor bewahren könnte, unser Glück auf einem Holzweg suchen zu wollen. Vielleicht können die Zeilen dieses Buches manchem Leser die Augen öffnen, und er erkennt, daß der Weg mit Gott durch die Schönheit des Glaubens Zukunft verspricht.

Danksagung

Dieses Buch hätte ich nicht schreiben können, wenn mir nicht auch diesmal einige Personen geholfen hätten. Ihnen zu danken ist mir ein Herzensanliegen.

Herzlichen Dank sage ich dem Präsidenten des Sekretariats für die Förderung der Einheit der Christen, Kardinal Kurt Koch, der mir den entscheidenden Hinweis gab, die allgemeine Interkommunion als rechtswidrig anzusehen, so daß ich ihre Zulassung als nicht statthaft beschreiben konnte.

Mein Dank gilt dem vormaligen Großkanzler des Souveränen Malteserordens, Freiherrn Albrecht von Boeselager, der mir immer wieder bereitwillig Auskunft über den Orden erteilt und Verbindungen vermittelt hat.

Der Präsident der Deutschen Assoziation des Souveränen Malteserordens, Dr. Erich Prinz von Lobkowicz, hat sich freundlicherweise bereit erklärt, auf meine vielen Fragen über das Geheimnis des Wallfahrtsortes Lourdes in Südfrankreich zu antworten. Ihm gebührt mein Dank für dieses nicht selbstverständliche Entgegenkommen.

Die Beschäftigung mit dem Leben und dem Werk des letzten ungarischen Fürstprimas Kardinal Mindszenty läßt mich dankbar daran denken, daß mich der Postulator im Seligsprechungsprozeß des Kardinals, Gergely Kovács, ausführlich über das Verfahren informiert hat.

Die Kunsthistorikerin Dr. Elianna Gräfin Gropplero di Troppenburg und ihr Mann Ulderico, der in der Kunstwelt als Ul de Rico auftritt, zeigten uns die Schätze der Provinz Udine, und die Fahrt dorthin ließ in mir die Idee aufkommen, mich von Norden aus Rom zu nähern, um einige Glaubensorte, die den Weg in die Ewige Stadt säumen, aufzusuchen. Für ihre Gastfreundschaft, aber auch für Ihre Anregungen und Einführungen in die Geschichte Friauls sei ihnen herzlich gedankt.

Mein Dank gilt auch meinem Freund aus gymnasialen Tagen, Herrn Dipl.-Kfm. Hans-Ulrich Heuermann und dessen Frau Juliane, die meine Frau und mich eingeladen hatten, ein paar Tage in ihrem toskanischen Zuhause in Monte San Savino zu verbringen, damit ich von dort aus einige Glaubensorte in der Toskana aufsuchen konnte.

Wiederum zeigten sich mein Corpsbruder und Freund Dr. jur. Hans Schmidt-Horix und dessen Frau Dr. Maria-Antonietta Cossu so großzügig, uns zu ermöglichen, von ihrem Landsitz in der Nähe des Trasimenischen Sees aus Umbrien und die dortigen Glaubensorte kennen zu lernen. Ihnen sei für ihre Gastfreundschaft gedankt.

Ohne die ständige Hilfe meiner Frau wäre es mir nicht möglich gewesen, dieses Buch der Öffentlichkeit vorzulegen. Ihr gilt mein herzlicher Dank.

Anmerkungen

1 Joseph Kardinal Ratzinger, Die Situation der Kirche heute. Hoffnungen und Gefahren, hg. v. Presseamt des Erzbistums Köln, 1977, zit. nach ders., Mitarbeiter der Wahrheit. Gedanken für jeden Tag, hg. v. Sr. Irene Grassl (München 1979), S. 319.

2 Zur Geschichte der Kirche von Aquileia vgl. Heinrich Schmidinger, Friaul und die Patriarchen von Aquileia, in: 2000 Jahre Kultur im Herzen Europas, hg. v. Gian Carlo Menis u. Aldo Rizzi (Freiburg i. Br. 1977), S. 71–88.

3 Zur Frühgeschichte vgl. Klaus Zimmermann/Andrea C. Theil, Friaul und Triest. Eine Kulturlandschaft zwischen Alpen und Adria (Köln 1994), S. 40 ff.

4 Vgl. Gerd Heinz-Mohr, Lexikon der Symbole. Bilder und Zeichen der christlichen Kunst (Freiburg i. Br. [5]1991), Stichwort »Schildkröte«, S. 275.

5 Vgl. Theresia Hainthaler, Stichwort »Monophysitismus«, in: Lexikon für Theologie und Kirche (LThK), 3. Auflage, Bd. 7 (durchgesehene Ausgabe, Freiburg i. Br. 2006), Sp. 418 ff.

6 Zur Äthiopisch-Orthodoxen Tewahedo Kirche Näheres in Lothar C. Rilinger, Vrbs aeterna III. Begegnungen mit der deutschsprachigen religiösen Kultur in Rom (Aachen 2020), S. 142 ff.

7 Vgl. U. Wickert, Stichwort »Dreikapitelstreit«, in: Die Religion in Geschichte und Gegenwart (RGG), 3., völlig neu bearbeitete Auflage, Bd. 2 (Tübingen 1986), Sp. 266.

8 Vgl. Jacob Speigl, Stichwort »Dreikapitelstreit« in: LThK, Bd. 3, Sp. 368 f.

9 Evelyn Rupperti, Udine. Trends, Tajut und Tiepolo (Wien – Graz – Klagenfurt 2013), S. 13.

10 Vgl. ebd., S. 15.

11 Vgl. Jan Remmers Weerda, Stichwort »Mariologie 2.c«, in: RGG, Bd. 4, Sp. 769.

12 Gerhard Ludwig Müller, Katholische Dogmatik. Für Studium und Praxis der Theologie. 4. Auflage (9. Gesamtauflage) (Freiburg i. Br. 2012), S. 505.

13 Vgl. zur Geschichte des Dogmas von der leiblichen Aufnahme Mariens in den Himmel ebd., S. 506–508.

14 Vgl. ebd., S. 506.

15 Papst Pius XII., Dogmatische Konstitution-Bulle *Munificentissimus Deus,* http://kathpedia.com/index.php?title=Munificentissimus_Deus; https://kathpedia.com/index.php?title=Munificentissimus_Deus_(Wortlaut).

16 Ebd.

17 Vgl. Thomas Mann, Der Tod in Venedig, in: Ders., Erzählungen, Bd. 1 (Frankfurt am Main 1975), S. 228–399, zit. 352.

18 Ebd., S. 365.

19 Vgl. Claus Peter März, Stichwort »Eucharistie, Eucharistiefeier«, in: LThK, Bd. 3, Sp. 944 ff.

20 Ulrich Kühn, Stichwort »Eucharistie. III. Systematisch-Theologisch«, ebd., S. 949.

21 Zur Schisma-Möglichkeit vgl. Kardinal Müller, Unveräußerliche Glaubensgrundsätze, in: Ders./Lothar C. Rilinger, Der Souverän der Kirche ist Gott. Gespräche über Kirche, Philosophie und Politik (Rückersdorf 2023), S. 112 – 125, zit. 112.

22 Heinz-Mohr, Lexikon der Symbole, a. a. O., Stichwort »Öl«, S. 241.

23 Kurt Kardinal Koch, Erneuerung und Einheit. Ein Plädoyer für mehr Ökumene (Ostfildern 2018), S. 232.

24 Ebd.

25 Vgl. zu den Gründen, die Interkommunion zuzulassen: Ralph Weimann, Wegweisung für verunsicherte Christen (Kisslegg 2021), S. 58.

26 Ebd.

27 Gemeinsam am Tisch des Herrn. Ein Votum des ökumenischen Arbeitskreises evangelischer und katholischer Theologen, hg. v. Volker Leppin u. Dorothea Sattler (Freiburg i. Br. 2020), S. 60.

28 Ebd., S. 61.

29 Ebd., S. 62.

30 Ebd.

31 Ebd., S. 82.

32 Ebd., S. 83.

33 Ebd.

34 Ebd.

35 Vgl. Can. 847 §4 CIC in der seit 1983 geltenden Fassung.

36 Weimann, Wegweisung für verunsicherte Christen, a. a. O., S. 60.

37 Walter Kardinal Kasper, Kirchengemeinschaft als ökumenischer Leitbegriff, in: Ders., Gesammelte Schriften, Bd. 14: Wege zur Einheit (Freiburg i. Br. 2012), S. 105 – 124, zit. 111.

38 Ebd.

39 Papst Johannes Paul II., Für die Einheit der Christen. Enzyklika *Ut unum sint* – Daß sie eins seien. Über den Einsatz für die Ökumene (Stein am Rhein 1995).

40 Ebd., Kapitel 46, S. 32.

41 Johannes Paul II., Die Kirche lebt von der Eucharistie. *Ecclesia de eucharistia* (Stein am Rhein 2003).

42 Ebd., Kapitel 46, S. 39.

43 Walter Kardinal Kasper, Das innere Verlangen und das Gewissen. Zur Diskussion um katholisch-evangelische Kommuniongemeinschaft, in: Ein Kelch für zwei. Zur ökumenischen Debatte um die Kommunion bei konfessionsverbindenden Paaren, hg. v. Jörg Bremer (Ostfildern 2019), S. 63 – 71, zit. 67.

44 Ebd., S. 68.

45 Ebd.

46 Kurt Kardinal Koch, Wohin geht die Ökumene? Rückblicke-Einblicke-Ausblicke (Regensburg 2021), S. 36.
47 Johannes Paul II., Ecclesia de eucharistia, a. a. O., Kapitel 45, S. 39.
48 Kurt Kardinal Koch, Schreiben an den Autor vom 26. Juni 2021.
49 Vgl. Kurt Kardinal Koch, ebd.
50 Napoleon. Die Memoiren seines Lebens, Bd. 3, in neuer Bearbeitung, hg. v. Friedrich Wencker-Wildberg in Verbindung mit Friedrich M. Kircheisen (Wien – Hamburg – Zürich o. J.), S. 92 f.
51 Johann Wolfgang von Goethe, Italienische Reise, unveränderter Reprint der 1925 erschienenen Ausgabe (München 1995), S. 136.
52 Napoleon, Die Memoiren seines Lebens, a. a. O., S. 93.
53 Ebd.
54 Josef Gelmi, Stichwort »Pius VI.«, in: LThK, Bd. 8, Sp. 327.
55 August Fournier, Napoleon I. Eine Biographie, Bd. 1 (Wien–Leipzig [3]1913), S. 117.
56 Napoleon, Die Memoiren seines Lebens, a. a. O., S. 94.
57 Vincent Coufer, France and Algeria (Syrakus 1966), S. 3, zit. nach Rita Maran, Staatsverbrechen. Ideologie und Folter im Algerienkrieg (Hamburg 1989), S. 42.
58 Vgl. Josef Gelmi, Die schönsten Papst-Anekdoten. Von Petrus bis Benedikt XVI. (Kevelaer 2012), S. 327.
59 Ebd., S. 100.
60 Horst Fuhrmann, Die Päpste. Von Petrus zu Johannes Paul II. (München 1998), S. 186.
61 Vgl. Vincent Cronin, Napoleon. Eine Biographie (Hamburg 1973), S. 274.
62 Vgl. Gelmi, Die schönsten Papst-Anekdoten, a. a. O., S. 328.
63 Zitiert nach: Dmitri Mereschkowki, Napoleon. Sein Leben. Napoleon der Mensch (München 1974), S. 94.
64 Vgl. Marcel Albert, Stichwort »Frankreich«, in: LThK, Bd. 4, Sp. 18.
65 Emil Ludwig, Napoleon (Berlin 1925), S. 287.
66 Gelmi, Die schönsten Papst-Anekdoten, a. a. O., S. 101.
67 Thorsten Droste, Venedig. Die Stadt in der Lagune. Kirchen und Paläste, Gondeln und Karneval (Köln [2]1997), S. 159.
68 Papst Pius X., Rundschreiben Unseres Heiligsten Vaters Pius X., durch göttliche Vorsehung Papst, über die Trennung von Kirche und Staat in Frankreich (11. Februar 1906: *Vehementer nos*), autorisierte Ausgabe (Freiburg i. Br. 1907).
69 Ebd., S. 145.
70 Ebd., S. 147.
71 Ebd.
72 Ebd.
73 Ebd., S. 147 f.
74 Ebd., S. 151.
75 Ebd., S. 169 ff.
76 Ebd., S. 167.
77 Vgl. Francois Marty, Stichwort »Laizismus«, in: LThK, Bd. 6, Sp. 612 f.
78 Vgl. F. Schmidt-Clausing, Stichwort »Laizismus«, in: RGG, Bd. 4, Sp. 210.

79 Nicolas Sarkozy, Der Staat und die Religionen (Hannover 2008), S. 15.
80 Ebd., S. 16.
81 Ebd., S. 19.
82 Confer, France and Algeria, a. a. O., S. 42.
83 Erzbischof Michel Aupetit in einer Rede am Collège des Bernardins, zit. nach Michaela Wiegel, Künstliche Befruchtung für alle, in: Frankfurter Allgemeine Zeitung, 30.6.2021, https://www.faz.net/aktuell/politik/ausland/neues-gesetz-in-frankreich-kuenstliche-befruchtung-fuer-alle-17415089.html.
84 Vgl. Stefan Rehder, Frankreichs Bioethik-Gesetz. Die Ideologie triumphiert, in: Die Tagespost, 9. 7. 2021, https://www.die-tagespost.de/politik/aktuell/frankreichs-bioethik-gesetz-die-ideologie-triumphiert;art315,219444.
85 Über dieses ethische Problem wollen wir später nachdenken, um die Transformation des Humanismus zum Transhumanismus nachzuzeichnen. Mich erinnert diese Diskussion immer an die akademische Arbeit, die ich im Römischen Recht vorlegen musste. Es ging um die Sachmängelhaftung bei Sklaven. Ich war tief beeindruckt, daß Menschen im Römischen Imperium als Sache behandelt wurden, und war mir sicher, daß diese rechtliche Einstufung der Vergangenheit angehören würde. Doch ich habe mich getäuscht.
86 Die Wissenschaft geht hiervon aus. Exakt kann die Beauftragung nicht nachgewiesen werden.
87 Zur Bedeutung des Zeichens »Tau« vgl. Das Tau und dessen Bedeutung, https://www.franciscan.ch/unser-leben/franz-von-assisi/franziskanische-br%C3%A4uche-symbole/.
88 Eckart Peterich, Italien. Ein Führer, Bd. 1 (München 1958), S. 514.
89 Ferdinand Gregorovius, Wanderjahre in Italien (Dresden 1954), S. 74.
90 Benedikt XVI., Vor dem Angelusgebet am 9. Dezember 2007, in: Ders., Gott ist bei uns jeden Tag. Jahreslesebuch (Freiburg i. Br. 2008), S. 370.
91 Zur Farbsymbolik vgl. Heinz-Mohr, Lexikon der Symbole, a. a. O., Stichwort »Farbensymbolik«, S. 106 ff.
92 Vgl. Claus-Peter März, Stichwort »Umkehr I. Biblisch-theologisch.« in: LThK, Bd. 10, Sp. 364 ff.
93 Vgl. Konrad Hilpert, Stichwort »Umkehr II. Theologisch-ethisch«, ebd., S. 366 ff.
94 Vgl. Joseph Ratzinger, Die Neuevangelisierung, in: Ders., Gesammelte Schriften, Bd. 8/2 (Freiburg i. Br. 2010), S. 1231 – 1242, zit. 1236.
95 Ebd., S. 1237.
96 Joseph Cardinal Ratzinger, Kommunikation und Kultur. Neue Wege der Evangelisierung im dritten Jahrtausend, in: Ders., Unterwegs zu Jesus Christus (Augsburg 2003), S. 41–51, zit. 49.
97 Vgl. ders., Münchener Katholische Kirchenzeitung vom 18. März 1979, in: Ders., Mitarbeiter der Wahrheit, a. a. O., S. 38.
98 Vgl. Gerhard Ludwig Kardinal Müller, Ein bloßes Kulturchristentum hat keine Zukunft, in: Ders./Rilinger: Der Souverän der Kirche ist Gott, a. a. O., S. 126 – 140.
99 Vgl. ebd.

100 Zur Baugeschichte vgl. Klaus Zimmermanns, Florenz. Ein europäisches Zentrum der Kunst. Geschichte – Denkmäler – Sammlungen (Köln [7]1994), S. 70 f.

101 Zum Inhalt vgl. Marcella Roddewig, Stichwort »Dante Alighieri«, in: LThK, Bd. 3, Sp. 20 ff.

102 Vgl. ebd., S. 22.

103 Vgl. ebd.

104 Ferdinand Gregorovius, Wanderjahre in Italien, a. a. O., S. 79.

105 Vgl. Fuhrmann, Die Päpste, a. a. O., S. 146.

106 Zu den philosophischen Vorstellungen von Aegidius Romanus vgl. Christoph Flüeler, Einleitung, II. Der philosophiehistorische Kontext, in: Dante Alighieri, Monarchia. Studienausgabe Lateinisch/Deutsch (Stuttgart 1989), S. 26 – 50, zit. 32.

107 Bonifaz VIII., Bulle *Unam sancta*, zit. nach Fuhrmann, Die Päpste, a. a. O., S. 148.

108 Ruedi Imbach/Christoph Flüeler, Einleitung, III. Zur Deutung der Monarchia, in: Dante Alighieri, Monarchia, a. a. O., S. 50 – 57, zit. 52.

109 Dante, Monarchia, a. a. O., S. 181.

110 Vgl, Imbach/Flüeler, Einleitung, a. a. O., S. 191.

111 Dante, Monarchia, a. a. O., S. 197.

112 Ebd., III vii, S. 203.

113 Vgl. Heinz-Mohr, Lexikon der Symbole, a. a. O., Stichwort »Weihrauchfaß«, S. 329.

114 Vgl. Dante, Monarchia, a. a. O., S. 205.

115 Vgl. ebd.

116 Vgl. ebd., S. 247.

117 Ebd., S. 249.

118 Zur staatsrechtlichen Geschichte des Vatikans vgl. Rilinger, Vrbs aeterna III., a. a. O., S. 295 ff.

119 Benedikt XVI., Vesper mit Priestern, Ordensleuten, Diakonen und Seminaristen, Basilika in Mariazell, https://www.vatican.va/content/benedict-xvi/de/speeches/2007/september/documents/hf_ben-xvi_spe_20070908_vespri-mariazell.html.

120 Peterich, Italien, a. a. O., S. 453.

121 Vgl. Heinz-Joachim Fischer, Toskana (München [3]1990), S. 440.

122 Joseph Ratzinger (Benedikt XVI.), Die Tochter Zion. Betrachtungen über den Marienglauben der Kirche (Einsiedeln [5]2007), S. 16.

123 Peterich, Italien, a. a. O., S. 633 f.

124 Zur Geschichte des Klosters vgl. Monte Oliveto Maggiore. Die Abtei aus einem Traum (Genova 2007).

125 Vgl. Max Gammare, Stichwort »Olivetaner«, in: LThK, Bd. 7, Sp. 1044 f.

126 Peterich, Italien, a. a. O., S. 634.

127 W. Göbell, Stichwort »Olivetaner«, in: RGG, Bd. 4, Sp. 1626 f.

128 Gregor der Große, Der hl. Benedikt. Buch II der Dialoge. Lateinisch-deutsch (Sankt Ottilien [3]2015), S. 103 ff.

129 Paul Deselaers, Stichwort »Askese«, in: LThK, Bd. 1, Sp. 1074 – 1083, zit. 1078.

130 Gregor der Große, Der hl. Benedikt, a. a. O., S. 143 f.

131 Die Regel des heiligen Benedikt, hg. im Auftrag der Salzburger Äbtekonferenz, (Beuron [15]1990, Die Werkzeuge der geistlichen Kunst), S. 42.

132 Ebd., S. 44.

133 Konrad Hilpert, Stichwort »Gehorsam. III. Theologisch-ethisch«, in: LThK, Bd. 4, Sp. 360 – 362.

134 Hans Urs von Balthasar, Gehorsam im Licht des Evangeliums, in: Ders., Neue Klarstellungen (Einsiedeln 1979), S. 128 – 144, zit. 136.

135 Vgl. ebd., S. 137.

136 Die Regel des hl. Benedikt, a. a. O., S. 44.

137 Die Regel des hl. Benedikt, a. a. O., S. 45.

138 Gregor der Große, Der hl. Benedikt, a. a. O., S. 111.

139 Johannes Gründel, Stichwort »Keuschheit. III. Theologisch-ethisch«, in: LThK, Bd. 5, Sp. 1419.

140 Ebd.

141 Heinz-Joachim Fischer, Umbrien. Ein Reisebegleiter (München 1989), S. 125.

142 Vgl. Klaus Zimmermann, Umbrien. Eine Landschaft im Herzen Italiens (Köln [5]1987), S. 70.

143 Zu den Jahren bis zur Weihe als Bischof von Perugia vgl. Jörg Ernesti, Leo XIII. Papst und Staatsmann (Freiburg i. Br. – Basel – Wien 2019), S. 25 – 53.

144 Gioacchino Pecci, Brief an seinen Bruder Giovanni Battista Pecci, zit. nach ebd., Anm. 2, 25, S. 415.

145 Zu der Zeit von Bischof Pecci in Perugia vgl. ebd., S. 55 – 77.

146 Gioacchino Pecci, Brief an den Bruder Carlo vom 18.9.1845, zit. nach ebd., Anm. 3, 1, S. 416.

147 Zur Geschichte der Enzyklika *Rerum novarum* vgl. ebd., S. 235 ff.

148 Paul Lafargue, Das Recht auf Faulheit (Köln 2015), S. 50.

149 Papst Leo XIII., Rundschreiben Papst Leos XIII. über die Arbeiterfrage (*Rerum novarum*), in: Die sozialen Rundschreiben. Leo XIII. Über die Arbeiterfrage. Pius XI. Über die gesellschaftliche Ordnung. Mit Erläuterungen hg. v. Paul Jostock (Freiburg i. Br. 1948), S. 3 – 82.

150 Ernesti, Leo XIII. a. a. O., S. 15.

151 Vgl. ebd., S. 17.

152 Ebd., S. 48.

153 Ebd., S. 50.

154 Ebd., S. 53.

155 Vgl. Johannes Schasching, Stichwort »*Rerum novarum*«, in: LThK, Bd. 8, Sp. 1118 f.

156 Papst Franziskus, *Fratelli tutti*. Über die Geschwisterlichkeit und die soziale Freundschaft. Enzyklika (Leipzig 2020), S. 80 ff.

157 Vgl. Lothar C. Rilinger, Vrbs aeterna II. Unterwegs zu den christlichen Gedächtnisorten in Rom (Aachen 2018), S. 41 ff.

158 Vgl. ders., Soziale Funktion des Eigentums. Gedanken über Eigentumsfragen in der Enzyklika *Fratelli tutti*, in: CNA Deutsch, 17.1.2021, https://de.catholicnewsagency.com/article/soziale-funktion-des eigentums-1202.

159 Vgl. ebd.

160 Vgl. ebd.

161 Gerhard Ludwig Kardinal Müller: Kirche und Politik, in: Ders./Rilinger, Der Souverän der Kirche ist Gott, a. a. O., S. 257 – 264.

162 Vgl. Peter Koslowski, Nachruf auf den Marxismus-Leninismus. Über die Logik des Übergangs vom entwickelten Sozialismus zum ethischen und demokratischen Kapitalismus (Tübingen 1991), S. 16.

163 Ebd., S. 17.

164 Zur Vita von Peter von Morrone (Coelestin V.) vgl. Friedrich Baethgen, Beiträge zur Geschichte Cölestins V. (Halle/Saale 1934, Schriften der Königsberger Gelehrten Gesellschaft, 10. Jahr, Geisteswissenschaftliche Klasse, Heft 4), S. 268 ff.

165 Ebd., S. 279.

166 Vgl. ebd., S. 281 f.

167 Vgl. Peter Herde, Stichwort »Coelestin V.«, in: LThK, Bd. 2, Sp. 1247 f.

168 Zur Person Bonifaz' VIII. vgl. Lothar C. Rilinger, Vrbs aeterna, Spaziergänge durch geistige und geistliche Landschaften der Ewigen Stadt (Aachen 2017), S. 311 ff.

169 Vgl. Fuhrmann, Die Päpste. a. a. O., S. 151 ff.

170 Zur Geschichte der Kirche S. Francesco vgl. Zimmermann, Umbrien, a. a. O., S. 136 ff.

171 Benedikt XVI, Predigt in Assisi am 17. Juni 2007, in: Ders., Gott ist bei uns jeden Tag, a. a. O., S. 304.

172 Papst Benedikt XVI., Botschaft zum Welttag des Migranten und Flüchtlings (2013). »Migration – Pilgerweg des Glaubens und der Hoffnung«, https://www.vatican.va/content/benedict-xvi/de/messages/migration/documents/hf_ben-xvi_mes_20121012_world-migrants-day.html. Vgl. ders., Botschaft zum Welttag des Migranten und Flüchtlings (2011). »Eine einzige Menschheitsfamilie«, http://www.vatican.va/content/benedict-xvi/de/messages/migration/documents/hf_ben-xvi_mes_20100927_world-migrants-day.html.

173 Vgl. Heinz-Mohr, Lexikon der Symbole, a. a. O., Stichwort »Palme«, S. 246.

174 Franziskus, Fratelli tutti, a. a. O., S. 9.

175 Vgl. Konrad Hesse, Grundzüge des Verfassungsrechts der Bundesrepublik Deutschland (Heidelberg [20]1995), Randnummer 72, 28; vgl. auch Rilinger, Vrbs aeterna, a. a. O., S. 356.

176 Pastoralkonstitution *Gaudium et spes,* Nr. 40, in: Karl Rahner/Herbert Vorgrimmler, Kleines Konzilskompendium. Sämtliche Texte des Zweiten Vatikanums mit Einführungen und ausführlichem Sachregister (Freiburg i. Br. 1987), S. 486.

177 Benedikt XVI., Botschaft zum Welttag des Migranten und Flüchtlings (2013), a. a. O.

178 Vgl. Benedikt XVI., Die Liebe in der Wahrheit. Die Sozialenzyklika *Caritas in Veritate,* ökumenisch kommentiert v. Bischof Wolfgang Huber, Metropolit Augoustinos Labardakis u. Erzbischof Robert Zollitsch (Freiburg i. Br. 2009), S. 26.

179 Benedikt XVI., Botschaft zum Welttag des Migranten und Flüchtlings (2011), a. a. O.
180 Zur Geschichte der Ikone vgl. Giovannella Ferraris di Celle, Die Madonna vom Berg Philermos. Geschichte, künstlerische Darstellungen, Geschichte der Verehrung der Muttergottes-Ikone, Schutzherrin des Souveränen Malteser-Ritterordens, hg. v. Dr. Ludwig Hoffman von Rumerstein (Eigenverlag 2000), S. 29 – 48.
181 Vgl. Rilinger, Vrbs aeerna III, a. a. O., S. 209 ff.
182 Papst Benedikt XVI., Predigt auf dem Islinger Feld bei Regensburg am 12. September 2006, in: Ders., Gott ist bei uns jeden Tag, a. a. O., S. 279.
183 Mons. Azelio Giuseppe Manzetti, zit. nach Ferraris di Celle, Die Madonna vom Berg Philermos, a. a. O., S. 25.
184 Ebd., S. 19.
185 Vgl. Benedikt XVI., Maria – Vollendung der Nächstenliebe, in: Ders., An der Hand Mariens. Den Rosenkranz beten (Augsburg 2009), S. 32.
186 Benedikt XVI., Gott ist die Liebe. Die Enzyklika *Deus caritas est*, ökumenisch kommentiert v. Bischof Wolfgang Huber, Metropolit Augoustinos Labardakis u. Karl Kardinal Lehmann (Freiburg i. Br. 2006), S. 46, Nr. 19.
187 Zur Geschichte des Festes Corpus Christi vgl. Fischer, Umbrien, a. a. O., S. 387.
188 Peterich, Italien, a. a. O., S. 689.
189 Vgl. zum Wandel des Sinnes der Fronleichnamsprozession, Andreas Heinz, Stichwort »Fronleichnam« in; LThK, Bd. 4, Sp. 172 ff.
190 Joseph Ratzinger, Gottes Angesicht suchen. Betrachtungen im Kirchenjahr (Meitingen – Freising 1978), S. 34.
191 Vgl. Ratzinger, Unterwegs zu Jesus Christus, a. a. O., S. 104.
192 Vgl. Näheres zu diesem Fall: Lothar C. Rilinger, Papst Franziskus und die neue Verfassung des Malteserordens – ein Akt des Absolutismus? in: CNA Deutsch, 17.9.2022, http://de.catholicnewsagency.com/article//1912/papst-franziskus-und-und-die-neue-verfassung-des-malteserordens-ein-akt-des-absolutismus.
193 Vgl. ebd.
194 Eduard von Habsburg, Tagesposting: Ein Film, eine Mauer und Twitter, in: Die Tagespost, 23. 11. 2019.
195 Näheres vgl. Rilinger, Vrbs aeterna, a. a. O., S. 236 f.
196 Schreiben von Caroline Freifrau Heereman von Zuydtwyck vom 23. Mai 2023 an den Autor samt beigefügtem Informationsblatt.
197 Vgl. Jörg Bremer, Unheiliger Krieg im Heiligen Land (Berlin 2010), S. 154 ff.
198 Erich Prinz von Lobkowicz, Vorwort, in: Marie-Sophie Lobkowicz, Es fühlt sich an wie Gott. Mit Kindern nach Lourdes pilgern (Hünfelden 2010), S. 9.
199 Joseph Ratzinger (Benedikt XVI.), »Du bist voll der Gnade«. Elemente biblischer Marienfrömmigkeit, in: Ders./Hans Urs von Balthasar, Maria. Kirche im Ursprung (Einsiedeln ^{6}2010), S. 53 – 70, zit. 54 f.
200 Ebd., S. 54.
201 Benedikt XVI., Auf Hoffnung hin gerettet. Die Enzyklika *Spe salvi*, ökumenisch kommentiert v. Bischof Wolfgang Huber, Metropolit Augoustinos Labardakis und Karl Kardinal Lehmann (Freiburg i. Br. 2008), S. 13.

202 André Frossard, Bernadette, in: Ders./Hans-Günther Kaufmann/Odilo Lechner, Lourdes in der Kraft der Hoffnung (Innsbruck 1993), S. 11 – 39, zit. 24

203 Vgl. Karl Suso Frank, Stichwort »Lourdes«, in: LThK, Bd. 6, Sp. 1068.

204 Lobkowicz, Es fühlt sich an wie Gott, a. a. O., S. 168.

205 Ebd., S. 63.

206 Ebd., S. 83.

207 Zur Wiederaufnahme der Krankenwallfahrten nach dem Zweiten Weltkrieg vgl. Philipp Freiherr von Boeselager, Lourdes und seine Bedeutung für uns Malteser. Redigierte Fassung eines Vortrages bei der Delegation Süd-West der Deutschen Assoziation des Souveränen Malteser Ritterordens im Frühjahr 1997 (s. l. 1997).

208 Das Gespräch führten wir am 28. Mai 2021.

209 Hartmut Sommer, Nachwort, in: Joris-Karl Huysmans, Lourdes. Mystik und Massen. Aus dem Französischen u. mit einem Nachwort v. Hartmut Sommer (Düsseldorf 2020), S. 309.

210 Huysmans, Lourdes, a. a. O., S. 107 – 131, bes. 126.

211 Lobkowicz, Es fühlt sich an wie Gott, a. a. O., S. 88.

212 Huysmans, Lourdes, a. a. O., S. 161.

213 Ebd., S. 257.

214 Vgl. Georg Gröller, Von den Genüssen des Helfens – und von der Liebe, in: Silvia Scheid, Lourdes – Wallfahrt der Malteser (Weitra 2017), S. 7 – 19, zit. 11.

215 Prokurator Norbert Graf von Salburg-Falkenstein, Nachwort, in: Ebd., S. 139.

216 Guido Horst, Die Berufung in Lourdes gefunden, Malteser-Magazin 3/14, S. 24.

217 Näheres zur Geschichte von S. Stefano Rotondo vgl. Rilinger, Vrbs aeterna, a. a. O., S. 124 – 151.

218 Jószsef Kardinal Mindszenty, Erinnerungen (Frankfurt/Main [3]1974).

219 Vgl. auch Lothar C. Rilinger, Ein Verfechter des christlichen Prinzips. Kardinal József Mindszenty und sein Kampf gegen die Gewalt, www. kath.net/news/73983.

220 József Kardinal Mindszenty, Erinnerungen, a. a. O., S. 393.

221 Der Postulator, Gergeley Kovács, hat mich mit seinem Schreiben vom 4. Juni 2021 über das von ihm betreute Seligsprechungsverfahren informiert.

222 Joseph Kardinal Ratzinger, Geleitwort zu: Evolutionismus und Christentum, hg. v. Robert Spaemann, Reinhard Löw u. Peter Koslowski (Weinheim 1986, = CIVITAS Resultate, Bd. 9), S. VII – IX, zit. VII.

223 Ebd., S. VIII.

224 Papst Benedikt XVI., In Gott ist unsere Zukunft. Ansprachen und Predigten während seines Besuchs in Deutschland (Leipzig 2011), S. 26 – 39.

225 Stephan Baier, Matic-Bericht. Ein Angriff auf die Menschenrechte, in: Die Tagespost, 1. 7 .2021.

226 Susanne Hartfiel, Die Neuerfindung des Menschen (Augsburg 2021), S. 20.

227 Benedikt XVI., Besuch des Deutschen Bundestags im Berliner Reichstagsgebäude, in: Ders., In Gott ist unsere Zukunft, a. a. O., S. 28.

228 Ebd., S. 31.

229 Wolfgang Waldstein, Das Naturrecht. Pluralistische Gesellschaft und Naturrecht (Abtsteinach/Odw. [3]2011, = Schriftenreihe der Aktion Leben e.V., Bd. 16), S. 1.

230 Martin Kriele, Einführung in die Staatslehre (Wiesbaden [5]1994), S. 132.

231 Eberhard Schockenhoff, Naturrecht und Menschenwürde. Universale Ethik in einer geschichtlichen Welt (Mainz 1996), S. 304.

232 Ebd.

233 Baier, Matic-Bericht, a. a. O.

234 Joseph Ratzinger, Der Auftrag der Religionen angesichts der gegenwärtigen Krise von Frieden und Gerechtigkeit, in: Ders., Gesammelte Schriften, Bd. 3/2: Der Gott des Glaubens und der Gott der Philosophen, (Freiburg i. Br. 2020), S. 597–610, zit. 605.

235 Vgl. ebd.

236 Benedikt XVI., Audienz für die Teilnehmer der Bischofskonferenzen der EU am 24. März 2007, in: Ders., Gott ist bei uns jeden Tag, a. a. O., S. 294.

237 Ursula von der Leyen, Präsidentin der Europäischen Kommission, »Das ungarische Gesetz ist eine Schande«, in: Der Spiegel, 23. 6. 2021.

238 Grégor Puppinck, Der denaturierte Mensch und seine Rechte (Heiligenkreuz im Wienerwald 2020), S. 42.

239 Benedikt XVI., Eine menschlichere Welt für alle. Die Rede vor der UNO, kommentiert v. Gernot Erler, Udo di Fabio u. Klaus Töpfer (Freiburg i. Br. 2008), S. 21.

240 Ebd.

241 Benedikt XVI., Botschaft zur Feier des Weltfriedenstages vom 1. Januar 2007, https://www.vatican.va/content/benedict-xvi/de/messages/peace/documents/hf_ben-xvi_mes_20061208_xl-world-day-peace.html.

242 Hartfiel, Die Neuerfindung des Menschen, a. a. O., S. 16 f.

243 Platon, Phaidon, zit. nach Puppinck, Der denaturierte Mensch und seine Rechte, a. a. O., S. 53.

244 Julian Huxley, Evolution. The modern Synthesis (London [2]1963), S. 575, zit. nach ebd., S. 56.

245 Ders., Höher und niedriger, in: Ders., Ich sehe den künftigen Menschen. Natur und neuer Humanismus (München 1966), S. 37–54, zit. 41.

246 Ebd., S. 43.

247 Ebd.

248 Puppinck, Der denaturierte Mensch und seine Rechte, a. a. O., S. 66 ff.

249 Helga Kuhse-Peter Singer, Muß dieses Kind am Leben bleiben? Das Problem schwergeschädigter Neugeborener (Erlangen 1993); Helga Kuhse, Die »Heiligkeit des Lebens« in der Medizin (Erlangen 1994).

250 Vgl. Puppinck, Der denaturierte Mensch und seine Rechte, a. a. O., S. 53.

251 Julian Huxley, Der humanistische Rahmen, in: Ders., Ich sehe den künftigen Menschen, a. a. O., S. 76.

252 Ebd., S. 80.

253 Ebd., S. 87.

254 Puppinck, Der denaturierte Mensch und seine Rechte, a. a. O., S. 57.

255 Vgl. Waldstein, Das Naturrecht, a. a. O., S. 1.

256 Vgl. Puppinck, Der denaturierte Mensch und seine Rechte, a. a. O., S. 101 ff.

257 Vgl. Benedikt XVI., Eine menschlichere Welt für alle, a. a. O., S. 21.

258 Friedrich Nietzsche, Der Wille zur Macht. Versuch einer Umwertung aller Werte (Stuttgart 1964), Nr. 401, S. 274.

259 Ebd., Nr. 400, S. 273.

260 Ebd., S. 272.

261 Puppinck, Der denaturierte Mensch und seine Rechte, a. a. O., S. 114.

262 Hans Kelsen, Reine Rechtslehre (Stuttgart ^{5}2020); ders., Was ist Gerechtigkeit? (Stuttgart 2000).

263 Vgl. Sigmund Freud, Vorlesungen zur Einführung in die Psychoanalyse und Neue Folge, hg. v. Alexander Mitscherlich (Frankfurt am Main ^{15}2007), S. 586 – 608, zit. 597.

264 Hesse, Grundzüge des Verfassungsrechts, a. a. O., Randnr. 72, 28.

265 Die einmalige oder auch die sporadische Beihilfe zum Suizid ist nach deutschem Recht nicht strafbar. In dem vom Bundesverfassungsgericht zu entscheidendem Fall ging es aber um die massenhafte Beihilfe, die nicht nur gewerbsmäßig, sondern auch geschäftsmäßig geleistet werden soll.

266 Hartfiel, Die Neuerfindung des Menschen, a. a. O., S. 34.

267 Jérôme Lejeune, zit. nach Clara Lejeune, Das Leben ist ein Geschenk. Mein Vater Jérôme Lejeune (Rückersdorf üb. Nürnberg 2021), S. 48.

268 Ebd.

Detailliertes Inhaltsverzeichnis

Abbildungsnachweise und Bildrechte

Der Autor dankt dem damaligen Großkanzler des Malteserordens, Freiherrn Albrecht von Boeselager, für die Erlaubnis, das Photo von der Madonna von Philermos (Abb. 28) in diesem Buch veröffentlichen zu dürfen.

Die Erlaubnis zur Wiedergabe des vom Autor angefertigten Photos vom Wappen Papst Benedikts XVI. (Abb. 26) erteilte der Rektor des Römischen Institutes Papst Benedikt XVI., Prof. Dr. Stefan Heid. Auch ihm sei dafür gedankt.

Die Rechte an sämtlichen weiteren Photos im Bildteil des Buches liegen beim Autor.

Der Buchumschlag verwendet ein Photomotiv von Wikimedia commons / Stefano Meroi: Aquileia fiume attuale, porto fluviale. – Auf der hinteren Umschlagseite ist außerdem eine Skizze vom Fußbodenmosaik im Dom von Aquileia (Aula Teodoriana) enthalten. Sie ist dem Buch von Heinrich Swoboda: *Der Dom von Aquileia. Sein Bau und seine Geschichte.* Wien: Gerlach und Wiedling 1906 entnommen (Foto: Wikimedia commons / Karol Lanckoroński, Polnische Nationalbibliothek, Polona Digital Library). Der Ausschnitt zeigt den Kampf zwischen dem Hahn und der Schildkröte, der auf den Seiten 21 – 23 behandelt wird.